JN044063

学ぶ人は、
変えて
ゆく人だ。

目の前にある問題はもちろん、

人生の問いや、

社会の課題を自ら見つけ、

挑み続けるために、人は学ぶ。

「学び」で、

少しずつ世界は変えてゆける。

いつでも、どこでも、誰でも、

学ぶことができる世の中へ。

旺文社

DAILY **3** 週間

英検®**2**級

集中ゼミ

［7訂版］

※本書の内容は，2024年4月時点の情報に基づいています。実際の試験とは異なる
　場合があります。受験の際は，英検ウェブサイト等で最新情報をご確認ください。
※本書は，『DAILY3週間 英検2級 集中ゼミ［6訂版］』の収録問題を，2024年度
　の問題一部リニューアルの試験形式に合わせて，問題追加・再編集したものです。

旺文社

は じ め に

英検の一次試験まで，あと何日ですか？
一次試験突破のためには，試験本番までの学習計画をしっかり立てることが大事です。

　本書は，3週間で英検2級の一次試験突破を目指す問題集です。1日に取り組む範囲がきっちり決まっているので，学習計画が立てやすくなっています。最終日の模擬テストをのぞき，1日に必要な時間は30分程度。毎日の生活の中で，無理なく英検対策ができます。

　みなさんが，この本を手にとった今日が「集中ゼミ」のスタートです。これから始まる3週間の学習のイメージができあがったら，早速，1日目の学習に取り組みましょう！

　最後に，本書を刊行するにあたり，多大なご尽力をいただきました木静舎 山下鉄也様，Daniel Joyce様に深く感謝の意を表します。

旺 文 社

も く じ

基 礎 編

応用編

執　　　筆：山下 鉄也（木静舎），Daniel Joyce, Ed Jacob
編 集 協 力：株式会社 ターンストーンリサーチ，岩崎清華，
　　　　　　益邑沙季，Kaori Naito Church, Jason A. Chau
装丁デザイン：内津 剛（及川真咲デザイン事務所）
本文デザイン：株式会社 ME TIME（大貫 としみ）
イ ラ ス ト：有限会社アート・ワーク
組　　　版：株式会社 創樹
録　　　音：ユニバ合同会社
ナレーション：Ryan Drees, Julia Yermakov, 大武 芙由美

本書の構成と利用法

本書は，英検2級の一次試験に合格するために必要な力を21日間で身につけられるように構成されています。

＼ 赤セルシートつき ／
暗記に使える赤セルシートがついています。ポイントとなる重要事項を覚えたり，解説中の訳や解答を隠して学習したりする際にお使いください。

1日目 ～ 12日目 基礎編 ／ 13日目 ～ 20日目 応用編

1日の学習は，問題形式ごとに解き方のポイントを解説するページと，そこで学んだことを実践する練習問題のページで構成されています。

例題
実際の試験と同じ形式の問題を使ってポイントを解説します。

よく出る単熟語
ページ下では，2級合格に必須となる重要単熟語を紹介しています。

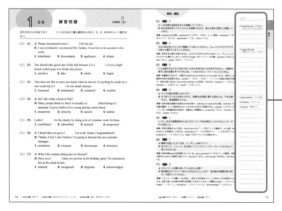

NOTES欄
重要表現などを取り上げています。自分でも問題の中の分からなかった単語などを調べて，自分だけのノートを作りましょう。

21日目 実力完成模擬テスト

最終日は総まとめの模擬テストで，本番の一次試験と同じ所要時間（筆記85分・リスニング約25分）です。時間を計って解いてみましょう。

＼ 公式アプリ「学びの友」対応 ／
カンタンに自動採点ができ，自分の学習履歴を残すことができます。
詳しくはp.7をご覧ください。

二次試験・面接試験を攻略！

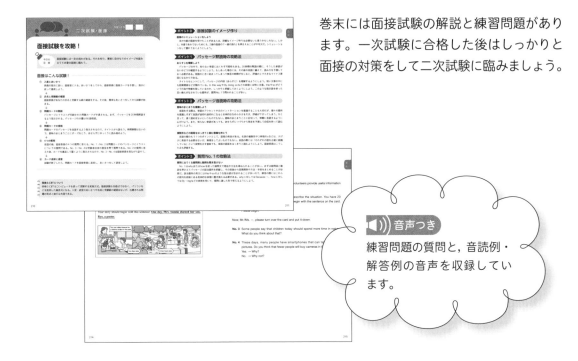

巻末には面接試験の解説と練習問題があります。一次試験に合格した後はしっかりと面接の対策をして二次試験に臨みましょう。

🔊 **音声つき**
練習問題の質問と，音読例・解答例の音声を収録しています。

※本書に掲載されている英文の内容は，最新の情報でないものや架空のものを含む場合があります。ご了承ください。

付属サービスについて

リスニング・面接の音声を聞く

●収録内容

付属音声に対応した箇所は，本書では のように示してあります。

9日目	リスニング第1部	例題・練習問題
10日目	リスニング第1部	練習問題
11日目	リスニング第2部	例題・練習問題
12日目	リスニング第2部	練習問題
19日目	リスニング第1部	練習問題
20日目	リスニング第2部	練習問題
21日目	実力完成模擬テスト	リスニング第1部〜第2部
二次試験・面接	練習問題	

公式アプリ「英語の友」（iOS/Android）で聞く

❶ 「英語の友」公式サイトより，アプリをインストール

https://eigonotomo.com/	🔍 英語の友　検索

▶ 右の2次元コードからもアクセスできます。

❷ アプリ内のライブラリより本書を選び，「追加」ボタンをタップ

▶ 本アプリの機能の一部は有料ですが，本書の音声は無料でお聞きいただけます。
▶ 詳しいご利用方法は「英語の友」公式サイト，あるいはアプリ内ヘルプをご参照ください。
▶ 本サービスは予告なく終了することがあります。

パソコンに音声データ（MP3）をダウンロードして聞く

❶ 次のURLにアクセス

https://eiken.obunsha.co.jp/2q/

❷ 本書を選択し，利用コードを入力してWeb特典サイトへ

利用コード：　**tpcdrx**　（全て半角アルファベット小文字）

❸ 「音声データダウンロード」からファイルをダウンロードし，展開してからオーディオプレーヤーで再生

音声ファイルはzip形式にまとめられた形でダウンロードされます。展開後，デジタルオーディオプレーヤーなどで再生してください。

▶ 音声の再生にはMP3を再生できる機器などが必要です。
▶ ご利用機器，音声再生ソフト等に関する技術的なご質問は，ハードメーカーまたはソフトメーカーにお願いいたします。
▶ 本サービスは予告なく終了することがあります。

「実力完成模擬テスト」をアプリで学習する

本書21日目の「実力完成模擬テスト」（p.163）を，公式アプリ「学びの友」でカンタンに自動採点することができます。（ライティングは自己採点です）

- 便利な自動採点機能で学習結果がすぐに分かる
- 学習履歴から間違えた問題を抽出して解き直しができる
- 学習記録カレンダーで自分のがんばりを可視化

❶ 「学びの友」公式サイトより，アプリをインストール

 https://manatomo.obunsha.co.jp/ 🔍 学びの友 検索

▶ 右の2次元コードからもアクセスできます。

❷ アプリを起動後，「旺文社まなびID」に会員登録
▶ 会員登録は無料です。

❸ アプリ内のライブラリより本書を選び，「追加」ボタンをタップ

▶ アプリの動作環境については「学びの友」公式サイトをご参照ください。なお,本アプリは無料でご利用いただけます。
▶ 詳しいご利用方法は「学びの友」公式サイト，あるいはアプリ内ヘルプをご参照ください。
▶ 本サービスは予告なく終了することがあります。

英検2級の問題を知ろう

3週間の学習を始める前に，英検2級一次試験（筆記とリスニング）・二次試験（面接）の問題形式と特徴を把握しておきましょう。2級のレベルの目安は「高校卒業程度」です。下の説明とあわせて，実力完成模擬テスト（p.163〜）で実際の問題形式を見てみましょう。

▼ 筆　記（85分）

問　題	形　式	問題数	目標解答時　間
1	**短文の語句空所補充** 1〜2文程度の長さからなる文の空所に入る適切な語（句）を選ぶ。毎回ほぼ単語10問，熟語7問の内訳で構成されている。	17問	10分

➡ 筆記1の問題を見てみよう 📖 p.163〜165

問　題	形　式	問題数	目標解答時　間
2	**長文の語句空所補充** [A][B]2つの長文の空所に最適な語句を補充する。科学的・社会的記事が2つ出題される。	6問	18分

➡ 筆記2の問題を見てみよう 📖 p.166〜167

問　題	形　式	問題数	目標解答時　間
3	**長文の内容一致選択** [A][B]2つの長文の内容に関する質問に答える。[A]ではEメール，[B]では説明文が出題される。	8問	22分

➡ 筆記3の問題を見てみよう 📖 p.168〜171

問　題	形　式	問題数	目標解答時　間
4	**英文要約** 英文を読み，その内容を45語〜55語に要約する。	1問	15分

➡ 筆記4の問題を見てみよう 📖 p.172

問　題	形　式	問題数	目標解答時　間
5	**英作文** 指定されたトピックについて，自分の意見と2つの理由を80語〜100語の英文でまとめる。	1問	20分

➡ 筆記5の問題を見てみよう 📖 p.173

リスニング（約25分）

問 題	形 式	問題数	放送回数
第1部	**会話の内容一致選択** 放送される会話の内容に関する質問に対して最も適切な答えを4つの選択肢から選ぶ。	15問	1回

➡ リスニング第1部の問題を見てみよう 📖 p.174～176

問 題	形 式	問題数	放送回数
第2部	**文の内容一致選択** 放送される短いパッセージの内容に関する質問に対して最も適切な答えを4つの選択肢から選ぶ。	15問	1回

➡ リスニング第2部の問題を見てみよう 📖 p.177～179

一次試験に合格したら

 ## 面 接（約7分）

問 題	形 式
音読	問題カードのパッセージ（60語程度）を読む。
No. 1	パッセージに関する質問に答える。
No. 2	3コマのイラストを各コマ2文程度で説明する。
No. 3	カードのトピックに関係のある事柄についての質問に答える。
No. 4	一般的な事柄に関しての質問に答え，その理由を述べる。（カードのトピックに関連性のない内容も含む。）

➡ 二次試験・面接の流れとポイントは 📖 p.210

英検について

英検®は，公益財団法人 日本英語検定協会が実施する国内最大規模の英語検定試験です。

英検（従来型）申し込み方法

個人受験の申し込み方法は次の3種類から選ぶことができます。

インターネット申し込み	英検ウェブサイトから直接申し込む。検定料は，クレジットカード，コンビニ，郵便局ATMのいずれかで支払う。
コンビニ申し込み	コンビニの情報端末機で必要な情報を入力し，「申込券」が出力されたら検定料をレジで支払う。
特約書店申し込み	全国の英検特約書店で願書を入手し，書店で検定料を支払う。「書店払込証書」と「願書」を英検協会へ郵送。

▶各申し込み方法の詳細については，英検ウェブサイトをご確認ください。また，申し込み方法は変更になる場合があります。

▶個人受験とは異なり，学校や塾などで申し込みをする「団体受験」もあります。詳しくは学校の先生・担当の方にお尋ねください。

英検S-CBT

英検S-CBTはコンピュータを使って受験する実施方式で，試験日程や申し込み方法などが従来型と異なります。詳しくは英検ウェブサイトをご確認ください。

※英検S-CBTの問題形式や難易度，級認定は従来型と同じです。

 お問い合わせ先

公益財団法人 日本英語検定協会

英検ウェブサイト **www.eiken.or.jp**

英検サービスセンター　03-3266-8311　※平日9：30～17：00（土・日・祝日を除く）

※本書に掲載されている情報は2024年4月現在のものです。試験に関する情報は変更になる場合がありますので，受験の際は必ず英検ウェブサイトで最新の情報をご確認ください。

基礎編

1日目

▼

12日目

基礎編にあたる12日間では，英検2級一次試験の問題形式を1つずつ正確に把握し，おさえるべき基本のポイントを確認することを目標にします。1日ずつ確実に進め，自分が苦手なところはどこなのかを発見しましょう。

1 日目

短文の語句空所補充問題を攻略！①（単語）

今日の目標　筆記1の全17問のうち，前半10問は単語の知識を問う問題である。空所に入る語の品詞の内訳は毎回ほぼ名詞4問，動詞4問，形容詞・副詞各1問となっている。品詞ごとに注意すべきポイントを見ていこう。

ポイント1　名詞を選ぶ問題はまず空所の前後に注目！

　筆記1では，まず文全体に目を通し，文脈から判断して適切な語を選択する。特に選択肢に並ぶ語の品詞が名詞の問題では，空所に入る語が文中でどのような役割を果たしているかをチェックしよう。文中での名詞の役割には「主語」「動詞の目的語・補語」「前置詞の目的語」がある。いずれの役割であるかを空所の前の語句，あるいは後ろの語句との関係から見極めよう。

例題

Keita is an excellent student. As a result of his good grades, he has won a
(　　　　　) that will pay for the cost of his university education.

1 broadcast　　　**2** manufacturer　　　**3** revolution　　　**4** scholarship

解説　空所に入る語は関係代名詞thatの先行詞で，will pay for the cost of his university education の主語となる名詞である。この内容から空所にはscholarship「奨学金」がふさわしいと考えられる。動詞wonの目的語であることも判断材料になり，win a scholarshipで「奨学金を得る」の意味になる。broadcast「放送」，manufacturer「製造業者」，revolution「革命」

訳　ケイタは優秀な学生だ。成績がよいため，彼は大学教育の費用をまかなう奨学金を得た。

解答：**4**

　let 動 （let *O do* で）Oに〜させる　　create 動 （を）つくり出す　　cause 動 を引き起こす

ポイント2　動詞を選ぶ問題は空所の後ろに注目！

　選択肢が動詞の問題のチェックポイントは，主語と空所に入る動詞の関係，そして後ろに続く目的語などの語句との関係である。特に後ろに続く語句からは，「空所に入る動詞が自動詞なのか他動詞なのか」や「どういった用法で用いられているか」などのヒントが得られる。ただし，受動態の文では本来の目的語が主語になっているので注意しよう（動詞が作る構文については3日目も参照）。

例題

When the basketball coach saw how tall and skillful Kendra was, he (　　　　　) her to join the team. He told her she could be one of the best players.

1 calculated　　　　**2** surrounded　　　　**3** encouraged　　　　**4** deserved

解説　空所の直後に目的語のherがあり，それに続きto join the teamとあることに注目する。選択肢の中でこの用法をとる動詞はencouragedに限られ，〈encourage + O + to *do*〉で「Oに～するように勧める」という意味になる。これが内容的にも文脈に合う。calculate「～を計算する」，surround「～を囲む」，deserve「～に値する」

訳　そのバスケットボールのコーチは，ケンドラがどれほど背が高く技量が高いかを目にすると，彼女にチームに加わるように勧めた。コーチは，彼女は最も優れた選手の1人になれるだろうと彼女に伝えた。

解答：**3**

ポイント3　形容詞・副詞は被修飾語との関係に注目！

　形容詞には名詞を修飾する「限定用法」と，補語として主語または目的語の性質を述べる「叙述用法」の2種類がある。また，副詞は動詞を修飾する場合と，形容詞，副詞，文全体を修飾する場合がある。何を修飾しているのかに注目しよう。

例題

Frank was (　　　　　) planning to go to England for his vacation. However, after seeing some beautiful photos of Paris, he ended up going to France instead.

1 dramatically　　　　**2** extremely　　　　**3** originally　　　　**4** historically

解説　空所に入る副詞はplanning to go to England ...を修飾している。2文目がHoweverで始まっていることから，同文後半にあるended up going to France insteadという内容と対比的な事柄が1文目で述べられていると判断できる。したがって空所にはoriginally「最初は，当初は」が適切。dramatically「劇的に」，extremely「極度に」，historically「歴史的に」

訳　フランクは当初，休暇にイングランドへ行く予定でいた。しかしながら，パリの美しい写真を数枚見て，結局のところ代わりにフランスへ行った。

解答：**3**

次のページからは練習問題。ここで学んだことを使って問題を解いてみよう！

---

increase動　増加する，を増やす　　leave動　（leave O Cで）OをCのままにしておく　　develop動　を開発する，発達する　　**13**

次の(1)から(14)までの (　　　　) に入れるのに最も適切なものを1，2，3，4の中から一つ選びなさい。

□□　**(1)**　*A:* Please recommend some (　　　　) for the job.

　　　　B: I can confidently recommend Mr. Tanaka. I trust him to be accurate in his work.

　　　　1 inhabitants　　**2** descendants　　**3** applicants　　**4** infants

□□　**(2)**　You should take good care of the doll because it is (　　　　). Even a slight knock could cause it to break into pieces.

　　　　1 sensitive　　**2** fake　　**3** subtle　　**4** fragile

□□　**(3)**　Tom does not like to carry too much when he travels. Everything he needs for a one-week trip is (　　　　) in one small suitcase.

　　　　1 measured　　**2** maintained　　**3** contained　　**4** recalled

□□　**(4)**　*A:* Isn't the whale a kind of fish?

　　　　B: Many people think so, but it is actually a (　　　　) that belongs to mammal. It gives birth to live young and has warm blood.

　　　　1 proportion　　**2** minority　　**3** species　　**4** habitat

□□　**(5)**　Leslie (　　　　) to the charity by doing a lot of volunteer work for them.

　　　　1 contributed　　**2** subscribed　　**3** assisted　　**4** progressed

□□　**(6)**　*A:* I heard that you got a (　　　　) at work, Susan. Congratulations!

　　　　B: Thanks, Fred. I can't believe I'm going to become the new assistant manager.

　　　　1 promotion　　**2** structure　　**3** microscope　　**4** dormitory

□□　**(7)**　*A:* Who's the woman sitting next to Stewart?

　　　　B: Have you (　　　　) that you met her at his birthday party? He introduced her as his sister-in-law.

　　　　1 realized　　**2** recognized　　**3** forgotten　　**4** acknowledged

(1) 解答 **3**

A: この仕事の**候補者**を何人か推薦してください。

B: 私は自信を持ってタナカさんを推薦できます。彼は仕事が正確だと信頼しています。

解説 applicantsが正解。applicantは「応募者，志願者」という意味。inhabitant「（家・場所などの）居住者」，descendant「子孫」，infant「幼児」

(2) 解答 **4**

その人形は**壊れやすい**ので慎重にとり扱った方がよい。ちょっとぶつけただけでも粉々に壊れてしまうことがある。

解説 空所を含む節の主語であるit，および2文目のitはthe dollのこと。「ちょっとぶつけただけでも壊れてしまう」のだからfragile「壊れやすい」が正解。sensitive「敏感な」，fake「偽の」，subtle「微妙な，かすかな」

(3) 解答 **3**

トムは旅行するときにあまり多くのものを持ち歩くのが好きではない。1週間の旅行に彼が必要なすべてのものは，1つの小さなスーツケースに**入れられる**。

解説 受動態の文なので，主語のEverything he needs for a one-week tripは，空所に入る動詞の本来の目的語である。contain「〜を含む，（容器に）〜が入る」の過去分詞が正解で，空所の後にあるin one small suitcaseとも自然につながる。measure「〜を測る」，maintain「〜を維持する」，recall「〜を思い出す」

(4) 解答 **3**

A: クジラは魚の仲間じゃないの？

B: そう思っている人は多いけれど，実際はほ乳類に属する**種**なんだ。子を出産するし，温血動物なんだよ。

解説 空所の語は関係代名詞thatの先行詞で，belongs to mammalの主語。mammal「ほ乳類の動物」という語を知らなくてもBの2文目から推測できる。species「（生物の分類上の）種」は単複同形の名詞で，冠詞はaで問題ない。proportion「割合」，minority「少数派」，habitat「生息地」

(5) 解答 **1**

レズリーはその慈善団体のためにボランティアの仕事をたくさんやることで，それに**貢献した**。

解説 空所の直後のtoに注目。contribute toは「〜に貢献する」の意味で，toに続くthe charityとも内容的につながる。subscribe to「〜を定期購読する，〜に会員登録する」，progress to「〜まで進歩する」。assist「援助する」にtoは続かない。

(6) 解答 **1**

A: 職場で**昇進**したそうだね，スーザン。おめでとう！

B: ありがとう，フレッド。私が新しいアシスタントマネージャーになるなんて信じられないわ。

解説 空所の語はgotの目的語になっている。get a promotionで「昇進する」の意味。空所の後のat workとも適切に結びつく。structure「構造」，microscope「顕微鏡」，dormitory「寮」

(7) 解答 **3**

A: スチュワートの隣に座っている女の人は誰？

B: 彼の誕生日パーティーで会ったの**を忘れちゃったの**？ 彼は彼女を義理の姉[妹]だって紹介していたわよ。

解説 スチュワートの隣にいる女性に，実はAは以前会ったことがあるとBの発言から分かる。空所に続くthat節の内容を目的語にするのにふさわしい動詞はforget「〜を忘れる」。realize「〜に気づく」，recognize「〜をそれと分かる」，acknowledge「〜を認める」

agree動 意見が一致する　　tell動 が分かる　　allow動 を許す

NOTES

□ trust O to do　Oを信頼して〜させる，Oが〜するものと信じる

□ cause O to do　（意図せずに）Oに〜させる

□ give birth to　（子）を産む

□ live [láɪv]　生きている

□ young　（動物の）子

1 日目

筆記 1

☐☐ **(8)** In July 1969, several astronauts aboard Apollo 11 flew into space. They
(   ) the surface of the moon for the first time in human history.
1 explored   **2** achieved   **3** attended   **4** implied

☐☐ **(9)** *A:* Miki, was your proposal to sell reusable shopping bags at the school festival
(   ) at the class meeting?
B: No, there were only a few votes in favor.
1 succeeded   **2** accessed   **3** accepted   **4** gained

☐☐ **(10)** *A:* Our flight has been canceled! Do you think we can get back the money for
the flight tickets?
B: Well, I (   ) the airline company will pay us back.
1 assume   **2** consult   **3** contract   **4** propose

☐☐ **(11)** The (   ) that designed this house wanted it to be very bright and cheerful
inside. Therefore, she made sure it had many large windows.
1 patient   **2** witness   **3** vegetarian   **4** architect

☐☐ **(12)** *A:* Have you started doing the (   ) for your history report yet, Bruce?
B: Yes, I got some books from the library this weekend, and I'm reading them
now.
1 potential   **2** research   **3** opportunity   **4** honor

☐☐ **(13)** Alan (   ) rents DVDs from a rental store near his apartment. He almost
always stops by it on his way home from work and picks one up to spend a
relaxing evening at home.
1 frequently   **2** particularly   **3** hardly   **4** permanently

☐☐ **(14)** *A:* Excuse me. Do you have anything that you can use to (   ) yourself?
B: Well, wait a minute. I believe I have my driver's license.
1 remember   **2** remove   **3** examine   **4** identify

    prepare働 (を)準備する   own働 を所有している   check働 (を)検査［点検］する

(8) 解答 **1**

1969年7月，アポロ11号に乗った数人の宇宙飛行士が宇宙に飛び立った。彼らは人類史上初めて月面を**探査した**。

解説 空所の直後の目的語と合う動詞を選ぶ。explore the surface of the moon で「月面を探査する」の意味。achieve「～を達成する」，attend「～に出席する」，imply「～をほのめかす」

(9) 解答 **3**

A: ミキ，学園祭でエコバッグを売るという君の提案はクラスのミーティングで**通ったの**？
B: いいえ，賛成はほんの少数だったの。

解説 受動態の文で，主語の your proposal to ～ festival が空所に入る動詞の本来の目的語。accepted を入れ，「（～するというあなたの提案が）受け入れられた」とする。succeed「成功する，～を継ぐ」，access「（データなど）にアクセスする，（場所）に近づく」，gain「～を得る」(= obtain)

(10) 解答 **1**

A: 私達が乗る便が欠航になったわ！私達は航空券のお金をとり戻せると思う？
B: ああ，航空会社は**当然**払い戻しをすると思うよ。

解説 空所に入る動詞の目的語となる that 節（ここでは that は省略）の内容から，assume「当然～と思う」がふさわしいと判断できる。consult「～に相談する」，contract「～を契約する」。propose「～を提案する」の場合，目的語である that 節内の動詞は原形か should *do* の形になる。

(11) 解答 **4**

この家を設計した**建築家**は，室内をとても明るくて心地よいものにしたかった。そのため，大きな窓をたくさん備えるように彼女は注意を払った。

解説 先行詞が入る空所に続く，関係代名詞 that が導く節に注目する。that designed this house という内容にふさわしいのは architect「建築家」である。patient「患者」，witness「目撃者」，vegetarian「菜食主義者」

(12) 解答 **2**

A: 歴史のレポート用の**調査**はもう始めたの，ブルース？
B: うん，この週末に図書館で本を何冊か借りて，今読んでいるところだよ。

解説 空所の語は doing の目的語なので，do と結びつく名詞を考える。do research で「調査する，研究する」の意味。空所の後にある history report や，B の発話にある「図書館で本を借りて読んでいる」という内容とも適切につながる。potential「可能性」，opportunity「機会」，honor「名誉」

(13) 解答 **1**

アランはアパートの近くのレンタル店で**頻繁に**DVD を借りる。彼は仕事帰りにほとんどいつもそこに立ち寄り，自宅でのんびりした夜を過ごすための1本を選んでいく。

解説 空所の直後の動詞 rents を修飾する副詞を選ぶ問題。2文目にある almost always がヒントになり，frequently「頻繁に」が正解だと分かる。particularly「特に」，hardly「ほとんど～ない」，permanently「永続的に」

(14) 解答 **4**

A: すみません。何かあなたの**身分を確認**できるものをお持ちですか。
B: ええと，ちょっと待ってください。運転免許証があったと思います。

解説 「～（の身分）を確認［特定］する」という意味の identify を入れると，B が運転免許証に言及していることにつながる。remember「～を覚えている」，remove「～をとり除く」，examine「～を精査する」

suggest 動 を提案する　　cost 動 （費用）がかかる　　meet 動 （要求・条件など）を満たす

2 日目

短文の語句空所補充問題を攻略！②（熟語）

**今日の
目　標**

筆記1の全17問のうち、（11）～（17）の7問は熟語の知識を問う問題である。熟語とは複数の単語の組み合わせで慣用的な意味を表すものだが、個々の単語からはその意味を推測するのが難しいものが多い。ここでは、出題されることが多い熟語のパターンを見ていこう。

▶ ポイント1 　句動詞は副詞・前置詞のイメージを利用して覚える！

　「句動詞」とは〈動詞＋副詞〉、〈動詞＋前置詞〉、または〈動詞＋副詞＋前置詞〉によって構成され、全体で1つの動詞のように機能するものを指す。使われている動詞の基本的な訳語からは意味が推測しにくいものが多いが、「動詞の基本的イメージ＋副詞・前置詞のイメージ」の組み合わせでとらえると、理解の助けになる。

　以下は句動詞でよく使用される副詞・前置詞のイメージである。

about / around「あちこちに、辺りに」、across「横切って」、over「一面に、越えて、渡して」、through「通り抜けて」、away「離れて」、back「後ろへ、戻って」、behind「後ろに」、by「近接して」、down「下へ［に］」、up「上へ［に］」、in「中に［で］」、out「外に［で］」、off「離れて」、on「接触して」

　こうしたイメージから派生した意味合いを持つものもある。例題・練習問題で確認しよう。

例題

Now that Carol is a senior in college, she is busy (　　　　) jobs. She has sent her résumé to five different companies and is waiting to hear back from them.

1 bringing up 　　　**2** applying for 　　　**3** giving off 　　　**4** ruling out

解説　2文目の内容から、キャロルは就職活動中であると推測できる。apply forで「～に応募する、～を申請する」の意味になり、空所の直後のjobsと適切につながる。動詞applyの「申請する、志願する」という基本的な意味と、前置詞forが持つ「～を求めて」というイメージの組み合わせで覚えよう。bring up「～を育てる、（話題など）を持ち出す」、give off「（においなど）を放つ」、rule out「～を除外する」

訳　キャロルは大学の最上級生なので、仕事に応募するのに忙しい。彼女は5つのさまざまな会社に履歴書を送り、返事が来るのを待っているところだ。

解答：**2**

---

　provide 動 を提供［供給］する　　waste 動 を浪費する　　protect 動 を保護する

ポイント2 ▶ 副詞の働きをする熟語に注目！

　この類いの熟語は文頭・文末で使用されることが多いが，文中で使用されることもある。句動詞よりは出題頻度が低い。

例題

Satoru was sent to Osaka for his job, but his family stayed in Tokyo. He often travels (　　　　) between the two cities so he can spend time with them.

1 back and forth　　**2** alive and well　　**3** sooner or later　　**4** side by side

解説 空所の前に「移動」を表すtravelsという動詞があること，および空所の後にbetween the two citiesという「2地点」を示す語句があることに注目する。空所にはback and forth「行ったり来たり」が適切。alive and well「元気で，まだ存続して」，sooner or later「遅かれ早かれ」，side by side「並んで」

訳 サトルは仕事で大阪に派遣されたが，彼の家族は東京に残った。彼は家族と時間を過ごせるように，この2つの都市をしょっちゅう行ったり来たりしている。

解答：**1**

ポイント3 ▶ 〈be＋形容詞＋前置詞〉の形の熟語も押さえる！

　形容詞の中には特定の前置詞と結びついて熟語を形成するものが多くある。〈be＋形容詞＋前置詞〉というかたまりで覚えておくことが重要だ。

例題

When he first came to Japan, Peter was so (　　　　) of Japanese customs that he did not know he should take off his shoes when he entered someone's home.

1 related　　**2** suitable　　**3** subject　　**4** ignorant

解説 空所の直後にofがあるので，ofと結びつく形容詞を考える。選択肢の中ではignorant「無知の」のみが該当し，be ignorant ofで「～を知らない」という意味になる。内容的にもこの文脈に合う。be related to「～に関係のある」，be suitable for「～に適している」，be subject to「～になりやすい」

訳 ピーターが初めて日本へ来たとき，日本の習慣をあまりにも知らなかったので，人の家に上がる際は靴を脱がなければならないことを分かっていなかった。

解答：**4**

次のページからは練習問題。ここで学んだことを使って問題を解いてみよう！

offer動 を申し出る　　describe動 （の特徴）を述べる　　damage動 に損傷［損害］を与える

次の(1)から(14)までの（　　　　）に入れるのに最も適切なものを1，2，3，4の中から一つ選びなさい。

□□ **(1)** Mr. Kumamoto's car got a flat tire, so he had to (　　　　) the side of the road to change it.

    1 keep up with   **2** pull over to   **3** take up with   **4** pass away on

□□ **(2)** *A:* How was your vacation to Germany, Sheila?

    B: It was pretty good (　　　　). It's a wonderful country, but I wish the weather had been a little better.

    1 by all means   **2** on the whole   **3** in my favor   **4** from now on

□□ **(3)** *A:* Have you (　　　　) the answer for the first question, Philip?

    B: No, I've been working on it for 10 minutes, but I have no idea what it could be.

    1 figured out   **2** put aside   **3** set off   **4** dropped by

□□ **(4)** *A:* Tanya, are you (　　　　) a man named Blake Pettifer?

    B: Yes, I met him at Bill's house several months ago. He's a really nice guy, isn't he?

    1 acquainted with   **2** equivalent to

    3 engaged in   **4** independent of

□□ **(5)** Everyone says that Anne really (　　　　) her mother. They're both very cheerful, friendly, and kind. They also have the same beautiful green eyes.

    1 puts off   **2** sums up   **3** points out   **4** takes after

□□ **(6)** Olivia asks her mother to read the same story to her every night at bedtime. She has heard it so many times that she now knows every word (　　　　).

    1 by heart   **2** for long   **3** in time   **4** once again

□□ **(7)** John was trying to save money, so he decided to (　　　　) his smoking to only five cigarettes a day.

    1 cut down   **2** stay up   **3** work out   **4** persist in

---

(1) 解答 **2**

クマモトさんは車がパンクしたので，**車を道路脇に寄せ**てタイヤを交換しなければならなかった。

解説 pull over で「車を（道の脇に）寄せる」という意味。この over は「脇へ」の意味合いを持つ。この文では to ～ で車を寄せる場所を明示している。keep up with「～に遅れずについていく」，take up with「（よからぬ人）と仲良くなる」。pass away「亡くなる，消える」は on と結びつかない。

(2) 解答 **2**

A: ドイツでの休暇はどうだったかい，シーラ？
B: **全体的には**かなりよかったわ。素敵な国ね，だけど天気がもう少しよければよかったのになあとは思うわね。

解説 Bは2文目でドイツについて a wonderful country という好評価を述べた後に，but に続けて残念だった点を述べている。このことから空所を含む文は，すべてがよかったわけではないが，on the whole「全体的に見て，概して」よかったという内容にするのが適切。by all means「必ず，ぜひとも」，in my favor「私に有利で」，from now on「今後は」

(3) 解答 **1**

A: 最初の問題の答え**は分かった**，フィリップ？
B: いいや，10分もとり組んでいるけれど，どうなのか全然分からないよ。

解説 空所の後にある the answer を目的語とするのにふさわしい句動詞を考えると，figure out「～を理解する，～が分かる」が適切。Bの発言にある I have no idea にも自然につながる。put aside「～を脇へ置く，～を無視する」，set off「～を引き起こす」，drop by「～にちょっと立ち寄る」

(4) 解答 **1**

A: ターニャ，君はブレイク・ペティファーという名前の男性**と知り合い**かい？
B: ええ，数カ月前にビルの家で会ったわ。あの人は本当に素敵な男性よね？

解説 Bの「数カ月前に彼に会った」という発言に自然につなげるには，空所に acquainted with を入れるのが適切。be acquainted with で「～と知り合いである」という意味。be equivalent to「～に等しい，～に相当する」，be engaged in「～に従事している」，be independent of「～から独立［自立］している」

(5) 解答 **4**

アンは母親に実によく**似ている**と誰もが言う。2人ともとても快活で友好的で親切だ。その上，2人とも美しい緑の目をしている。

解説 2文目と3文目でアンと母親の共通点が述べられている。したがって空所には take after「（親など）に似ている」が入ると分かる。この after は「～にならって」という意味。put off「～を延期する」，sum up「～を要約する」，point out「～を指摘する」

(6) 解答 **1**

オリビアは毎晩寝るときに，同じ物語を読み聞かせてほしいと母親に頼む。彼女はその物語を何度も何度も聞いているので，今では一語一句に至るまで**暗記して**いる。

解説 by heart「暗記して」が正解。know O by heart で「Oを暗記している」の意味になり，同じ物語を繰り返し聞いた結果として適切な内容になる。for long「長い間」，in time「間に合うように」，once again「もう一度」

(7) 解答 **1**

ジョンはお金を節約しようとしていたので，たばこを**1日5本だけに減らす**ことに決めた。

解説 cut down で「（出費・酒など）を減らす，少なくする」。down は「減少して」の意味合いを持つ。stay up「起きている」，work out「（問題などが）うまくいく，（問題など）を解決する」，persist in「～に固執する」

share 動 を共有する　　follow 動 に続く　　lead 動 （道などが）通じる

☐☐ **(8)** Yesterday, while reading a weekly magazine, I (   ) an interesting article on Japanese politics.

1 got away   **2** came across   **3** took over   **4** coped with

☐☐ **(9)** Japan is almost certain to (   ) to European Union's demands for more cuts in its vehicle exports.

1 bring back   **2** give in   **3** turn up   **4** get down

☐☐ **(10)** *A:* Helen, why did you decide to major in data science?
       B: Because of its future possibilities (   ).

1 in return   **2** above all   **3** by chance   **4** on time

☐☐ **(11)** These days, most people are becoming more concerned (   ) the environment. As a result, they are trying to recycle more and save energy.

1 to   **2** in   **3** from   **4** about

☐☐ **(12)** *A:* Hello. May I speak to Mr. Simpson? This is Mike Jones.
       B: (   ), please. I'll go and see if he is still in the office.

1 Look up   **2** Hold on   **3** Tear off   **4** Turn over

☐☐ **(13)** Tom is usually a kind, quiet father, but he could not (   ) the laziness of his son Rick anymore. He strictly told his son to clean his room and finish his homework right away.

1 get rid of   **2** look out for   **3** put up with   **4** take charge of

☐☐ **(14)** *A:* Was your mother angry that you broke her teapot?
       B: No, on the (   ), she looked happy. She said that she had been wanting to buy a new one.

1 quantity   **2** accuracy   **3** contrary   **4** laundry

attract圃 （注意・興味など）を引く   encourage圃 を促す   support圃 を支持[支援]する

(8) 解答 **2**

昨日，週刊誌を読んでいると，日本の政治に関する興味深い記事**をふと見つけた**。

解説 come acrossで「～をふと見つける，（人）に偶然出会う」。acrossは「交差して」が転じて「出会って」の意味合いを持つ。get away「立ち去る，逃げる」，take over「～を引き継ぐ」，cope with「～に対処する」

(9) 解答 **2**

日本は車の輸出をさらに削減するようにというEUの要求に，ほぼ間違いなく**屈するだろう**。

解説 give in (to)で「（～に）降参する，屈服する」の意味。bring back「～を戻す」，turn up「（音量など）を大きく［強く］する，姿を現す」，get down「降りる」

(10) 解答 **2**

A: ヘレン，どうしてデータサイエンスを専攻すると決めたの？
B: **何と言っても**将来性のためよ。

解説 above allで「とりわけ，何よりもまず」の意味。in return「返礼として，見返りとして」，by chance「偶然」，on time「時間通りに」

(11) 解答 **4**

近ごろは大部分の人が環境に**いっそう気を配る**ようになっている。その結果，もっと多くリサイクルし，エネルギーを節約しようと努力している。

解説 選択肢のうち「心配して」の意味のconcernedと結びつく前置詞はabout。be concerned aboutで「～について心配している［気遣っている］」を表す。問題文ではbeの代わりにbecomeが使われていて，「心配するようになる」の意味になっている。

(12) 解答 **2**

A: もしもし。シンプソンさんをお願いできますか。こちらはマイク・ジョーンズです。
B: **そのままお待ち**ください。彼がまだ事務所内にいるか見てきます。

解説 副詞のonには「継続」の意味があり，hold onは「（しばしば命令文で）電話を切らないでおく」の意味。反対の意味のhang up「電話を切る」もあわせて覚えておこう。look up「～を調べる」，tear off「～を引きちぎる」，turn over「～を引っくり返す」

(13) 解答 **3**

トムはいつもはやさしく物静かな父親だが，息子のリックの怠け癖には**もう我慢**できなくなった。彼は息子に，今すぐ自分の部屋をきれいにして宿題を終わらせるよう厳しく言いつけた。

解説 2文目の内容から，トムは息子の怠け癖「を我慢する」(put up with)ことができなかったと推測できる。get rid of「～をとり除く」，look out for「～に気を配る」，take charge of「～を引き受ける，～を管理する」

□ laziness　怠惰

(14) 解答 **3**

A: あなたがお母さんのティーポットを壊しちゃって，お母さんは怒った？
B: ううん，**それどころか**喜んでいるような顔をしていたよ。新しいのを買いたいとずっと思っていたと母は言っていた。

解説 Aの発言にあるangryと対比的に，Bはshe looked happyと言っている。したがって，空所を含む部分は逆接・対照を意味する表現になると判断できる。on the contraryで「それどころか，まるで反対で」の意味。quantity「量」，accuracy「正確さ」，laundry「洗濯物」

raise 動 （子供）を育てる　　hire 動 を雇う　　charge 動 （税金など）を課す

3日目

短文の語句空所補充問題を攻略！③（語法）

今日の目標

「単語」「熟語」の陰に隠れて見落とされがちなポイントが「語法」である。語法とは「それぞれの語の使い方のルール」のこと。熟語に近い内容もあるが，よく出るものはしっかり覚えておきたい。筆記1全体を通じて解答のヒントになり得る語法を押さえて，正解率のアップを目指そう。

ポイント1　コロケーションに注目！

コロケーションとは，単語と単語の組み合わせのうち，独特な意味を生む熟語とまでは言えないものの，結びつきが強く自然なつながりであるものを指す。この組み合わせは日本語の訳語からは判断しにくいものも多く，セットで覚えてしまうのがよい。

例題

Kelly's dog looked at his dish with (　　　　　) as she went to the cupboard and got out a bag of his favorite kind of dog food.

1 objection　　　**2** anticipation　　　**3** reduction　　　**4** transportation

解説　anticipationは「予想，期待」の意味で，with anticipationの形で「期待して，期待感を抱いて」を表す。これは文末にあるhis favorite kind of dog foodという内容と自然につながる。with anticipationというまとまりで覚えておこう。objection「反対」，reduction「減少」，transportation「輸送」

訳　ケリーの犬は，彼女が戸棚のところへ行って大好物のドッグフードの袋をとり出すと，<u>期待して</u>自分の皿を見た。

解答：**2**

ポイント2　動詞は自動詞か他動詞かに注意！

どの品詞の語でも，その意味（訳語）とともに語法をチェックすることが必須だが，中でも動詞はさまざまな語法を持ち，語法によって意味が変わるものもあり，注意が必要である。問題を解くときに最初に確認すべきなのは，正解になる動詞が自動詞か他動詞かという点だ。両者の違いを確認しておこう。

自動詞	・目的語をとらない ・「主語が何をするか〔何であるか〕」を表す	第1文型　SV
		第2文型　SVC
他動詞	・目的語をとる ・「主語が目的語に対して何をするか」を表す	第3文型　SVO
		第4文型　SVOO
		第5文型　SVOC

また，自動詞の場合は補語をとっているかどうか，どのような前置詞が続いているか，他動詞の場合はどのような目的語をとっているか（名詞・that節・不定詞・動名詞など）に注意しよう。

例題

Richard's company is going to let all the staff members work from home. Although a few staff members (　　　　) to doing their jobs this way, everyone else liked the idea.

1 launched **2** insulted **3** objected **4** struggled

解説 空所の直後にto doingがあるので，空所に入るのは自動詞だと分かる。object「反対する」はobject to Oで「Oに反対する」，object to doingで「～することに反対する」の意味になる。struggle「奮闘する」も自動詞だが，toを伴う場合はstruggle to do「～しようと奮闘する」の形になる。また，launchは「～を始める」という他動詞のほか，「始める」の意味の自動詞の用法もあるが，to doingは続かない。insult「～を侮辱する」は他動詞。

訳 リチャードの会社はすべての従業員に在宅勤務をさせる予定だ。少数の従業員はこの形で仕事をすることに反対したが，ほかの人達にはこの提案は好評だった。

解答：**3**

ポイント3　動詞が作る構文に注意！

自動詞・他動詞の区別と文型に加えて，それぞれの動詞が作る構文とその表す意味を覚えておくと，さらに正解率を高めることができる。

例題

A: So, what (　　　　) you to become an actor?

B: My parents took me to a play when I was five, and from that moment, I knew I wanted to be one.

1 motivated **2** recovered **3** digested **4** approached

解説 空所の後にyou to become an actorとあることから，〈動詞＋O＋to do〉という構文であることに着目する。選択肢の中でこの構文をとる動詞はmotivate「～に動機を与える」で，motivate O to doで「O（人）を動機づけて［励まして］～させる」の意味になる。recover「回復する」はrecover from「～から回復する」の形をとる。digest「～を消化する」。approachには「～に近づく」の意味の他動詞，および「近づく，（時期などが）やってくる」の意味の自動詞の用法がある。

訳 *A:* それで，何があなたを俳優になる気にさせたのですか。
B: 私が5歳のとき両親がお芝居に連れて行ってくれて，そのとき以来，俳優になりたいと自覚していました。

解答：**1**

次のページからは練習問題。ここで学んだことを使って問題を解いてみよう！

次の(1)から(14)までの (　　　　) に入れるのに最も適切なものを1，2，3，4の中から一つ選びなさい。

□□ **(1)** Robin's boss asked her to (　　　　) for why she had not been able to finish her report on time. She explained that she had not been feeling well.

1 qualify　　　**2** account　　　**3** register　　　**4** survive

□□ **(2)** Ken greatly enjoyed his meal at the French restaurant. Eating there (　　　　) him of a trip that he had taken to Paris many years ago.

1 predicted　　　**2** reminded　　　**3** commuted　　　**4** featured

□□ **(3)** Professor Jackson is a good teacher because he is able to (　　　　) mathematics to the students' everyday lives.

1 suppose　　　**2** vary　　　**3** prohibit　　　**4** relate

□□ **(4)** *A:* So, how is my son doing at math? I know it's his weak point.

B: Well, Mrs. Jones, he's making steady (　　　　). He's getting a little better each month.

1 description　　　**2** climate　　　**3** progress　　　**4** resource

□□ **(5)** *A:* Harry, you went to a new restaurant near our office yesterday. How was that?

B: It was (　　　　) better than I had imagined. The food was great and the staff was friendly.

1 very　　　**2** more　　　**3** far　　　**4** as

□□ **(6)** *A:* Japanese people live in relatively smaller houses.

B: That's partly because we have little land with a (　　　　) population.

1 many　　　**2** large　　　**3** lot of　　　**4** much

□□ **(7)** *A:* I'd like to reserve a double room facing south.

B: Very good, sir. We'll certainly (　　　　) you with a bright, airy room.

1 provide　　　**2** connect　　　**3** fill　　　**4** concern

(1) 解答 **2**

ロビンの上司は，なぜ報告書を時間通りに仕上げることができなかったか<u>説明す
る</u>よう彼女に求めた。彼女は体調がよくなかったのだと説明した。

解説 空所後にあるforと結びつく動詞を考える。account forで「～を説明する」の意味
になり，2文目にある動詞explainとほぼ同義。qualify for「～の資格がある」とregister
for「（科目など）に登録する」は，いずれも文脈に合わない。survive「生き残る，（事故
など）を生き延びる」

(2) 解答 **2**

ケンはそのフランス料理店での食事を堪能した。そこでの食事は，何年も前のパ
リ旅行を彼に<u>思い起こさせた</u>。

解説 remind「（人）に思い出させる」はofと結びつき，remind *A* of *B*で「A（人）にB
を思い出させる」の意味になる。predict「～を予言する」，commute「通勤［通学］する」，
feature「～を呼び物にする，特集する」

(3) 解答 **4**

ジャクソン教授はよい教師だ。というのも，彼は数学を学生の日常生活と<u>関連づ
ける</u>ことができるからである。

解説 〈動詞＋*A* to *B*〉の形であることを見抜こう。relate *A* to *B*で「AをBと関連づける［結
びつける］」の意味。suppose「～と思う，仮定する」，vary「異なる，～を変える」，prohibit
「～を禁じる」

(4) 解答 **3**

A: それで，息子は数学ではどうなんでしょうか。あの子の苦手科目だというこ
とは知っていますが。

B: いや，ジョーンズさん，着実に<u>進歩</u>していますよ。毎月少しずつよくなって
いますから。

解説 空所はmakingの目的語になっている。makeとの組み合わせ，および空所の前の
形容詞steady「着実な，絶え間ない」との結びつきから，空所にはprogress「進歩」が
入ると判断できる。make progress「進歩する」というまとまりで覚えておきたい。
description「説明，記述」，climate「気候」，resource「資源」

(5) 解答 **3**

A: ハリー，私達のオフィスの近くの新しいレストランに昨日行ったのね。どうだっ
た？

B: 僕が想像していたよりも<u>ずっと</u>よかったよ。料理はすごくおいしいし，店員
も親切だったよ。

解説 空所の後にbetterという比較級があることに着目する。比較級の形容詞・副詞を強
調するには，far / much「ずっと，はるかに」やstill / even「なおいっそう，さらに」な
どの副詞を用いる。

(6) 解答 **2**

A: 日本人は割と小さな家に住んでいるわね。

B: 土地が狭くて人口が<u>多い</u>ことがその一因なんだ。

解説 「多い人口」はa large populationで，many populations / much populationなどは
誤り。反対に「少ない人口」はa small populationで，a few populationsなどは誤り。

□ relatively　比較的

(7) 解答 **1**

A: 南向きのダブルルームを1部屋予約したいのですが。

B: かしこまりました，お客様。日当たりと風通しのよいお部屋を間違いなくご
<u>提供いたします</u>。

解説 provide *A* with *B* (= provide *B* for [to] *A*)で「AにBを供給する」の意味。connect
A with *B*「AをBと結ぶ」，fill *A* with *B*「AをBで満たす」。concern *oneself* with「～に関
心を持つ，関与する」

□ facing south　南に面した

design图 デザイン　　experience图 経験　　expert图 専門家

☐☐ **(8)** Human beings (　　　　) many physical features with monkeys. This is because human beings and monkeys evolved from a common ancestor.

1 discuss 　　　**2** resemble 　　　**3** share 　　　**4** offer

☐☐ **(9)** Many teachers do not (　　　　) of their students reading comic books. They think that children should read more challenging and serious stories.

1 admit 　　　**2** allow 　　　**3** approve 　　　**4** achieve

☐☐ **(10)** *A:* Did you know that Takeshi has decided to go back to Japan next month?

B: Really? I just saw him yesterday but he didn't (　　　　) it at all.

1 tell 　　　**2** talk 　　　**3** refer 　　　**4** mention

☐☐ **(11)** Getting ready to (　　　　) from high school, I started worrying about what my next step in life was going to be.

1 finish 　　　**2** graduate 　　　**3** prepare 　　　**4** consider

☐☐ **(12)** *A:* I heard there's a new ramen restaurant near here. Do you want to go?

B: Sure, but I hope you don't (　　　　) waiting. There's usually a long line outside.

1 mind 　　　**2** expect 　　　**3** disagree 　　　**4** hesitate

☐☐ **(13)** *A:* Oh, Ryan, I haven't seen you in years! Are you still single?

B: Yeah. The carefree single life seems to (　　　　) with me.

1 suit 　　　**2** become 　　　**3** meet 　　　**4** agree

☐☐ **(14)** Even though Jane is nearly thirty years old, she is often (　　　　) for a high school student.

1 taken 　　　**2** seen 　　　**3** caught 　　　**4** thought

　fact图 事実　　staff图 スタッフ　　fuel图 燃料

(8) 解答 **3**

人間はサルと<u>同じ</u>身体的特徴を多く<u>持っている</u>。これは人間とサルとが共通の祖先から進化したためだ。

解説 ここでのshare *A* with *B*は「AをBと共通して持つ」の意味で，*A*には物のほか考え・感情・性質などが入る。discuss *A* with *B*「AについてBと議論する」，resemble「～に似ている」，offer「～を申し出る」

(9) 解答 **3**

多くの教師は生徒が漫画を読むのを<u>よいことだと思わ</u>ない。子供はもっと読み応えのある本格的な物語を読むべきだと彼らは考えている。

解説 空所の後にofがあることから，空所には自動詞が入ると分かる。approve ofで「～をよいと思う，～に賛成する」の意味。admit「～を認める」。allow「～を許す」はしばしばallow *O* to *do*「Oが～するのを許す」の形で使う。achieve「～を達成する」

(10) 解答 **4**

A: タケシが来月日本に戻ることに決めたって，知ってた？
B: 本当？ 昨日彼に会ったばかりだけど，彼はそのこと<u>には</u>全く<u>触れ</u>なかったよ。

解説 空所後に目的語のitがあるので，空所には他動詞が入る。mention「～に言及する」が正解。talk，referで同様の意味を表すには，talk about「～について話す」，refer to「～に言及する」という自動詞の用法になる。tellにはいろいろな用法があるが「人に伝える」が基本的な意味で，tell *A B* (= tell *B* to *A*)「A（人）にBを話す」などの形で使う。

(11) 解答 **2**

高校を<u>卒業する</u>準備をしていると，私は人生の次の一歩がどうなるのかと心配になってきた。

解説 空所の後にfromがあることから，空所には自動詞が入ると分かる。graduate fromで「～を卒業する」となり，high school「高校」とも意味がつながる。finish「（～を）終える」，prepare「（～を）準備する」，consider「～についてよく考える」

(12) 解答 **1**

A: この近くに新しいラーメン屋があるそうだよ。行ってみたい？
B: もちろんよ，でも，あなたが待つこと<u>を気にし</u>なければいいのだけれど。たいてい外に長い列ができているのよ。

解説 空所の後に動名詞waitingがあることに注目する。mind *doing*で「～することを嫌がる，～することを気にする」を表す。to *do*を伴うのはexpect「～することを予想する」とhesitate「～するのをためらう」。disagree「意見が異なる」は*doing*とも to *do*とも結びつかない。

(13) 解答 **4**

A: まあ，ライアン，何年ぶりかしらね！ まだ独身なの？
B: そうなんだ。一人住まいの気楽な生活が<u>性に合っている</u>みたいなんだよ。

解説 agree withは「（人）に賛成する」という意味のほかに，「（食物・気候・状況などが）（人）の性［体質］に合う」の意味で用いられる。suit「～に都合がよい」，become「～に似合う」は他動詞なので，後ろに前置詞は不要である。meet「（条件など）を満たす，（人）と会う」

(14) 解答 **1**

ジェーンは30歳近いが，よく高校生と<u>間違われる</u>。

解説 問題文は受動態だが，能動態に置き換えると〈動詞＋*A* for *B*〉の形であることが分かる。選択肢の中でこの形をとるものはtakeで，take *A* for *B*で「AをBだと思う，AをBだと思い違いする」の意味になる。

tour 图 見学　　taste 图 好み　　benefit 图 利益

4 日目

長文の語句空所補充問題を攻略！①

今日の目標

筆記2では250〜270語程度の長文[A][B]に対して，それぞれ3問の空所補充の設問がある。筆記試験全体の問題量を考えると，1つの長文につき9分以内で解答したい。限られた時間内で長文の概要を把握し，正解を導くヒントを見つけ出そう。

▶ ポイント1　概要を素早く把握し，空所周辺と選択肢に目を通そう！

　長文の全体の意味を一語一句丁寧に理解しようとすると，問題をすべて回答するだけの時間がなくなってしまう。まずはタイトルや書き出しの文，各段落のトピックセンテンス（通常は段落の最初の文でその段落の主な論点を述べている）に着目して，全体の，そして段落ごとの要旨を素早く押さえよう。

　次に，空所に入れる語句の選択だが，空所の前後にそのヒントがあることが多い。選択肢と同時に空所の周辺に目を通して，可能性を絞り込もう（より具体的な着目ポイントは15日目の解説を参照）。

▶ ポイント2　順接・逆接・譲歩などの論理展開を読みとろう！

　therefore「それゆえに」やhowever「しかしながら」，furthermore「その上」のような副詞，but「しかし」やeven if「たとえ〜でも」のような接続詞（句）は，文章の論理展開を読みとる上で重要な語句だ。文章全体の大意や空所前後の文脈を把握するために，特に意識してチェックしよう。また，こうした語句を直接問う問題も頻出である。論理展開を表す語句の知識を増やしておこう。

例題

The False Banana

　Commonly known as "the false banana," the enset is a relative of the banana plant that grows in Ethiopia. Unlike the banana plant itself, the fruit of the enset cannot be eaten raw. Instead, people use the enset plant to make bread or a soft food called bulla. Right now, enset is eaten by about 15 million Ethiopians. However, that (　**1**　). Scientists believe that it could be grown in other parts of Africa, too. If that happens, enset could feed more than five times that number of people.

　As climate change worsens, temperatures in Africa are rising, and this makes it harder to grow crops like rice and corn. However, enset is a plant that is able to survive even when there is little rain. This is thanks to its deep roots and ability to store water. (　**2**　), it is a food that tastes better as it gets older, so it can be kept for emergencies when other crops have been damaged.

　Although food experts are excited about enset, there are also some difficulties. Many local farmers in other places have been producing crops like rice and corn for a long time and often do not want to try new ones. Nevertheless, experts think enset could be (　**3**　). For example, they have found that since enset plants are tall, they can provide shade for coffee plants, which helps them to grow better. By gradually introducing enset to various parts of Africa, scientists hope they can make sure people have enough food in the future.

(1) **1** may soon change **2** is not actually true
  3 causes health problems **4** is less than in the past

(2) **1** For example **2** Furthermore
  3 By contrast **4** In particular

(3) **1** made much safer **2** harmed by them
  3 planted with other crops **4** made to taste better

解説 **(1)** 空所の直前のthatは，前文にあるenset ... Ethiopiansという記述を指し，**(1)**を含む文の後は「アフリカのほかの地域でも栽培可能」「その5倍以上の数の人々の食料源となる」という「今後の変化の可能性」が述べられている。したがって**1**「近いうちに変わるかもしれない」が適切。**2**「実際は正しくない」，**3**「健康上の問題を引き起こす」，**4**「過去においてよりも少ない」
(2) 第2段落ではエンセーテの特徴的な利点が述べられている。その1つ目は「降雨量がわずかでも生き続ける」こと，そして**(2)**で始まる文で「保存に向いている」ことに言及している。この内容から**2**「その上」がふさわしい。**1**「例えば」，**3**「対照的に」，**4**「特に」
(3) 空所を含む文の次の文では，例としてエンセーテとコーヒーノキとの共生が述べられている。したがって，**(3)**には**3**「ほかの作物と一緒に植えられる」が入る。**1**「はるかに安全にする」，**2**「それらによって害を受ける」，**4**「味を向上させる」

解答：(1) 1　(2) 2　(3) 3

訳

ニセバナナ

　一般に「ニセバナナ」として知られるエンセーテは，エチオピアに自生するバナナの近縁種である。バナナそのものとは異なり，エンセーテの実は生で食べることができない。その代わり，エンセーテはパンを作ったりブラと呼ばれる柔らかい食べ物を作ったりするのに利用される。現在，エンセーテはおよそ1,500万人のエチオピア人に食されている。だが，それは<u>近いうちに変わるかもしれない</u>。科学者の考えでは，エンセーテはアフリカのほかの地域でもおそらく栽培が可能なのである。そうなれば，エンセーテはその5倍以上の数の人々の食料源となる可能性がある。
　気候変動が悪化をたどるにつれてアフリカの気温は上昇しており，その結果，米やトウモロコシといった作物の栽培がより困難になっている。しかし，エンセーテは降雨量がわずかでも生き続けることができる植物だ。これは根が深く張っていて，水を蓄えることができるためである。<u>その上</u>，それは日が経つにつれて味がよくなる食べ物なので，ほかの作物が被害を受けた非常時に備えて保存しておくことができる。
　食料の専門家はエンセーテに大きな期待を寄せているが，いくつかの問題点もある。ほかの土地の多くの地元農民は，長きにわたり米やトウモロコシなどの作物を生産してきており，往々にして新しい作物を栽培してみることを望まないのである。それでも，エンセーテは<u>ほかの作物と一緒に植える</u>ことが可能だろうと専門家は考えている。例えば，エンセーテは丈が高いのでコーヒーノキに日陰を作ることができ，これはコーヒーノキの成長によい影響を与えることを彼らは見いだした。エンセーテをアフリカのさまざまな地域に徐々に導入していくことにより，人々が将来的に十分な食料を確実に得られることを科学者は望んでいる。

次のページからは練習問題。ここで学んだことを使って問題を解いてみよう！

professor 图 教授 memory 图 記憶(力) effect 图 影響

次の英文[A]，[B]を読み，その文意にそって(1)から(6)までの（　　　　）に入れるのに最も適切なものを1，2，3，4の中から一つ選びなさい。

[A]　　　Charities during Recession

　　When an economy is in serious trouble for an extended period, this is called a recession. At such times, large numbers of poor people face problems such as hunger or homelessness. Although charities try to help, their own financial resources also usually （　**1**　）. That is because donations and other forms of public support for them become smaller as ordinary Americans cannot give as much. Although about a third of Americans regularly donate to domestic or international charities, this figure falls dramatically during times of economic trouble. Charities may then turn to state or federal governments for help, but those governments are also limited in what they can do. Governments collect less tax from taxpayers and so have smaller budgets themselves.

　　One of the most recent recessions was especially hard on charities, since the costs of many necessities rose. Food prices increased, （　**2**　）, so charities could not purchase as much food to hand out in their shelters. Gasoline prices also rose, which made it harder for charities to transport beds, clothing, and other such items to centers helping the poor or homeless. Because their operating expenses were increasing and their income from donations was decreasing, charities could not help as much as they wanted. Therefore, in major urban areas, millions of Americans suffered because of the financial problems facing charitable organizations.

　　Some activists believe, however, that even if Americans are unable to donate funds, donating time or services to charities could be of great help. Volunteering to paint homes of the elderly or cook food in homeless shelters are two ways people can help others without using cash. Other activists believe that wealthy people should donate more during recessions. They say this would （　**3**　） in donations among working- and middle-class citizens at such times.

□□ **(1)**　**1** get much stronger　　　　**2** become sufficient
　　　　　　3 remain the same　　　　　**4** become much more restricted

□□ **(2)**　**1** for instance　　　　　　　**2** as usual
　　　　　　3 by chance　　　　　　　　**4** nevertheless

□□ **(3)**　**1** lead to a huge boost　　　　**2** put an end to the risk
　　　　　　3 make up for the decline　　**4** get rid of the hesitation

不況時の慈善団体

NOTES
□ recession　不況

経済が長期にわたりたいへん困難な状態にあるとき，これを不況と呼ぶ。そのようなとき，多くの貧しい人々が，飢餓やホームレスといった問題に直面する。慈善団体は援助を試みるものの，たいていは慈善団体自体の財源も<u>はるかに制限されるようになる</u>。これは，普通のアメリカ人がこれまでと同じ金額を提供することができなくなると同時に，寄付やそのほかの形態の公的な支援が減るからである。アメリカ人のおよそ3分の1が定期的に国内の，もしくは国際的な慈善団体に寄付をしているが，この数字は経済的に困難な時期には劇的に減少する。そうなれば，慈善団体は州政府もしくは連邦政府に援助を求めるだろうが，これらの政府もまた，できることに限りがある。政府が納税者から徴収する税が少なくなっているので，政府自体の予算が縮小するのだ。

最近の不況の1つでは多くの必需品のコストが上がったため，慈善団体にとっては特に困難だった。<u>例えば</u>，食料品の価格が上昇したので，慈善団体は保護施設で配る食料をこれまでと同じ量だけ購入することができなかった。ガソリン価格も上がったため，慈善団体がベッドや衣類，そのほかの物品などを，貧しい人々やホームレスを援助しているセンターへ輸送することが一層困難になった。運営費は増加し，寄付による収入は減少していたので，慈善団体は望むだけの援助をすることができなかった。したがって，主要な都市部では，慈善団体に迫り来る財政的な問題のために，何百万ものアメリカ人が苦しんだ。

しかし，たとえアメリカ人が資金を寄付することができないとしても，時間や奉仕作業を慈善団体に捧げることで大きな助けになり得ると考える活動家もいる。ボランティアで高齢者の家のペンキ塗りをしたり，ホームレスの保護施設で調理したりすることは，現金を使わずに人助けができる2つの方法である。不況の間は裕福な人々がより多くの寄付をすべきだと考える活動家もいる。それがこのような時期の労働者階級と中流階級の市民の寄付の<u>減少を補う</u>と，彼らは言う。

□ turn to A for B
　Bを求めてAに頼る
□ federal government
　連邦政府

□ charitable　慈善の

□ working-class
　労働者階級の
□ middle-class
　中流階級の

(1) 解答 **4**

解説 空所を含む文の前半がAlthough「～にもかかわらず」で始まっているので，この内容に相反することが主節で述べられていると判断する。この論理展開に合うのはbecome much more restricted「はるかに制限されるようになる」である。空所後のThat is because ... という理由づけもヒントになる。
　1「はるかに強くなる」　**2**「十分になる」　**3**「同じままである」

(2) 解答 **1**

解説 前文に「多くの必需品のコストが上がった」とあり，空所を含む文では「食料品の価格が上昇した」と具体例が述べられているので，接続表現として for instance「例えば」が適切。
　2「いつものように」　**3**「偶然に」　**4**「それにもかかわらず」

(3) 解答 **3**

解説 空所の前のthisは前文の「裕福な人々がより多くの寄付をする」ことを指す。working-and middle-class citizensはwealthy peopleと対照される人々である。空所にはmake up for the decline (in donations)「（寄付の）減少を補う，埋め合わせる」が適切。
　1「大幅な増加につながる」　**2**「リスクに終止符を打つ」　**4**「ためらいをとり除く」

[B] Britain's Window Tax

In the late 1600s, Britain's government was having serious financial problems. It desperately needed more money, and as a result, it decided to create a new tax on windows. At first, this seemed like a good idea because the government said the tax (**4**). That is because houses with fewer than 10 windows did not have to pay anything, while those with more windows had to pay a certain amount for every window. Since poor people usually had fewer windows and rich people had more, poor people would pay little or nothing, and rich people would pay a large amount.

Soon, however, some poor people started complaining. The ones in the country usually lived in single-family houses, so they did not have to pay. (**5**), most poor people in cities lived in huge buildings called "tenements." Since tenements had large numbers of windows, they had to pay large amounts of tax. The people who lived in them became angry and said that the system was unfair.

To avoid the tax, many people covered up their windows with wood or bricks, and new houses were built with fewer windows. However, this (**6**). Without windows, people's rooms were dark, and there was not enough fresh air. This made it easy for diseases to spread. People began saying that the window tax was a "tax on light and air." About 150 years later, the tax was finally removed, but visitors to Britain can still see many old buildings where the old windows have been covered up.

□□ **(4)**　**1** was just temporary　　　　**2** was due to an emergency
　　　　　3 would be a fair one　　　　**4** would be spent on the poor

□□ **(5)**　**1** In the end　　　　　　　**2** On the other hand
　　　　　3 For one thing　　　　　　**4** In other words

□□ **(6)**　**1** made the government rich　**2** was often too expensive
　　　　　3 caused a new problem　　　**4** was against the law

　security图 安全　　discount图 割引　　review图 批評

イギリスの窓税

1600年代後半，イギリス政府は深刻な財政問題を抱えていた。政府はもっと多くの金を是が非でも必要としており，その結果，窓に対して課す新たな税を創設することに決めた。当初，この税は<u>公平な税になる</u>と政府は言っていたので，これはよい案であるように思われた。それは，窓の数が10枚未満の家屋は何も支払う必要がなく，一方，それ以上の家屋は窓1枚につき一定額を支払わなければならなかったからである。通常，貧しい人は窓の数がより少なく，裕福な人はより多かったので，貧しい人は少額を支払うか全く支払わないかであり，そして裕福な人は多くの額を支払うことになる。

しかしながら，間もなくすると一部の貧しい人が不満を言い始めた。地方在住の人はたいてい一戸建て住宅に住んでいたので，税を支払う必要がなかった。<u>これに対して</u>，都市部在住の貧しい人の大半は，「テナメント（安アパート）」と呼ばれる巨大な建物に住んでいた。テナメントには窓が多数あるため，彼らは多額の税を支払わなければならなかった。そこに住んでいる人達は憤慨し，この制度は不公平だと言った。

税を回避するため，多くの人は窓を木材やれんがで覆い，新築の家は窓を少なくして造られた。だが，これは<u>新たな問題を引き起こした</u>。窓がないので室内は暗く，新鮮な空気が十分になかった。このため，病気が蔓延しやすくなったのだ。窓税は「光と空気に課せられる税」だと人々は口にするようになった。およそ150年経ってからこの税はようやく廃止されたのだが，イギリスを訪れると，古い窓が覆われている古い建物を今でも多く目にすることができる。

(4) 　解答 　3

解説 空所を含む文の後に，「税額は貧しい人に少なく，裕福な人に多くなる」ことが述べられている。**3**「公平な税になる」がこの内容に対応する。
　1「一時的なものにすぎない」　**2**「非常事態によるものだ」　**4**「貧しい人に使われる」

(5) 　解答 　2

解説 空所の前後では，地方のことと都市部のことが対比的に述べられている。したがって空所には**2**「他方では，これに対して」が適切。
　1「最終的に」　**3**「1つには」　**4**「言い換えれば」

(6) 　解答 　3

解説 空所の直前にあるthisは，その前の文の内容全体（人々の住居の窓の数が少なくなったこと）を指す。空所を含む文の後に，「病気が蔓延しやすくなった」というネガティブな事柄の発生に関する記述があり，これに適切につなげるには空所に**3**「新たな問題を引き起こした」を入れる。
　1「政府を裕福にした」　**2**「しばしばあまりに高額だった」　**4**「法律に違反していた」

日目

長文の内容一致選択問題を攻略！①（Eメール）

> **今日の目標**
>
> 筆記3は2つの長文［A］［B］から構成される。それぞれ文章が長いため時間配分が大切だ。このうち［A］は240語前後のEメールで，その内容に関して質問が3問ある。まずEメール問題の攻略法をマスターしよう。

▶ポイント1　先に，質問に目を通そう！

　［A］のEメール問題は7分以内に解答するのが理想。効率よく解答するには，まず質問に目を通すとよい。筆記3では通常，それぞれの段落に関する質問が段落の順に出題される。そのため，質問に目を通すことでEメールのおおよその流れが推測でき，また，どのような情報を読みとる必要があるかをあらかじめ理解できる。これは解答時間を大幅に短縮することにつながる。

▶ポイント2　件名からEメールの概要を把握しよう！

　Eメールでは冒頭のヘッダーと呼ばれる部分に発信人（From:），宛先（To:），日付（Date:），件名（Subject:）が記されている。特に件名はメールの用件を一言で表す場合が多いので，本文の内容を理解する助けになる。件名を頭に入れて本文を読むようにしよう。

例題

From: Tara Reese <tarareese@starmail.com>
To: Stu Peterson <s-peterson@gomail.com>
Date: April 22
Subject: Company Website

- -

Dear Mr. Peterson,
Thank you very much for contacting me about improving your website. I visited it, and I think that we can help you with your problem. You told us that your advertising has attracted a large number of new visitors to your website but you are worried because the data shows that your visitors only spend a short amount of time before leaving the site. I checked the data, and I think I can answer your question about the reason.
While there is a lot of high-quality content on your website, the design could be greatly improved. For example, many of the articles are written in tiny text that could cause people's eyes to become tired. If you were to make it larger and add more illustrations, people might enjoy it more. （後略）

(1) What did Stu Peterson ask Tara Reese about?

    1 How to display more advertisements on his company's website.

    2 Why people do not stay on his company's website very long.

    3 What kind of people are interested in his company's website.

    4 Which data from his company's website is the most useful.

(2) What is one recommendation that Tara Reese makes about the website?

    1 The quality of the advertisement needs improvement.

    2 The text of the articles should be made bigger.

    3 The illustrations need to be replaced.

    4 There are not enough articles on the website.

解説　ヘッダーの Subject から，会社のウェブサイトに関するメールであることを押さえておこう。
(1) スチュー・ピーターソンがタラ・リースに尋ねた内容は，第1段落の You told us that ... の部分から分かる。この中の your visitors only spend a short amount of time before leaving the site という記述に相当する **2** が正解。
(2) タラ・リースからの提案が第2段落に書かれている。例示されている問題は many of the articles are written in tiny text ということで，最後の文に If you were to make it larger ... とあることから，**2** が正解だと判断できる。

解答：(1) **2**　(2) **2**

訳　発信人：タラ・リース〈tarareese@starmail.com〉
宛先：スチュー・ピーターソン〈s-peterson@gomail.com〉
日付：4月22日
件名：会社のウェブサイト

ピーターソン様
御社のウェブサイトの改良についてご連絡をくださり，どうもありがとうございました。私はそれを閲覧し，御社がお持ちの問題に関してお力添えできると考えております。お話によると，御社の広告は多数の新たな閲覧者をウェブサイトに引きつけていますが，データが示すところでは，閲覧者はサイトを離れるまでに短時間しか滞在しないので困っている，とのことでした。データを確認したところ，その理由についてのご質問にお答えできると考えております。
御社のウェブサイトには質の高い内容が多くあるものの，デザインは大いに改良の余地がありそうです。例えば，記事の多くは目の疲れにつながりそうなごく小さな文字で書かれています。これをより大きくしてイラストをもっと加えれば，いっそう楽しめるものになると思われます。

(後略)

(1) スチュー・ピーターソンはタラ・リースに何に関して尋ねたか。
    1 いかにして彼の会社のウェブサイトにもっと広告を表示するか。
    2 人々はなぜ彼の会社のウェブサイトにあまり長くとどまらないか。
    3 どんな人達が彼の会社のウェブサイトに興味を持っているか。
    4 彼の会社のウェブサイトのどのデータが最も有用か。

(2) タラ・リースがウェブサイトに関して述べている提案の1つは何か。
    1 広告の質を改良する必要がある。
    2 記事の文字をもっと大きくするべきだ。
    3 イラストを差し替える必要がある。
    4 ウェブサイトに十分な記事がない。

　次のページからは練習問題。ここで学んだことを使って問題を解いてみよう！

次の英文[A]の内容に関して，(1)から(3)までの質問に対して最も適切なもの，または文を完成させるのに最も適切なものを1，2，3，4の中から一つ選びなさい。

[A]

From: Melissa Holmes <melissa.holmes@bluediamond.net>
To: James Connor <james.connor@bluediamond.net>
Date: December 14
Subject: LightFoot Gym Shoes Campaign

Dear James,

I know you are working on the marketing campaign for the LightFoot gym shoes. You may even be nearing completion on it. I also know you are planning to present it at the department meeting next week. However, I'm afraid we need you to stop working on your assignment for a while. Our CEO has decided to reduce our marketing budget. Therefore, we're required to pause all marketing campaigns in progress. That includes the LightFoot campaign we're creating.

The CEO is now doing a review of all our marketing activities, and within about a week she'll choose which programs she wants to maintain and which she wants to end. Hopefully, she will continue LightFoot, but we can't be certain. I don't want to have our personnel just waiting a week for her decision, though.

So, I'd like you to go see Luke Hammerstein in Design. His team could use your help with the various assignments they're engaged in. He's on Floor 18. I already told him to expect you, so there's no need to e-mail him. Thanks for your flexibility.

Regards,
Melissa Holmes
Vice-president
Blue Diamond Fashion Group

☐☐ **(1)** Why does Melissa Holmes ask James to stop what he is doing?

    1 She wants to give his work to someone else.

    2 His department has been reduced in size.

    3 His ongoing project has been suspended.

    4 She wants to have a meeting with him today.

☐☐ **(2)** What will the CEO do after about a week?

    1 Expand the marketing budget.

    2 Choose new marketing personnel.

    3 Review customer reaction to the LightFoot shoe.

    4 Select which marketing programs to keep.

☐☐ **(3)** Melissa Holmes asks James to

    1 help another department.

    2 recruit a new team.

    3 create a new budget.

    4 e-mail her back.

□ **near** 〜に近づく

□ **completion** 完成，完了

□ **in progress** 進行中で

□ **personnel**
（集合的に）職員，人員

□ **flexibility**
柔軟性，適応性

発信人：メリッサ・ホームズ <melissa.holmes@bluediamond.net>
宛先：ジェームズ・コナー <james.connor@bluediamond.net>
日付：12月14日
件名：ライトフット運動靴のキャンペーン

ジェームズ

私は，あなたがライトフット運動靴のマーケティング・キャンペーンにとり組んでいることを承知しています。完了間際でさえあるのかもしれませんね。私は，あなたが来週の部の会議でそれについてプレゼンテーションを予定していることも承知しています。しかし，残念ながらその仕事にとり組むのをしばらくの間，止めてもらわなければなりません。わが社のCEO（最高経営責任者）がマーケティングの予算を減らすことを決定したのです。したがって，私達は進行中のマーケティング・キャンペーンをすべて中断することが求められています。それには，われわれが展開しているライトフットのキャンペーンも含まれます。

CEOは目下，当社のすべてのマーケティング活動の見直しを進めており，彼女はおよそ1週間以内にどのプログラムを継続し，どれを終わらせたいかを選びます。彼女がライトフットを継続すると期待したいところですが，確かなことは分かりません。しかし，私は社員にただ彼女の決定を待って1週間過ごさせることは望みません。

ですから，私はあなたに，デザイン部のルーク・ハマースタインに会いに行ってもらいたいと思っています。彼のチームが従事しているさまざまな業務で，あなたは力添えできることと思います。彼は18階にいます。彼にはあなたが来ることを伝えておいたので，あなたから彼にメールを入れる必要はありません。柔軟な対応に感謝します。

敬具
メリッサ・ホームズ
副社長
ブルーダイヤモンド・ファッショングループ

(1)　解答　3

メリッサ・ホームズはなぜジェームズがやっていることを中断するよう彼に頼んでいるのか。

1 彼女は彼の仕事をほかの誰かに与えたいと思っているから。
2 彼の部署の規模が縮小されたから。
3 彼の進行中のプロジェクトが一時的に中断されたから。
4 彼女は今日，彼とミーティングをしたいと思っているから。

解説 Eメール本文の第1段落第4文で，メリッサがジェームズに現在やっている仕事を中断するように言い，第5〜7文でその理由を説明している。（第1文）the marketing campaign for the LightFoot gym shoes → （第4文）your assignment → （第7文）the LightFoot campaign → （質問文）what he is doing → （選択肢）His ongoing project のように，同じことが別の表現で言い換えられている点に注意しよう。（第6文）pause（能動態）→（選択肢）has been suspended（受動態）という言い換えを見抜くことがカギになる。

□ ongoing
　進行している，継続中の
□ suspend
　〜を一時中断する

(2)　解答　4

CEOはおよそ1週間後に何をするか。

1 マーケティングの予算を拡大する。
2 新しいマーケティング人員を選ぶ。
3 ライトフットの靴に対する顧客の反応を調査する。
4 どのマーケティング・プログラムを継続するかを選択する。

解説 第2段落第1文の後半，within about a week she'll choose which programs she wants to maintain and which she wants to end から正解が分かる。選択肢ではchooseをselectと，maintainをkeepと言い換えていることに注意しよう。

(3)　解答　1

メリッサ・ホームズがジェームズに頼んでいるのは

1 別の部署を手伝うことだ。
2 新しいチームを人員を集めて作ることだ。
3 新しい予算を組むことだ。
4 彼女にEメールの返信を送ることだ。

解説 第3段落第1文で，デザイン部のルーク・ハマースタインに会いに行くように言っている。そして第2文では，His team could use your help with the various assignments they're engaged in.「彼のチームが従事しているさまざまな業務で，あなたは力添えできることと思う」という間接的な表現で，デザイン部を手伝うように伝えている。この内容をhelp another department と表現している **1** が正解。

purchase 動 を購入する　　expect 動 を予期する　　continue 動 を続ける

6 日目

長文の内容一致選択問題を攻略！②（説明文）

今日の目標

[B]は360語程度の説明文で，質問は5問ある。15分以内に解答するのが理想。文章の要旨を短い時間で把握するには，段落の構成と段落同士のつながりに注目することが重要だ。文章の流れを素早く把握し，そこから細部の理解へと進めていくやり方で，読解力の向上とスピードアップを図ろう。

▶ ポイント1 　段落の最初と最後に注目しよう！

各段落では最初にその段落の趣旨を述べ，続いて趣旨をサポートする具体例や根拠などを記すのが典型的なパターンだ。最後には段落のまとめや次の段落へつなげる文を置くことが多い。したがって，段落の最初と最後に注目すると素早く文章の流れを把握することができ，細部の理解もより容易になる。

▶ ポイント2 　段落と段落のつながりを意識しよう！

ある段落と次の段落とはさまざまな関係にあるが，いずれの場合も前の段落の内容にかかわる表現（共通表現，言い換え，代名詞など）を把握することが重要になる。それにより段落と段落がどのような関係にあるかが分かり，このことが文章全体を正しく理解することにつながる。段落の内容を個々に理解するだけでなく，相互の関係を把握するようにしよう。

例題

The T-Rex Mystery

　The Tyrannosaurus Rex, better known as T-Rex, was a powerful dinosaur that stood over 3 meters tall. They weighed about 8 tons, and their bites were so powerful they could easily tear an animal in half. However, they also had tiny arms. In fact, when a dinosaur fossil hunter named Barnum Brown found the first ever T-Rex skeleton, he believed that the arms he found actually belonged to another dinosaur species. The T-Rex's arms were only about a meter long, which was surprisingly short for such a large creature.

　While the T-Rex's arms were able to lift about 180 kilograms, they could not reach far enough to put food into its mouth. Since they were not used for feeding, there has been a continuing debate about what the T-Rex's arms could actually have been used for. In fact, even today, there is no answer that everyone agrees is correct. Making the debate even more complicated is the fact that ancestors of T-Rexes, such as a smaller creature called Eotyrannus lengi, had relatively long arms. It seems strange that the length of T-Rex's arms would have decreased.

　There are various theories about the reason for the short arms.　（中略）

　This fact has caused scientist Kevin Padian to suggest that the reason for their short arms may have been to prevent injuries. T-Rexes had huge heads, and their teeth could be up to 30

　realize 動 に気づく　　lower 動 を下げる　　guess 動 だと思う

cm long. When several T-Rexes were attacking another creature, there would have been a chance of one dinosaur accidentally biting another dinosaur's arm. This could have caused blood loss or diseases that would kill the animal that was bitten. Although no one is sure exactly why T-Rexes had such short arms, this idea currently seems to be the most popular.

（前略）

(5) Which of the following statements is true?

  1 Some of the T-Rex's ancestors were even larger than they were.

  2 The T-Rex's arms were so short that they could not be used for eating.

  3 Although young T-Rexes' arms were short, adults had much longer ones.

  4 The T-Rex's teeth were not as long as scientists once thought they were.

解説 **(5)** 選択肢の内容が英文のどこに書かれているか（または書かれていないか）を，段落ごとの要旨の展開を思い出しながら素早く探す必要がある。第2段落第1文にある they could not reach ... its mouth,および第2文にある they were not used for feeding という内容を，別の語句で表現した**2**が正解。

解答：（前略）(5) 2

訳
Ｔレックスの謎

　Ｔレックスという名の方がよく知られているティラノサウルス・レックスは，体高3メートルを超える力の強い恐竜だった。その重量はおよそ8トンあり，かむ力が非常に強かったので，動物を容易に真っ二つに食いちぎることができた。ところが，それにはごく小さな腕もあった。実際のところ，バーナム・ブラウンという恐竜の化石ハンターがＴレックスの骨格を初めて発見したとき，自分が発見した腕は本当はほかの種の恐竜のものだと考えた。Ｔレックスの腕の長さはわずか1メートル程度で，このような大きな生物のものとしては驚くほど短かったのだ。

　Ｔレックスの腕は約180キロの重量を持ち上げることができたものの，食料を口に入れられるほどには伸ばせなかった。腕は食料を食べるために使われなかったので，Ｔレックスの腕は実際に何のために使うことができたのかについて，議論が続いている。事実，今日でも誰もが正しいと認める回答はない。議論をいっそう複雑にしているのは，Ｔレックスの祖先，例えばエオティラヌス・レンギと呼称される，より体の小さい生物などは，比較的長い腕を持っていたという事実だ。Ｔレックスの腕の長さが短くなったというのは奇妙に思えるのである。

　腕が短い理由に関しては諸説がある。（中略）

　この事実を基にして，科学者のケビン・パディアンは，腕が短い理由はおそらくけがを避けるためだったのだろうと提唱するに至った。Ｔレックスは巨大な頭をしていて，歯は長さ30センチにもなることがあった。数頭のＴレックスがほかの生物を襲っているとき，1頭が誤って別の1頭の腕をかんでしまう可能性があっただろう。これは，かまれた個体が死に至るような失血や病気につながりかねなかった。Ｔレックスの腕がなぜこれほど短かったのか，誰も正確には分からないが，現在のところこの説が最も支持を得ているようである。

（前略）
(5) 次の記述のうち正しいのはどれか。

  1 Ｔレックスの祖先の中には，Ｔレックスよりもさらに大きなものがいた。

  2 Ｔレックスの腕はあまりにも短かったので，食料を食べるために使うことができなかった。

  3 若いＴレックスの腕は短かったが，成獣の腕はそれよりもずっと長かった。

  4 Ｔレックスの歯は，科学者がかつて考えていたほどの長さはなかった。

　次のページからは練習問題。ここで学んだことを使って問題を解いてみよう！

gain動 を得る　　suit動 に似合う　　land動 着陸する

次の英文[B]の内容に関して，(1)から(5)までの質問に対して最も適切なもの，または文を完成させるのに最も適切なものを1，2，3，4の中から一つ選びなさい。

[B]   Sleep

All humans require sleep. New-born babies usually need about 20 hours of sleep a day. As people get older, needs change. Although it depends on the individual, adults generally need a period of between six and eight hours of sleep within any 24-hour period. This is what is known as the circadian cycle, more routinely known as the sleep cycle.

Sleep or sleepiness does not occur merely because we feel mentally tired. We are indeed biologically designed to sleep a certain amount of time. This is managed by adenosine, a chemical byproduct generated through the body's use of energy. Throughout the day, the body releases adenosine, and by nighttime, a substantial amount of it is accumulated, resulting in sleepiness.

When we go to bed, the adenosine takes us into the first major phase of the sleep cycle, NREM. In this stage, our organs and muscles remain in a relaxed, slowed state. Our brains also send out delta waves, which in simple terms make our brains "empty." Deep into the sleep cycle, our bodies change over to the REM stage. There, muscles tighten, the heart beats faster, and the body may experience large changes in temperature. During this phase of sleep, our minds are unconscious, but our bodies are essentially awake. It is also in this stage that our brains switch to sending out alpha waves, and we dream.

The circadian cycle remained the same for thousands of years. The invention of electricity in the 19th century changed that, however. Artificial light created factories, offices, and even farm fields where people could work around the clock. Electricity permits hundreds of millions of people around the world to work night shifts, creating far more economic output than the past. That has not been entirely good, though. Getting eight hours of sleep during the daytime is not as healthy as getting it in the evening. That is because we cannot escape the effects of our natural sleep cycle — which is tuned to night. Research has shown that night workers suffer from lower productivity, higher accident and error rates, and sometimes even mood changes or mental problems.

□□ **(1)** What is said about one aspect of the circadian cycle?
    1 Humans need more hours of sleep as they get older.
    2 Humans tend to feel sleepy all day.
    3 Humans need a certain period of sleep every day.
    4 Humans can do without sleep for many days.

□□ **(2)** According to the passage, adenosine
    1 generates energy throughout the day.
    2 helps us go to sleep.
    3 speeds up our reactions.
    4 helps us wake up in the morning.

□□ **(3)** What makes REM different from NREM sleep?
    1 The brain sends out delta waves during REM sleep.
    2 The muscles and organs relax during REM sleep.
    3 The dreams we have end during REM sleep.
    4 The body becomes active during REM sleep.

□□ **(4)** What is one thing we learn about night work?
    1 It can lead to more mistakes.
    2 It allows people less sleep time.
    3 It has been common for thousands of years.
    4 It stops us being affected by our natural sleep cycle.

□□ **(5)** Which of the following statements is true?
    1 The circadian cycle has evolved into the sleep cycle.
    2 Humans are naturally made to sleep at a constant cycle.
    3 Research shows NREM and REM sleep can be similar.
    4 Humans are improving the quality of the work they do at night.

department图 部門　　membership图 会員資格　　fat图 脂肪

□ circadian cycle
　24時間周期

□ change over to
　〜に切り替える

□ unconscious
　無意識の，意識を失った

睡眠

　すべての人間は睡眠を必要とする。新生児は通常1日に約20時間の睡眠を必要とする。年をとるにつれて必要な睡眠の量は変化する。個人差はあるものの，成人は一般に24時間のうち6時間から8時間の長さの睡眠を必要とする。これは24時間周期，より日常的には睡眠周期の名で知られているものだ。

　睡眠や眠気は私達が精神的に疲れているだけでは起こらない。実のところ，私達は生物学上，ある程度の時間眠るようにできているのだ。これはアデノシンという，体がエネルギーを使うことで生産される化学的副産物によって管理される。昼の間ずっと体はアデノシンを放出し，夜までに相当量が蓄積され，それが眠気につながるのである。

　私達が寝るとき，アデノシンは睡眠周期の最初の主要な段階であるノンレム睡眠へと私達を導く。この段階では，臓器と筋肉は弛緩してゆったりとした状態に維持される。脳もまたデルタ波を出し，これは簡単に言うと，頭の中を「空っぽ」にするのである。睡眠周期が進むと，体はレム睡眠へと移行する。この段階では筋肉は締まり，心拍は速まり，体温は大きく変化するだろう。この段階の睡眠では精神的には無意識であるが，体は事実上覚醒している。脳がアルファ波の発信に切り替わるのもこの段階であり，私達は夢を見る。

　24時間周期は数千年にわたり同じ状態だった。しかし19世紀における電気の発明がそれを変化させた。人工の光は，人が24時間働くことができる工場やオフィス，そして農場さえも出現させた。電気は世界中の何億もの人が夜勤を行うことを可能にし，昔よりもはるかに大きな経済産出量を生み出している。しかし，それはよいことばかりではなかった。昼間に8時間の睡眠をとることは，夜に同じだけ睡眠をとることほど健康的ではないのだ。それは，私達は夜寝るように調整されている自然な睡眠周期の影響から逃れることができないからである。夜勤の労働者は生産性がより低く，事故やミスの割合がより高く，ときには気分の変調や精神的な問題すら抱えることが，研究によって明らかになっている。

(1) 解答 **3**

24時間周期の1つの側面について何が言われているか。
  1 人間は年をとるにつれてより多くの睡眠時間を必要とする。
  2 人間は一日中眠気を感じる傾向がある。
  3 人間は毎日一定時間の睡眠を必要とする。
  4 人間は何日もの間，睡眠なしでやっていける。

解説 第1段落最後の文にThis is what is known as the circadian cycle, ... とあり，この Thisは前文の adults generally need a period of between six and eight hours of sleep within any 24-hour periodを指す。a period of between six and eight hoursを，**3**ではa certain periodと言い換えている。

(2) 解答 **2**

文章によると，アデノシンは
  1 昼の間ずっとエネルギーを生産する。
  2 私達が眠りに入るのを助ける。
  3 私達の反応の速度を上げる。
  4 私達が朝に目覚めるのを助ける。

解説 第2段落第2文に人はある程度の時間眠るようにできていること，第3文にそれが アデノシンによって管理されることが書かれている。そして第4文でその具体的な仕組 みが説明され，resulting in sleepinessと述べている。

(3) 解答 **4**

レム睡眠がノンレム睡眠と違う点は何か。
  1 レム睡眠の間，脳はデルタ波を出す。
  2 レム睡眠の間，筋肉と臓器は弛緩する。
  3 レム睡眠の間，私達が見ている夢が終わる。
  4 レム睡眠の間，体は活動的になる。

解説 第3段落は前半がノンレム睡眠，後半がレム睡眠の説明。第5～6文の内容を，**4** ではThe body becomes activeと表現している。

(4) 解答 **1**

夜間勤務について分かることの1つは何か。
  1 それはより多くのミスにつながりかねない。
  2 それは人々が睡眠時間を減らすことを可能にする。
  3 それはこれまで何千年にもわたって日常的なことだった。
  4 それは私達が自然な睡眠周期の影響を受けることを阻止する。

解説 第4段落では，電気の発明により自然な睡眠周期に逆らう労働形態ができたことを 述べている。最後の文で夜勤作業のデメリットが列挙されている。

(5) 解答 **2**

以下の記述のうち正しいのはどれか。
  1 24時間周期は睡眠周期に進化した。
  2 人間は生まれながら一定の周期で眠るようにできている。
  3 ノンレム睡眠とレム睡眠は類似している可能性があることが研究で明らか
      になっている。
  4 人間は夜に行う仕事の質を向上させている。

解説 第1段落で24時間周期について説明している。また，第2段落で「私達は生物学上， ある程度の時間眠るようにできている」と述べている。これらの内容が**2**に一致する。

6
日目

筆記
3

focus 图 焦点　　client 图 顧客　　bacteria 图 細菌

7日目

英文要約問題を攻略！①

今日の目標

要約とは，大切な情報をまとめて明確に述べることである。英文要約問題では150語程度の英文を読み，その内容を45語〜55語の英語で要約する。つまり英文を「読む」「書く」という2つの技能が融合した問題だ。やや難易度が高いが，時間をかけすぎないようにしたい（目標時間15分）。今日は要約文を短時間で組み立てる基本的な手法を習得しよう。

ポイント1　英文要約問題の特徴を知ろう！

英文要約問題は大雑把に言えば「英文を読む」⇒「要約文を書く」というプロセスになる。ただし，英文のいくつかの部分をそのまま抜き出すだけでは要約と言えない。要約文には英文の**要点を漏れなく入れる**必要があるからだ。そのためには「**英文の内容を理解する**」⇒「**それを適切な表現に置き換えてまとめる**」という手順が必要である。この点を意識して英文要約問題に取り組むようにしよう。

ポイント2　英文全体のテーマを把握しよう！

英文を読む際は**全体のテーマ**をまず把握するようにしたい。英文は3つの段落から成り，多くの場合，テーマは第1段落で示される。しかし，第1段落の1文目でテーマが明示されることは少ないと考えてよい。冒頭にはテーマを導くための前置きが書かれ，その後にテーマが述べられるパターンが多いからだ。

2級英文要約問題の典型的な構成

第1段落：テーマへの導入部，およびテーマの提示
第2段落：テーマに沿ったトピック①（プラス評価の事柄）
第3段落：テーマに沿ったトピック②（マイナス評価の事柄）

テーマを判断するプロセス

英文全体をざっと読む　⇒　第2・第3段落の大意を把握したうえで，第1段落からテーマとなる記述を抽出する

ポイント3　それぞれの段落の要点を盛り込もう！

テーマを把握したら，改めて第1段落から読んで要約文を書こう。その際，**3つの段落それぞれの要点を入れる**ことが重要だ。また，要約文をいくつの文で書くかは指定されていないが，**各段落の要点をそれぞれ1文で書くとまとめやすい**だろう。なお，第1段落の導入部がテーマに直接関係しない場合は，要約文に含めないようにする。

　customer图 顧客　　order图 順番　　research图 調査

要約文の構成の典型例

1文目：第1段落から抽出した全体のテーマ
2文目：第2段落の要約（プラス評価の点）
3文目：第3段落の要約（マイナス評価の点）

例題

● 以下の英文を読んで，その内容を英語で要約し，解答欄に記入しなさい。

● 語数の目安は45語〜55語です。

● 解答欄の外に書かれたものは採点されません。

● 解答が英文の要約になっていないと判断された場合は，0点と採点されることがあります。英文をよく読んでから答えてください。

When people want to listen to music, some play CDs or records, while others go to live music concerts. There is also another way. Many people listen to music online using music-streaming services.

People do this for several reasons. For example, they can use music-streaming services to listen to many songs for a small amount of money each month. This means they do not have to spend lots of money buying CDs or records. Also, they do not have to worry about having space to store CDs and records.

On the other hand, some music from 50 or 60 years ago is not available on music-streaming services. Also, music may not sound as good as it does on CDs or records. Because of these things, people may not be able to enjoy listening to the music they like.

解答例 Many people use music-streaming services. Doing this makes listening to music more convenient, since people can save money and do not need to keep CDs or records. However, listening to music may be less enjoyable because some music is not available and the sound quality may be poor.

(48語)

訳　音楽を聞きたいとき，CDやレコードをかける人もいれば，ライブの音楽コンサートへ行く人もいる。さらに別の方法もある。多くの人が音楽ストリーミング・サービスを利用してオンラインで音楽を聞いている。

人がそうするのにはいくつかの理由がある。例えば，毎月少額で多数の楽曲を聞くために音楽ストリーミング・サービスを利用できる。これは，CDやレコードを買って多くの金額を支払う必要がないことを意味する。また，CDやレコードを保管する場所を確保するのに気をもむ必要もない。

その一方で，50年ないし60年前の楽曲には音楽ストリーミング・サービスで利用できないものもある。さらに，CDやレコードほど音質がよくないこともある。これらの事由から，好きな音楽を聞いて楽しむことができない可能性があるのである。

environment图 環境　　result图 結果　　amount图 量

49

多くの人が音楽ストリーミング・サービスを利用している。そうすることによってより便利に音楽を聞くことができる。というのも，お金を節約できて，さらにCDやレコードを保管する必要がないからだ。しかしながら，利用できない楽曲もあり，また音質が悪いこともあるため，音楽を聞く楽しみが減ってしまう可能性もある。

解説 ■英文の構成
第1段落：音楽を聞く方法　①CDやレコード　②コンサート　③音楽ストリーミング・サービス
第2段落：音楽ストリーミング・サービスを利用する理由（利点）
　　　　　①少額で多くの楽曲が聞ける　②CDやレコードの保管場所が不要
第3段落：音楽ストリーミング・サービスの欠点
　　　　　①利用できない楽曲がある　②音質の悪さ
　　　　　そのために好きな音楽を楽しめないことがある

　上記の内容を大まかに把握すれば，全体のテーマは第1段落の最後に書かれている③「音楽ストリーミング・サービス」だと判断できる。このテーマを理解したうえで要約をしよう。第1段落の①と②はテーマを導くための前置きである。

■解答例の構成
　各段落の要点をそれぞれ1文で書いている。
1文目：**第1段落から抽出した全体のテーマ** = 音楽ストリーミング・サービス
2文目：**第2段落の要約** = 音楽ストリーミング・サービスの利点とその理由
3文目：**第3段落の要約** = 音楽ストリーミング・サービスの欠点とその理由

　2文目と3文目は「利点がある」「欠点がある」と書くだけでは不十分で，それだけでは語数も足りないおそれがある。そのため具体的な理由にも言及している（2文目ではsince ...，3文目ではbecause ...の部分）。このようにして3つの段落それぞれの要点を過不足なく入れている点が重要だ。
　なお，2文目では利点をmore convenientと，3文目では欠点をless enjoyableと抽象的な語句で表現している。このテクニックについては17日目で学習する。

次のページからは練習問題。ここで学んだことを使って問題を解いてみよう！

　situation图 状況　garbage图 ごみ　device图 装置

7 日目　練習問題

● 以下の英文を読んで，その内容を英語で要約し，解答欄に記入しなさい。
● 語数の目安は45語〜55語です。
● 解答は，下の英文要約解答欄に書きなさい。なお，解答欄の外に書かれたものは採点されません。
● 解答が英文の要約になっていないと判断された場合は，0点と採点されることがあります。英文をよく読んでから答えてください。

　When people go shopping, some use cash to pay for the things they buy and others use credit cards. There is also another option. Nowadays, many people use electronic money on their smartphones to pay for things.

　There are some reasons for this. When people use electronic money, they need to unlock their smartphones first, so only the smartphone owners can use it. As a result, they do not have to worry about their money being stolen. Also, people can add electronic money to their smartphones wherever they are, so they never have to go to a bank or ATM to get money.

　On the other hand, some people use their smartphones for many things, so their batteries often run out. When this happens, they cannot use electronic money. Also, some small shops only accept cash. Because of this, people still have to carry cash or credit cards with them.

英文要約解答欄

10

15

source图 源　trend图 傾向　reservation图（座席・部屋などの）予約

□ run out of
　〜を使い果たす，切らす

□ unlock
　〜のロックを解除する
□ worry about ＋图＋
　being *done*
　〜が…されるのではないか
　と心配する

□ run out
　尽きる，なくなる

解答例

These days, many people use electronic money. This has several advantages for people, such as keeping their money safe and stopping them from running out of money. However, people sometimes cannot use electronic money, such as when their smartphones are not charged or shops do not accept it.

(48語)

訳

　買い物をする際，購入する品物の代金を支払うのに現金を使う人もいればクレジットカードを使う人もいる。さらに別の選択肢もある。昨今では，多くの人が品物の代金を支払うのにスマートフォンに入れた電子マネーを使っている。

　これにはいくつかの理由がある。人が電子マネーを使うとき，まずスマートフォンのロックを解除する必要があるので，電子マネーはスマートフォンの所有者にしか使えない。その結果，お金が盗まれる心配をしなくて済む。また，どこにいてもスマートフォンに電子マネーを追加できるので，お金を引き出すために銀行やATMに行く必要も全くない。

　その一方で，スマートフォンを多くのことに利用する人もいるため，頻繁にバッテリーが切れてしまう。そうなると電子マネーを使うことができない。また，小規模商店には現金しか受け付けないところもある。そのため，人は依然として現金やクレジットカードを持ち歩かなくてはならない。

解答例訳

最近では多くの人が電子マネーを使う。これには，お金を安全に保持できたり，お金を切らせてしまうことがないといったいくつかの利点が々にある。しかしながら，スマートフォンが充電されていなかったり店が受け付けなかったりする場合など，時には電子マネーが使えないことがある。

解説

■英文の構成
　第1段落：お金の支払い方法　①現金　②クレジットカード　③スマートフォンの電子マネー
　第2段落：スマートフォンの電子マネーを使う理由（利点）
　　　　　　①本人にしか使えないので盗難の心配がない
　　　　　　②どこにいても電子マネーを追加できる
　第3段落：スマートフォンの電子マネーの欠点
　　　　　　①スマートフォンのバッテリーが切れれば電子マネーは使えない
　　　　　　②現金しか使えない店もあり，現金やクレジットカードも依然必要

■要約文を書く前のプロセス
(1)英文全体に目を通して大意を踏まえたうえで，**全体のテーマ**を考えよう。上記の構成の内容から，テーマは第1段落の③「スマートフォンの電子マネーの利用」だと判断できる。①と②は導入部である。
　　第1段落ではThere is also another option.「さらに別の選択肢もある」という文に続けて，テーマであるスマートフォンの電子マネーに言及している。つまり，この文がテーマを述べるきっかけを作っていると言えるだろう。このようにテーマに移行するきっかけとなる文が組み込まれていて，それがテーマを判断する1つの手がかりになることがある。

　detail图 （detailsで）詳細　　clerk图 店員　　issue图 問題（点）

(2) **情報の付加を表すAlso**に着目しよう。第2段落では前半で「電子マネーを使う理由（利点）」が述べられている。そしてAlso, ...「また，…」と続いていることから，以降に「**電子マネーを使う2つ目の理由**（利点）」が書かれていると判断できる。このような語句を利用して文意を迅速に把握するようにしたい。また第3段落にもAlsoがあり，同様のことが言える。

(3) 第3段落の冒頭にある**On the other hand「その一方で」**に着目しよう。On the other handは**それまでの記述と対比的な事柄**を記すときに冒頭に置く接続表現だ。したがって，この段落では直前の段落と相反する内容（すなわち「電子マネーの欠点」）が書かれていると判断できる。こういった表現も文意の迅速な理解に役立つので，見逃さないようにしたい。

■要約文の組み立て方
(1) 3つの段落の要点をそれぞれ1文でまとめるのがよいだろう。解答例では次のようになっている。
　　1文目：第1段落に含まれる**全体のテーマ**を述べた文
　　　　　　英文のNowadaysをThese daysに言い換えている。導入部には言及していない。
　　2文目：第2段落を要約した文
　　　　　　スマートフォンの電子マネーの**利点**を**2つの例**を使って述べている。
　　3文目：第3段落を要約した文
　　　　　　スマートフォンの電子マネーの**欠点**を**2つの例**を使って述べている。
　　　　　　Howeverで書き始めて，2文目と対比的な内容であることを明示している。
　　　　　　Howeverは英文のOn the other handに相当する表現。

(2) 例を挙げる際には**such as**「例えば～，～のような」を使うのが典型的な方法の1つだ。
　　2文目：This has several advantages for people, **such as** ～ and ...
　　3文目：However, people sometimes cannot use electronic money, **such as** ～ or ...
　　どちらの文もまず要旨を書き（下線部），2つの例をsuch asを使って加えている。このように「**要旨→例**」という**構造**にすると論理が明確な文にすることができる。

(3) 2文目では第2段落の要旨をadvantage「利点」という抽象的な語を使って言い換えている。解答例ではほかにも多くの言い換えがなされていて，このように英文と異なる語句を使って要約文をまとめるのがコツだ（⇒ 17日目）。

7
日目

筆記
4

approach图 取り組み方　　majority图 大多数　　location图 場所

英作文問題を攻略！①

今日の目標

英作文問題では80語〜100語程度の文章を書く。ある程度の長さがある文章を書くときに大事なのは，まずしっかりとした「設計図」を作り，それからそれにしたがって文章を組み立てることだ。時間配分（目標時間20分）も重要になる。ここではその方法について学ぼう。

▶ポイント1 書く内容をメモしよう！

英作文問題ではTOPICが与えられ，それについて「意見」を述べることが求められる。そしてその意見を論証するための「理由」が2つ必要となる。問題指示文には，TOPICとともに「理由の観点」として3つのPOINTSが提示される。

最初に行うのは与えられたTOPICに対する賛否を決めることである。初めからどちらか一方に絞って設計図を作り始めてもよいが，次のように賛成と反対の両方の理由をメモして，書きやすい方を選んでもよい。このメモによって，賛否両方の理由を書いてしまうといった非論理的な文章になるのを避けることができる。目標時間の20分のうち最初の3分を使って，手早くメモを完成させよう。

メモ例✎　**TOPIC**　*Do you think sending nengajo is a good habit?*
　　　　　POINTS ● *Friendship* ● *Fun* ● *Cost*

Agree (Good)

- can keep in touch with old friends
- can tell each other how we are
- fun to make them look nice

Disagree (Bad)

- waste of money
- use social media instead
- ......

メモを書く際はPOINTSを活用しよう。上の例では，賛成の理由として「友情」（Friendship）と「楽しみ」（Fun）の観点が，反対の理由として「費用」（Cost）の観点が記されている。ただし，POINTSに示された観点を必ず使わなければならないわけではなく，それ以外のことを書いてもよい。

▶ポイント2 文章の構成を考えよう！

賛成か反対かの立場を決めたら，次に文章の構成を考える。「序論」「本論」「結論」の3つに分けると論を組み立てやすい。

■序論：自分の立場を明確にすることが重要。自分の主張を述べるときはIn my opinion / I thinkまたはI do not think，ある意見への賛成や反対を示す場合はI agree thatまたはI do not agree thatなどで書き出すとよい。主張を表す部分は，〜 is a good [bad] idea「〜はよい［悪い］考えだ」やwe should [should not] 〜「私達は〜すべきである［すべきでない］」などの形が使える。

■本論：自分の立場を支持するための理由や具体例を述べる。メモの中から，書きやすくて説得力があるものを2つ選ぼう（制限語数内に収まるように考慮する）。論理的な流れを考えてどちらを先にするかも吟味したい。また，2つの理由を述べるので，接続表現を使うと効果的だ。1つ目の理由はFirst / First of all / To begin withなど，2つ目の理由はSecond / In addition / Moreoverなどを文頭に置くようにしよう。

■結論：序論で書いた主張を繰り返して議論をまとめる。文頭にFor these reasons / Therefore / In conclusionなどを置くと，結論であることが明確になる。結論ではTOPICにある表現や序論で用いた表現をパラフレーズする（言い換える）よう心掛けたい。全く同じ表現を繰り返すのではなく，同じ内容を別の表現で述べることにより，文章にめりはりが出て引き締まり，高評価を得ることができる。

序論 = 主張を述べる
・In my opinion / I (do not) think / I (do not) agree thatなどで始める
・～ is a good [bad] idea / we should (not) ～などで主張を述べる

本論 = 理由を展開する
・理由1
　　First / First of all / To begin withなどで始める
・理由2
　　Second / In addition / Moreoverなどで始める

結論 = 主張を繰り返す
・For these reasons / Therefore / In conclusionなどで始める
・TOPICにある表現や序論で用いた表現をパラフレーズする

例題

● 以下の**TOPIC**について，あなたの意見とその<u>理由を2つ</u>書きなさい。
● **POINTS**は理由を書く際の参考となる観点を示したものです。ただし，これら以外の観点から理由を書いてもかまいません。
● 語数の目安は80語～100語です。
● 解答が**TOPIC**に示された問いの答えになっていない場合や，**TOPIC**からずれていると判断された場合は，<u>0点と採点されること</u>があります。**TOPIC**の内容をよく読んでから答えてください。

TOPIC
Do you think sending nengajo is a good habit?

POINTS
● *Friendship*
● *Fun*
● *Cost*

解答例 In my opinion, it is a good habit to send *nengajo*, so we should preserve the tradition. First, through *nengajo*, we can keep in touch with old friends. Even if we do not get together for a long time, we can tell each other how we are by sending cards. Second, writing *nengajo* at the end of the year is enjoyable. It is a lot of fun to make them look nice by adding pictures of our family and pets. In conclusion, I believe exchanging *nengajo* is a great habit, so this tradition

---

should be preserved.　　　　　　　　　　　　　　　　　　　　　　　　　　　　(96語)

訳　TOPIC　年賀状を送ることはよい習慣だと思いますか。
POINTS　●友情　●楽しみ　●費用

解答例訳　私の意見では，年賀状を送ることはよい習慣なので，この伝統を守るべきだと思います。第一に，年賀状を通じて，旧友たちと連絡をとり続けることができます。長い間会うことがなくても，年賀状を送ることで私達がどのような様子かを伝え合うことができます。第二に，年末に年賀状を書くことは楽しいです。家族やペットの写真を載せることで年賀状を素敵に見せることはとても楽しいです。結論として，年賀状をやりとりすることは素晴らしい習慣なので，この伝統は守られるべきだと信じています。

解説

> ここでは「よい習慣だと思う」という立場から，POINTSの「友情」と「楽しみ」の2つの観点を利用して理由を述べている。

■序論
　In my opinionで書き始め，これから自分の意見を述べることを明らかにしている。続いて，TOPICにあるsending *nengajo* is a good habitという表現をit is a good habit to send *nengajo*とパラフレーズし，さらにso「だから」と主張を続けている。序論はこのように1文で述べるとよい。

■本論
　1つ目の理由は冒頭にFirstを置き，「旧友たちと連絡をとり続けることができる」と述べている。続くEven if ...の文では，この理由の具体的な説明として「年賀状でお互いの様子を伝え合うことができる」ことを記している。
　次にSecondで文を始めて2つ目の理由を述べることをはっきりと示し，「年賀状を書くことは楽しい」という第2の理由を書いている。次の文では「家族やペットの写真を載せて年賀状を素敵に見せるのは楽しい」ということを記し，「年賀状を書くことの何が楽しいのか」を具体的に説明している。
　このように，2つの理由はそれぞれ「理由」→「理由を補強する具体例など」という2文で構成すると説得力がある。

■結論
　In conclusionを文頭に置いて，結論を述べることを明確にしている。そしてTOPICや序論の表現をパラフレーズして主張を繰り返し，文章を締めくくっている。ここではgoodをgreatに，sendをexchangeに言い換えて，文章に変化を持たせている。

次のページからは練習問題。ここで学んだことを使って問題を解いてみよう！

　site图 場所　　tablet图 タブレット　　organization图 組織

● 以下の**TOPIC**について，あなたの意見とその理由を2つ書きなさい。
● **POINTS**は理由を書く際の参考となる観点を示したものです。ただし，これら以外の観点から理由を書いてもかまいません。
● 語数の目安は80語〜100語です。
● 解答は，下の英作文解答欄に書きなさい。なお，解答欄の外に書かれたものは採点されません。
● 解答が**TOPIC**に示された問いの答えになっていない場合や，**TOPIC**からずれていると判断された場合は，0点と採点されることがあります。**TOPIC**の内容をよく読んでから答えてください。

TOPIC

Some people say that tourists should study the local language before they visit a foreign country. What do you think about that?

POINTS
● *Difficulty*　　● *Meeting people*　　● *Money*

英作文解答欄

| |
| |
| |
| |
| |
| |
| |
| |
| |
| |
| |
| |
| |
| |
| |
| |
| |
| |

解答・解説

解答例

I agree that tourists should study a country's language before visiting it. First, it will help you meet local people. If you make friends there, they might take you to interesting places that few tourists visit. Also, you will learn more about the country's culture. Second, you can save money. Restaurants for tourists are often expensive, but if you can speak the language, you can find cheaper ones. Also, you can read information about discount tickets and free events. For these reasons, I think people should study the local language before visiting a foreign country.

(95語)

訳

TOPIC

観光客は外国へ行く前にその土地の言語を勉強するべきだと言う人もいます。あなたはそれについてどう考えますか。

POINTS
● 難しさ
● 人と知り合いになること
● お金

解答例訳

私は，観光客はある国へ行く前にその国の言語を勉強するべきだということに賛同します。第一に，それは土地の人達と知り合いになるのに役立ちます。その土地で友人を作れば，その人は観光客がほとんど行かない興味深い場所へあなたを連れて行ってくれるかもしれません。また，その国の文化についてより多くを学べます。第二に，お金を節約することができます。観光客向けのレストランはしばしば値段が高いですが，その国の言語が話せれば，より安いレストランを見つけることができます。また，割引券や無料イベントについての情報を読むことができます。これらの理由により，私は，人々は外国へ行く前にその土地の言語を勉強するべきだと思います。

書き終えたら，次の4つのことを確認しよう。

・内容：「主張」と「2つの理由」が過不足なく含まれているか。

・構成：「主張」→「理由」→「結論」の順番で書かれているか。理由は説得力のあるものか。

・語彙：2級レベルの語彙を適切に使えているか。スペリングに誤りはないか。

・文法：正しい文法で書けているか。表現にバリエーションがあるか。

announcement图 アナウンス，発表　　**author**图 著者　　biology图 生物学

解説

> この問題では「外国へ行く前にその土地の言語を勉強するべきだ」という考えに対する意見が求められている。解答例は「賛成」の立場から，「人と知り合いになること」と「お金」の観点を利用して，あらかじめその国の言語を勉強しておくと役に立つことを理由として述べている。

■**序論**

I agree that ...という文で，賛成の立場を明確に表明している。that以下では，TOPICにあるtourists should study the local language before they visit a foreign country「観光客は外国へ行く前にその土地の言語を勉強するべきだ」と同じ内容を，tourists should study a country's language before visiting itとパラフレーズしている。that以下ではTOPICと同じ表現を使っても差し支えないが，このように少しパラフレーズすると変化があって引き締まった序論になる。TOPICのbefore they visit a foreign country（＝before＋節）を，before visiting it（＝before *doing*）という形に変えていることがポイント。

■**本論**

1つ目の理由はPOINTSの*Meeting people*の観点から，「その土地の人達と知り合いになるのに役立つ」と述べている。そしてこの理由を補強するため，次の文で「友人を作れば興味深い場所に連れて行ってくれるかもしれない」と，さらにAlsoで始まる次の文で「その国の文化についてより多くを学べる」と具体的に説明している。

2つ目の理由はPOINTSの*Money*の観点を利用して，「お金を節約できる」ことが述べられている。その具体的な説明として「安いレストランを見つけられる」ことを挙げ，続く文で「割引券や無料イベントの情報を読める」ことを記している。

このように，2つの理由をそれぞれ「理由」→「具体的な説明」という順で展開することで，説得力を持たせている。これらの理由はFirstおよびSecondという接続表現で書き始められている。こうすることにより2つの理由を述べることが明確になる。

また，本論全体を通して，一般的に「人」を表すyouが使われていることに注目したい。このyouの使用は，2つの理由が特殊なものではなく，一般的に言える事柄であることを示すのに役立っている。youの代わりにweやpeopleなどを使ってもよい。

ほかの理由としては，you can have an enjoyable time talking to local people on the street or servers at restaurants「路上でその土地の人と話したりレストランで給仕係と話したりして楽しめる」，you can ask someone how to get to a place you want to go to「行きたい場所への行き方を誰かに尋ねられる」，you can ask shop clerks for discounts「店員に値引きを頼める」などがあるだろう。

■**結論**

結論を述べることを明示するため，For these reasons「これらの理由により」で書き始めている。これに続けて，序論で用いたI agree that tourists should study a country's language before visiting it.という表現を，I think people should study the local language before visiting a foreign countryとパラフレーズして述べ，主張を繰り返している。結論ではTOPICや序論と全く同じ表現にならないようにしたい。I agree → I thinkやtourists → peopleなどの言い換えに着目しよう。

■**「反対」の立場ならば**

POINTSのうち*Difficulty*の観点を利用して，For most people, studying a new language is no easy thing, and it takes them a lot of time.「大半の人にとって，新たな言語を勉強するのは決してやさしいことではなく，多くの時間がかかってしまう」などの理由が挙げられる。また，*Money*の観点から，You will have to pay high tuition fees if you want to go to language school or take private lessons.「語学学校へ通ったり個人レッスンを受けたりしたければ，高額の授業料を払わなければならない」といった理由が考えられる。

8
日
目

筆
記
5

---

advertisement图 広告　　account图 口座　　data图 データ

会話の内容一致選択問題を攻略！①

今日の目標

リスニング第1部は，男女2人の対話とその内容に関する質問を聞き，問題用紙に印刷された4つの選択肢から答えを選ぶ形式である。第1部の解法の基本となる3つのポイントをマスターしよう。

▶ ポイント1　問題の選択肢を事前にチェックしよう！

　リスニングでは時間をいかに有効に使うかが重要になる。第1部の対話と質問は一度しか放送されず，解答時間は1問あたり10秒しかない。そこで，**対話が放送されるまでの時間を使って選択肢に目を通そう。**そうすれば，対話と質問の内容，さらには聞きとるべきポイントをある程度予測でき，解答時間を短縮できる。

　1問解き終わったら，次の問題の放送が始まるまでのわずかな時間に，**可能な限り次の問題の選択肢に目を通そう。**実際のところ，事前に4つの選択肢を読む余裕はないことが多い。それでも，1つだけでも目を通せば正答率を上げることにつながる。

▶ ポイント2　対話の「場面・場所」と「状況」を把握しよう！

　第1部では，対話が行われている「場面・場所」（店・レストラン・学校・路上など）と，「状況」（買い物・道案内・誘い・スケジュールの確認など）を把握することが1つのポイントになる。「**場面・場所」と「状況」を素早くイメージ**できるかどうかで，対話の内容と質問の意味を理解できるかどうかが大きく変わってくるからだ。これらを対話のなるべく早い段階で把握するように意識しよう。

　なお，対話する2人の関係は「友人同士，会社の同僚同士」が多く，ほかにも「店員と客」，「夫婦，親子」などがある。また，通常は電話での対話が1～2問出題され，この場合は冒頭に電話の呼び出し音が入ることが多い。

▶ ポイント3　最初の発言を聞き逃すな！

　対話の前半部分，特に冒頭の発言には，対話の状況や目的，2人の話し手の関係などが分かる情報が含まれることが多い。これは，対話の全体像を把握するための「背景知識」になるので重要だ。また，正解に直接かかわる情報が含まれることもある。したがって，対話は必ず**冒頭から集中して聞く**ようにしなければならない。前の問題の解答を考えていて，心の準備ができないうちに次の対話が始まってしまうなどしてあわてることがないようにしたい。1つの問題の解答はできるだけ早くすませ，ポイント1で述べたように，次の問題の選択肢に目を通すのが理想的だ。

【放送される英文】 🔊 01

☆：Excuse me, I bought this cat food at this shop last week, but I got salmon instead of chicken. Is it possible to exchange it?

★：Has the bag been opened yet?

☆：No, it hasn't. I realized I made a mistake as soon as I got home.

★：OK, that's fine then. But please make sure you're getting the same brand and that the price is the same.

Question: What does the woman want to do?

【問題冊子に印刷された英文】

1 Get advice about cat food.

2 Get a different kind of cat food.

3 Get a bag for her cat food.

4 Get a discount on cat food.

解 説 冒頭のExcuse me, I bought this cat food at this shop last weekの部分から，店で客が店員と話しているという「場面・場所」だと分かる。そしてそれに続くbut I got salmon instead of chickenとIs it possible to exchange it?の部分から，買った商品を交換したいという「状況」が分かる。質問は「女性は何をしたいか」なので，サーモンのキャットフードをチキンのキャットフードにexchange「交換する」という内容に相当する選択肢が正解。この内容を**2**ではGet a different kind of cat food.「別の種類のキャットフードを手に入れる」と表現している。正解を得るために必要な情報が最初の発言に集約されていて，そこをしっかり聞きとらないと解答できないタイプの問題だ。

解答：2

訳 ☆：すみません，先週この店でこのキャットフードを買ったのですが，チキンでなくサーモンを買ってしまいました。交換することはできますか。

★：もう開封してしまいましたか。

☆：いいえ，していません。家に帰ってすぐ，間違えたことに気づきました。

★：分かりました，それでしたら大丈夫です。ただし，必ず同じブランドで同じ値段のものにしてください。

質問：女性は何をしたいと思っているか。

1 キャットフードについてアドバイスをもらう。

2 別の種類のキャットフードを手に入れる。

3 キャットフードを入れる袋をもらう。

4 キャットフードを値引きしてもらう。

 次のページからは練習問題。ここで学んだことを使って問題を解いてみよう！

9 日 目

リスニング 1

対話を聞き，その質問に対して最も適切なものを1，2，3，4の中から一つ選びなさい。

☐☐ **No. 1**　**1** He lost his mobile phone.
　　　　　2 He has a train to catch.
　　　　　3 He was late for a meeting.
　　　　　4 He needs to go to the hospital.

☐☐ **No. 2**　**1** The presents they bought.
　　　　　2 Birthday presents for their relatives.
　　　　　3 The gifts given to them.
　　　　　4 Gifts they are going to buy.

☐☐ **No. 3**　**1** He has to transfer to another department.
　　　　　2 Izumi has to leave the company.
　　　　　3 Izumi is making him work longer hours.
　　　　　4 He has to stay in his current position.

☐☐ **No. 4**　**1** It has the most features.
　　　　　2 It prints the fastest.
　　　　　3 It is very easy to use.
　　　　　4 It is on sale right now.

☐☐ **No. 5**　**1** They did not get everything they ordered.
　　　　　2 Their order did not arrive on time.
　　　　　3 Someone was rude to them on the phone.
　　　　　4 The cost of the goods has gone up.

□□ **No. 6** **1** The essay is not due tomorrow.

        2 There will be a party this weekend.

        3 There is a problem with her essay.

        4 There will be a history test tomorrow.

□□ **No. 7** **1** Buy an automatic car.

        2 Replace his car with a smaller one.

        3 Extend the return date of the car.

        4 Rent a car of a certain type.

□□ **No. 8** **1** Catch her connecting flight at 10 a.m.

        2 Send her new schedule to Alan's phone.

        3 Wait at the airport until the weather clears.

        4 Go to Alan's house by herself.

□□ **No. 9** **1** Talk to her about his hometown.

        2 Travel with her to Lyon.

        3 Help her study French.

        4 Buy her a cup of coffee.

□□ **No. 10 1** He cannot have the shoes replaced.

        2 He bought products of poor quality.

        3 He will not get the money back.

        4 He wants looser shoes.

9 日目

リスニング 1

🔊 02〜11

No. 1 解答 **2**

★：Excuse me, but would you tell me the way to the station?

☆：Sure. Go straight up this street three blocks. You'll see it on the right.

★：Do you think I can get there in 10 minutes? I have to take the 2:30 express.

☆：You can make it if you hurry. Good luck to you.

Question: Why should the man hurry?

□ make it　間に合う

> ★：すみませんが，駅に行く道を教えていただけますか。
> ☆：いいですよ。この通りをまっすぐ3ブロック進んでください。右手に見えます。
> ★：10分で行けると思いますか。2時30分の急行に乗らなくてはならないんです。
> ☆：急げば間に合いますよ。間に合うといいですね。
> 質問：なぜ男性は急ぐべきなのか。
> 　1　彼は携帯電話をなくしたから。
> 　2　彼には乗らなければならない電車があるから。
> 　3　彼は会議に遅刻したから。
> 　4　彼は病院に行く必要があるから。

解説 選択肢はすべてHeで始まっているので，「男性に関すること」に注意して聞こう。冒頭の文から，男性が駅への道を尋ねているという状況が分かる。男性の2つ目の発言にある have to take the 2:30 express を，**2** では has a train to catch と言い換えている。

No. 2 解答 **1**

☆：Look at all these gifts we bought in Paris.

★：We really had a hard time deciding what to buy.

☆：Yes, I even began to wish we hadn't offered to bring back souvenirs to so many friends and relatives.

★：It made you feel obligated to find a nice gift for everyone.

Question: What are they talking about?

□ souvenir　土産

□ feel obligated to *do*
　〜しなければならないと思う

> ☆：見て，私達がパリで買ったお土産がこんなにあるわ。
> ★：何を買えばいいのか決めるのが本当に大変だったね。
> ☆：そうね，あんなに大勢の友達や親せきにお土産を持って帰るなんて言い出さなければよかったとさえ思い始めてたのよ。
> ★：それで君は，みんなにいいお土産を見つけなくてはならないという気にさせられたからね。
> 質問：彼らは何について話しているか。
> 　1　彼らが買った贈り物について。
> 　2　彼らの親せきへの誕生日プレゼントについて。
> 　3　彼らがもらったお土産について。
> 　4　彼らが買う予定のお土産について。

解説 女性の1つ目の発言から，パリで gifts を買ったことが分かる。女性の2つ目の発言にある souvenirs は gifts の類語。男性の2つ目の発言にも gift が出てくる。したがって，対話全体を通して「パリで買ったお土産」が話題になっていると分かる。**1** では presents という語に言い換えている点に注意しよう。

No. 3 (解答) 4

☆：Hi, Simon, did you get that promotion you were hoping for?

★：No, they gave it to Izumi instead. I was really disappointed not to get it.

☆：You shouldn't be. Remember, she's been here two years longer than you.

★：I guess you're right, but I worked really hard.

Question: Why does Simon feel down?

☆：ねえ，サイモン，希望していた昇進はできたの？

★：いや，代わりにイズミが昇進したんだ。昇進できなくて本当にがっかりしたよ。

☆：がっかりすることはないわよ。いい？ 彼女はあなたより2年長くここにいるのよ。

★：君の言う通りだと思うけど，僕は本当に一生懸命働いたんだ。

質問：なぜサイモンはがっかりしているのか。

1 彼は別の部署に異動しなければならないから。

2 イズミが会社をやめなければならないから。

3 イズミが彼をより長い時間働かせているから。

4 彼は現在の地位にとどまらなければならないから。

解説 正解は2人の最初のやりとりから判断できる。「昇進できなかった」という内容を，**4**ではstay in his current positionと全く別の表現で表しているのを見抜くことがポイントだ。（対話）was really disappointed→（質問）feel downという言い換えがなされている点にも注意しよう。

No. 4 (解答) 3

★：Excuse me. I'm looking for a new printer for under $500.

☆：OK, I recommend the PrintMaster 3. It's super fast and has lots of advanced features.

★：Actually, it's for my 80-year-old mother. It might be too complicated for her.

☆：Oh, then the WonderPrint X might be more suitable. It's so simple you can start printing with it in two minutes.

Question: What does the woman say about the WonderPrint X?

★：すみません。500ドル未満の新しいプリンターを探しているのですが。

☆：分かりました，プリントマスター3をお勧めします。スピードがとても速く，高度な機能をたくさん備えています。

★：実は，80歳の母が使うんです。母には複雑すぎるかと思うのですが。

☆：ああ，それでしたらワンダープリントXの方が向いているでしょうね。とてもシンプルで，2分でプリントを始められます。

質問：女性はワンダープリントXについて何と言っているか。

1 それは最も多くの機能を備えている。

2 それは最も速くプリントする。

3 それは使うのが非常に簡単だ。

4 それは現在セール中だ。

解説 女性はthe PrintMaster 3とthe WonderPrint Xという2つのプリンターについて述べているので，どちらのプリンターについて何と言っているかを区別して聞くようにする。the WonderPrint Xについては最後の発言でso simple you can start printing with it in two minutesと言っており，これをvery easy to useと言い換えた**3**が正解。

No. 5　解答　1

☆：Mr. Wilson, I just got an e-mail from one of our most important customers. The company is really upset about the order that we sent them last week.

★：Oh no. Did it arrive late again?

☆：No, this time, they said there were some goods missing.

★：That's a serious problem. I'll call them right now and check on what happened.

Question: Why is the customer unhappy?

□ check on
　　〜を確認する，調べる

> ☆：ウィルソンさん，たった今，最重要顧客のうちの1社からEメールが来ました。その会社はこちらが先週発送した注文品のことでとてもお怒りです。
> ★：それはまずいな。また遅配だったのかい？
> ☆：いいえ，今回は一部の商品が入っていなかったとのことです。
> ★：それは重大な問題だ。私がすぐに電話を入れて，何が起きたのか確認するよ。
> 質問：その取引先はなぜ不満があるのか。
> 　1　彼らは注文したものすべてを受けとったわけではなかったから。
> 　2　彼らの注文品は予定通りの時間に届かなかったから。
> 　3　誰かが電話で彼らに失礼な対応をしたから。
> 　4　商品のコストが上がったから。

> 解説　質問にあるunhappy「不満な，気に入らない」は，女性のThe company is really upsetという発言にあるupset「腹を立てた」の言い換えであることに注意。腹を立てている理由は，女性の2番目の発言でthere were some goods missing「一部の商品が入っていなかった」と述べられている。これと同等の内容を，**1**では部分否定の文を使ってThey did not get everything they ordered.「注文したものすべてを受けとったわけではなかった」と表現している。

No. 6　解答　1

★：So, did you do anything fun this weekend, Becky?

☆：Are you kidding? I was rushing to finish my essay for Professor Hoffman's history class. It's due tomorrow.

★：Oh, didn't you hear the news? He moved the deadline to next Friday because so many people were complaining about it.

☆：Now I feel so stupid. I could have gone to Richard's party.

Question: What does the man tell Becky?

□ due　期限がきた

> ★：それで，この週末は何か楽しいことをしたかい，ベッキー？
> ☆：冗談でしょ？　ホフマン教授の歴史のクラスのレポートを大急ぎで仕上げていたのよ。明日が締め切りなんだから。
> ★：おや，君はあの知らせを聞かなかったの？　すごくたくさんの人が不満を言っていたから，教授は締め切りを今度の金曜日に変えたんだよ。
> ☆：それじゃあ私ってすごくばかみたい。リチャードのパーティーに行けたのに。
> 質問：男性はベッキーに何を伝えているか。
> 　1　レポートの締め切りは明日ではない。
> 　2　この週末にパーティーがある。
> 　3　彼女のレポートには問題がある。
> 　4　明日，歴史のテストがある。

> 解説　ベッキーが歴史のレポートについてIt's due tomorrow.「それの締め切りは明日だ」と言ったのに対し，男性はHe moved the deadline to next Friday「締め切りを今度の金曜日に変えた」と言っている。この内容をThe essay is not due tomorrow.という否定文で表している**1**が正解。**2**は対話に出てくるpartyやthis weekendという語句を含むが，引っ掛からないようにしよう。

No. 7 解答 **4**

☆：Good afternoon. May I help you?

★：Yes, I'd like to rent a car for one day.

☆：Do you have any particular car model in mind? We have many selections available, such as sedans or vans.

★：Actually we'd prefer a smaller one. Perhaps an intermediate or compact car would be great for the two of us.

Question: What does the man want to do?

> ☆：こんにちは。ご用を承ります。
> ★：ええ，車を1日借りたいのですが。
> ☆：何か特定の車種をお考えでしょうか。セダンやバンなど，多数用意しております。
> ★：そうですね，小さめの車の方がいいですね。おそらく私達2人には中型車か小型車が最適でしょう。
> 質問：男性は何がしたいのか。
> **1** オートマチック車を買う。
> **2** もっと小さい車に替える。
> **3** 車の返却日を延ばす。
> **4** ある種類の車を借りる。

解説 冒頭の女性の発言から，彼女は店員で客に話しかけていると推測でき，男性の応答からそこがレンタカー店だと分かる。男性は「小さめの車の方がいい」と希望を述べ，続けて「中型車か小型車が最適」だと言っている。これをa car of a certain type「ある種類の車」と表現している**4**が正解。

No. 8 解答 **2**

☆：Hello.

★：Hello, Anne. It's Alan. I'll be at the airport to meet you at 10 a.m.

☆：OK, great, Alan. But listen, there's a chance the weather becomes worse and my flight gets delayed.

★：I hope it doesn't happen, but if it does, what should I do?

☆：I'll send a text message to your mobile phone, and tell you my new arrival time.

Question: What will Anne do if she is late?

> ☆：もしもし。
> ★：もしもし，アン。アランだよ。午前10時に空港に迎えに行くね。
> ☆：分かった，それでいいわ，アラン。でも聞いて，もしかしたら天候が悪くなって私のフライトが遅れるかもしれないの。
> ★：そうならないといいけれど，もしそうなったら僕はどうしたらいいかな。
> ☆：あなたの携帯電話にテキストメッセージを送って，新しい到着時刻を知らせるわ。
> 質問：アンはもし遅れたら何をするか。
> **1** 午前10時の乗り継ぎ便に乗る。
> **2** アランの携帯電話に新しいスケジュールを送る。
> **3** 天候が回復するまで空港で待つ。
> **4** 自分1人でアランの家に行く。

解説 選択肢にはflightやairportが含まれ，飛行機に関する対話である可能性があると推測できる。そして男性の1つ目の発言から，男性は女性を空港へ迎えに行くことが分かる。女性の2つ目の発言にあるnew arrival timeを，**2**ではnew scheduleと言い換えている。

available 形 手に入る　　extra 形 余分の　　successful 形 成功した

No. 9 解答 3

☆ : Jean, you're from France, aren't you?

★ : That's right, Yumiko. I'm from Lyon. Why do you ask?

☆ : Well, it's just that I have a French test soon. I need you to help me with it. Can we go to a café and talk about it?

★ : Of course, but not right now. I can be there around four o'clock.

Question: What does Yumiko ask Jean to do?

> ☆ : ジャン，あなたはフランス出身なのよね？
> ★ : そうだよ，ユミコ。僕はリヨンの出身だよ。なぜそんなことを聞くの？
> ☆ : あのね，もうすぐフランス語のテストがあるっていうだけなんだけど。あなたにその手助けをしてもらう必要があるの。カフェに行ってそのことを話せない？
> ★ : もちろんいいけど，今すぐはだめなんだ。4時ごろならそこに行けるよ。
> 質問：ユミコはジャンに何をするよう頼んでいるか。
> 　**1** 彼の故郷について彼女と話す。
> 　**2** 彼女と一緒にリヨンに旅行する。
> 　**3** 彼女のフランス語の勉強を手伝う。
> 　**4** 彼女にコーヒーをご馳走する。

解説　女性は2つ目の発言の1文目でフランス語のテストがあることを伝え，続く2文目でI need you to help me with it. と言っている。この内容が **3** に相当する。ジャンの発言にあるI'm from Lyon. は **1** に含まれるhometownという語を連想させる。また，**2** にはLyonが出てくる。さらに，対話にある café という語は **4** に含まれるcoffeeを連想させる。しかしいずれも対話の内容に一致しないので，単語レベルで判断しないようにしよう。

No. 10 解答 2

☆ : How can I help you, sir?

★ : Look at these shoes. I bought them last week and already the soles are coming loose. They are obviously not well made.

☆ : Oh, dear. I see what you mean. Well, of course we'll be happy to replace them for you, or give you a refund.

★ : I think I'd rather have my money back.

Question: What is the man's problem?

□ sole　靴底

> ☆ : いらっしゃいませ。
> ★ : この靴を見てください。先週買ったんですけど，もう靴の底がとれかかっているんですよ。明らかに作りが悪いんですが。
> ☆ : あら，まあ。おっしゃっていることは分かりました。それでは，もちろんおとり替えさせていただくか，返金をいたします。
> ★ : お金を返してもらう方がいいです。
> 質問：男性の問題は何か。
> 　**1** 彼は靴をとり替えてもらえない。
> 　**2** 彼は品質の悪い商品を買った。
> 　**3** 彼はお金を返してもらえない。
> 　**4** 彼はもっとサイズに余裕のある靴がほしい。

解説　男性は1つ目の発言で，買ったばかりの靴の底がとれかかっていると伝え，その靴のことをobviously not well madeと言っている。この内容をpoor qualityと言い換えている **2** が正解。対話にはreplaceやhave my money backという語句が出てくるが，**1** や **3** を選ばないように注意しよう。

会話の内容一致選択問題を攻略！②

今日の目標
リスニング第1部では，よく出される質問の形式を把握しておくと質問文を正確に聞きとる大きな助けになる。また，10秒という限られた時間で解答する即決力を身につけることも必要だ。ここでは正解率を上げる2つのポイントをマスターしよう。

ポイント1　質問のパターンに慣れよう！

リスニング第1部の質問はWhatを使ったものが最も多く，次いでWhyで始まるものが多い傾向がある。HowやWhereが使われることもあるので，どんな疑問詞の質問でも対応できなければならないが，ここではWhatを使った頻出パターンを確認しておこう。

① **What does** the woman **say about** ～?　女性は～について何と言っているか。
どちらかの人物の発話の内容と合致する選択肢を選ぶ問題。

このパターンの発展形
What is one thing the man **says about** ～?　男性が～について言っていることの1つは何か。
What is one thing the boy **tells** his father?　男の子が父親に言っていることの1つは何か。
What is one thing ～? という表現で，発話の内容の一部に一致するものを選ぶ問題もよく出題される。

② **What do we learn about** Bill's mother?　ビルの母親について何が分かるか。
対話から分かる内容を選ぶ問題。このlearnは「～を知る，～が分かる」の意味。主語にweが使われることに注意しよう。

このパターンの発展形
What is one thing we learn about Mary?　メアリーについて分かることの1つは何か。

③ **What will** the woman **do next**?　女性は次に何をするか。
対話で何らかの提案やこれからの予定などが述べられ，その内容から推測できる未来の行動を問うパターン。next「次に」，tonight「今夜」，next Sunday「次の日曜日に」などの未来のある時点を表す言葉が質問に含まれる。

ポイント2　迷わずに判断しよう！

4つの選択肢のうち，これが正解だと確信を持てない場合もしばしばあるだろう。ただし迷い続けるのは禁物だ。**誤答と分かる選択肢は直ちに排除**して，正解の可能性がある選択肢を絞り込もう。そして**正解と思われる選択肢を選び，自信がなくても長くは考えない**ようにしよう。10秒はあっという間に過ぎてしまうからだ。次の問題の「No. ○」という放送が始まったら，今解いていた問題のことは忘れて，次の問題に移ろう。

次のページからは練習問題。ここで学んだことを使って問題を解いてみよう！

---

various 形 さまざまな　　effective 形 効果的な　　huge 形 ばく大な

69

対話を聞き，その質問に対して最も適切なものを1，2，3，4の中から一つ選びなさい。

☐☐ **No. 1**　**1** They used to work at the same company.
　　　　　　2 They are both good at video editing.
　　　　　　3 They studied marketing together.
　　　　　　4 They both have their own businesses.

☐☐ **No. 2**　**1** They are worried about their children.
　　　　　　2 They are excited about going camping.
　　　　　　3 They want to see their children.
　　　　　　4 They feel more relaxed than usual.

☐☐ **No. 3**　**1** There were not enough graphs.
　　　　　　2 She did not have time to finish it.
　　　　　　3 There was a mistake in some data.
　　　　　　4 She collected too much useless information.

☐☐ **No. 4**　**1** The players dislike the new coach.
　　　　　　2 The team has been winning more.
　　　　　　3 They changed their practice days.
　　　　　　4 They lost their best player.

☐☐ **No. 5**　**1** She changed the way the girl's face looks.
　　　　　　2 She changed the style of the girl's dress.
　　　　　　3 She added wrinkles to the girl's face.
　　　　　　4 She added color to the girl's dress.

□□ **No. 6** **1** Work out with weights.
2 Go to see her doctor.
3 Try to play soccer.
4 Relax at her home.

□□ **No. 7** **1** The man already has enough clothes.
2 It is better to wait for a sale.
3 The man should buy a suit instead.
4 The brown sweater is too expensive.

□□ **No. 8** **1** Go out with her co-workers.
2 Work overtime at the office.
3 Take home food for dinner.
4 Eat at Steve's house.

□□ **No. 9** **1** Go to pick up his son.
2 Close his front door.
3 Send his children out to play.
4 Wait a little longer.

□□ **No. 10** **1** On the side of a highway.
2 Outside an Italian restaurant.
3 In a car mechanic's shop.
4 Inside a shopping mall.

🔊 **12〜21**

No. 1 解答 1

☆ : Dave, long time no see.

★ : Hey, Jennifer. What a surprise! It's great to see you again. Are you still working at CRL Computers?

☆ : Yes, but they transferred me to the marketing department at the end of last year. How about you? What are you doing now?

★ : Well, after I left CRL, I started my own business. I'm doing video editing these days.

Question: What do we learn about Dave and Jennifer?

> ☆ : デイブ，久しぶりね。
> ★ : やあ，ジェニファー。びっくりしたなあ。また会えてうれしいよ。君は今も CRLコンピューターズに勤めているの？
> ☆ : そうよ，でも去年の終わりにマーケティング部に異動になったわ。あなたはどう？　今，何をしているの？
> ★ : あのね，CRLをやめた後，起業したんだ。最近は動画編集をやっているよ。
> 質問：デイブとジェニファーについて何が分かるか。
> **1** 彼らは以前同じ会社に勤めていた。
> **2** 彼らは2人とも動画編集が上手い。
> **3** 彼らは一緒にマーケティングの勉強をした。
> **4** 彼らは2人とも自身で事業をやっている。

解説 What do we learn about 〜?の形の質問。男性はAre you still working at CRL Computers?と尋ね，女性はYesと答えているので，女性は以前も今もCRL Computersに勤めていることが分かる。また，男性はafter I left CRLと言っているので，男性も以前CRLに勤めていたと判断できる。したがって**1**が正解。

No. 2 解答 3

☆ : I heard your kids are away at a summer camp, Richard.

★ : Yes, they've never been away from home for so long, but they said the camp is fantastic. They love canoeing and sleeping in tents.

☆ : It must be nice and relaxing for you and your wife.

★ : Well, actually, we miss the kids quite a bit. We're looking forward to picking them up in a few days.

Question: What do we learn about Richard and his wife?

> ☆ : あなたのお子さん達はサマーキャンプに行っているそうね，リチャード。
> ★ : そうなんだ，あの子達はこんなに長く家を離れたことはなかったのだけれど，キャンプは素晴らしいと言っていたよ。カヌー乗りとテントで寝るのが大好きなんだ。
> ☆ : あなたと奥さんにとってはかなり息抜きになるわね。
> ★ : それがね，実は子供達がいなくて結構寂しいんだよ。あと何日かして迎えに行くのを心待ちにしているんだ。
> 質問：リチャードと妻について何が分かるか。
> **1** 彼らは子供達のことを心配している。
> **2** 彼らはキャンプに行くのでうきうきしている。
> **3** 彼らは子供達に会いたがっている。
> **4** 彼らはふだんよりもくつろいでいると感じている。

解説 What do we learn about 〜?の形の質問。男性の発言のwe miss the kids quite a bit，およびWe're looking forward to picking them upという内容から，リチャードと妻は子供達に会いたがっていることが分かる。

No. 3 解答 **3**

★：Have you finished making the graphs for our economics presentation yet, Sheri?

☆：Yes, but when I was making them, I noticed that there was a serious error in the data.

★：Oh no. The presentation is tomorrow, and it's a really important one. What are we going to do?

☆：Oh, don't worry. I went to the library and found the correct information.

Question: What does the woman say about the presentation?

> ★：僕達の経済学の発表に使うグラフはもう作り終えた，シェリ？
> ☆：ええ，でも作っているとき，データに重大な誤りがあると気づいたの。
> ★：それはまずいな。発表は明日で，すごく重要な発表なんだよ。どうしよう？
> ☆：ああ，心配しないで。図書館へ行って正しい情報を見つけたから。
> 質問：女性は発表について何と言っているか。
> **1** 十分なグラフがなかった。
> **2** 彼女にはそれを終える時間がなかった。
> **3** 一部のデータに誤りがあった。
> **4** 彼女は役に立たない情報をたくさん集めすぎた。

解説 What does ～ say about ...?の形もよく出るパターン。女性はthere was a serious error in the dataと言っており，**3**がこの内容に相当する。対話中のerrorという語を**3**では類義語のmistakeに置き換えていることがポイント。

No. 4 解答 **2**

★：I heard your team got a new softball coach, Ellen.

☆：Yes, we haven't lost a single game since she joined the team. It's nice to be doing so well, but she's really strict.

★：Oh, are the practices tough?

☆：Yes, I feel so tired at the end of them that I can barely move. Everyone agrees that we're lucky to have such a great coach, though.

Question: What is one thing the woman says about her team?

> ★：君のチームに新任のソフトボールのコーチが来たんだってね，エレン。
> ☆：ええ，彼女がチームに加わってから，私達は1敗もしていないのよ。こんなにうまくいっているのはいいことなのだけれど，彼女はすごく厳しいの。
> ★：おやおや，練習はきついのかい？
> ☆：そうなのよ，練習の終わりにはすごく疲れちゃって，ほとんど動けないくらいよ。こんなに素晴らしいコーチがいてくれて，私達は幸運だってみんな認めているけどね。
> 質問：女性が自分のチームについて言っていることの1つは何か。
> **1** 選手達は新任のコーチが嫌いだ。
> **2** チームはより多くの勝利を重ねている。
> **3** 彼女達は練習の日を変更した。
> **4** 彼女達は最も優れた選手を失った。

解説 What is one thing ～ says about ...?の形の質問。女性の発言にあるwe haven't lost a single gameの部分を言い換えた**2**が正解。haven't lost a single game（＝動詞loseを使った否定文）と同等の内容を，has been winning more（＝loseの反意語winを使った肯定文）で表していることを見抜く力が必要だ。この種の言い換えに注意しよう。

contain 動 を含む　manage 動 を管理[経営]する　consider 動 をよく考える

No. 5 解答 1

☆：Look, I worked on my painting, and I followed your advice.

★：Oh, yes, I like it much better now. The girl's expression looks much more natural. I think her smile is much nicer.

☆：Thanks. What do you think of her dress? I added some wrinkles.

★：Oh, I hadn't noticed that. It looks very realistic. And the colors in the background are fantastic. You've done a great job.

Question: How did the woman improve her painting?

> ☆：見てください，絵に手を加えて，あなたのアドバイスに従いました。
> ★：ああ，そうですね，はるかによくなったと思います。女の子の表情がずっと自然に見えますよ。笑顔がずっと素敵になったと思いますね。
> ☆：ありがとう。ドレスはどう思いますか。しわを加えたのですが。
> ★：おや，気づきませんでした。とても写実的に見えますね。それと，背景の色が素晴らしいです。上出来ですよ。
> 質問：女性はどのようにして絵をよりよくしたか。
>   **1** 女の子の顔の見え方に修正を加えた。
>   **2** 女の子のドレスの型に修正を加えた。
>   **3** 女の子の顔にしわを加えた。
>   **4** 女の子のドレスに色を加えた。

解説 How「どのようにして」を使って方法を問う質問。女性はI worked on my painting, and I followed your adviceと言っている。それを受けて男性はThe girl's expression looks much more natural. I think her smile is much nicer. と言っていることから，男性は女の子の「顔，表情」に関してアドバイスをして，女性はそれに従ったことが分かる。よって**1**が正解。**3**に含まれるwrinklesや**4**に含まれるcolor（対話ではcolors）が対話に出てくるが，引っ掛からないよう注意。

No. 6 解答 4

★：Do you want to play soccer tomorrow, Danielle?

☆：Sorry, I injured my knee a couple of days ago while I was lifting weights. I'm just going to take it easy in my house for a few days.

★：Have you gone to see a doctor about it?

☆：Yes, she said that it's not too serious, so I can exercise when I don't have any pain.

Question: What will Danielle do tomorrow?

> ★：明日サッカーをやりたいかい，ダニエル？
> ☆：ごめんなさい，2，3日前にバーベルをあげているときに膝をけがしてしまったの。何日かは家でのんびりするつもりよ。
> ★：そのことで医者に診てもらったの？
> ☆：ええ，彼女はそれほど重傷ではないと言っていたから，痛みがなくなったら運動ができるわ。
> 質問：ダニエルは明日何をするか。
>   **1** バーベルでトレーニングをする。
>   **2** かかりつけの医者に診てもらいに行く。
>   **3** サッカーをやろうとする。
>   **4** 家でゆっくりする。

解説 What will ~ do?の形で「未来において何をするか」を問う質問。ダニエルはI'm just going to take it easy in my house for a few days. と言っていることから，**4**が正解。対話にあるtake it easyを，**4**では類義のrelaxという語で表していることがポイントだ。

NOTES
□ work on　〜にとり組む，〜を手がける
□ lift weights　重量挙げをする
□ take it easy　のんびりする，気楽に考える
□ work out　体を鍛える，トレーニングをする

No. 7 解答 1

★：Look at these sweaters, honey. I like the brown one. And the green one is nice, too. I think I'll get them.

☆：Are you sure you really need them? Your closet is full of clothes.

★：But they're on sale for half price.

☆：Well, the brown one doesn't really suit you, and honestly, I don't think you need either of them.

Question: What does the woman think about the clothes?

> ★：このセーターを見てよ，ねえ。僕は茶色のが気に入ったよ。それに緑のも素敵だ。買おうと思うよ。
> ☆：本当にそれらが必要だと思う？ あなたのクローゼットは服でいっぱいだよ。
> ★：でもセールで半額なんだよ。
> ☆：あのね，茶色のはあなたにあまり似合わないし，正直に言うと，両方とも必要ないと思うわ。
> 質問：女性は服についてどう思っているか。
> **1** 男性はすでに十分な服を持っている。
> **2** セールを待つ方がよい。
> **3** 男性は代わりにスーツを買うべきだ。
> **4** 茶色のセーターは値段が高すぎる。

解説 What does ～ think about ...? の形の問題。セーターを2枚買いたいという男性に対し，女性はYour closet is full of clothes. と言っている。これに相当する内容をalready has enough clothes「すでに十分な服を持っている」と表現している**1**が正解。**1**はclosetという語を含んでいないが，正解ではこのような大幅な言い換えがなされていることがある。

No. 8 解答 1

★：Hello?

☆：Hi, honey. I'm still at the office. Sorry, but I'm afraid that I'm going to be quite late coming home tonight.

★：Oh, OK. Are you going to be home in time for dinner?

☆：Actually, my co-worker Steve just got a promotion, so we're going to celebrate at a restaurant.

★：OK, no problem. I can just cook something for myself, then.

Question: What is the woman going to do tonight?

> ★：もしもし。
> ☆：もしもし，あなた。私，まだオフィスにいるの。悪いけど，今晩は帰宅がかなり遅くなりそうなのよ。
> ★：ああ，いいよ。夕食には間に合いそうかい？
> ☆：実は，同僚のスティーブが昇進して，それでレストランでお祝いをすることになっているの。
> ★：分かった，大丈夫だよ。それなら自分で何か食べるものを作れるから。
> 質問：女性は今晩何をする予定か。
> **1** 同僚と外出する。
> **2** オフィスで残業する。
> **3** 夕食用の食べ物を家に持ち帰る。
> **4** スティーブの家で食事する。

解説 What is ～ going to do? の形で「未来において何をするか」を問う質問。女性の発言にあるmy co-worker Steve ... at a restaurantの部分から，**1**が正解。「同僚とレストランでお祝いをする」という具体的な行為を，celebrateやrestaurantなどの語を使わずにGo out with her co-workers. と簡略に表現している点が重要だ。

No. 9 （解答） **2**

★：Hello?

☆：Frank, this is Jenny, your neighbor from across the street. Did you know your front door is open?

★：Oh, one of my kids must have forgotten to shut it when he went out to play. How long has it been open?

☆：At least 30 minutes.

★：Oh no. Our house will probably be full of insects. Thanks so much for letting me know.

Question: What will the man probably do next?

> ★：もしもし。
> ☆：フランク，通りの向かいに住んでいるジェニーです。お宅の玄関のドアが開いているのにお気づきですか。
> ★：おや，うちの子供の1人が遊びに行くときに閉め忘れたに違いないです。どのくらい開いたままになっていましたか。
> ☆：少なくとも30分ですね。
> ★：それはまずいですね。きっとうちの中が虫だらけになってしまいますね。教えてくれてどうもありがとうございます。
> 質問：男性はおそらく次に何をするか。
> **1** 息子を迎えに行く。
> **2** 玄関のドアを閉める。
> **3** 子供達を遊びに送り出す。
> **4** もう少しの間待つ。

（解説）対話の内容から，次の行動を判断するというパターンの質問。男性がこれからやることは具体的に述べられてはいない。ただし，「玄関のドアが開けっぱなしになっていることを知らされる」，「家の中が虫だらけになってしまう」といった内容から，男性はこの後「玄関のドアを閉める」と判断できる。

No. 10　解答　1

★：Hello?

☆：Ted, it's Angie. I'm on Highway 8, about a kilometer from Marco's Italian Restaurant. There's smoke coming out of my engine.

★：That's terrible. Are you OK?

☆：Yes, I was able to get my car off the road, and I've called a mechanic. He's on his way. But I have no idea when I'll be able to meet you at the shopping mall.

★：Oh, don't worry about that. You just stay safe.

Question: Where is the woman?

> ★：もしもし。
> ☆：テッド，アンジーよ。今，8号線にいて，マルコのイタリアンレストランから1キロぐらいの場所なの。エンジンから煙が出ているのよ。
> ★：それは大変だ。大丈夫かい？
> ☆：ええ，車を道路脇に動かすことはできて，整備士を呼んだところよ。彼はここに向かっている最中だわ。だけど，いつショッピングモールであなたに会えるか分からないの。
> ★：ああ，それは気にしないで。とにかく安全でいるようにしてね。
> 質問：女性はどこにいますか。
> 　**1**　幹線道路の脇に。
> 　**2**　イタリアンレストランの外に。
> 　**3**　車の整備士の工場に。
> 　**4**　ショッピングモールの中に。

解説 Where を使って場所を問う質問。女性は I was able to get my car off the road, and ... と言っている。この off the road が **1** の On the side of a highway. に相当する。対話には Highway 8 のほかに Marco's Italian Restaurant や shopping mall など「場所」を表す語句が複数出てくるが，質問は女性が今いる場所を問うものなので，混同しないようにしよう。

11日目

文の内容一致選択問題を攻略！①

今日の目標　リスニング第2部は60〜70語程度の長さの英文とその内容に関する質問を聞き，問題用紙に印刷された4つの選択肢から答えを選ぶ形式である。まずは第2部の解法の基本となる3つのポイントをマスターしよう。

▶ポイント1　英文の「主題」と「内容」を把握しよう！

リスニング第2部で問われる能力は，英文の主題をきちんと把握（＝全体を理解）した上で，細かい情報を正確に聞きとる（＝個々の文を理解する）能力だ。つまり，何について述べている英文なのか，どのように話が展開しているのかを，日付や数字などの細かい情報を整理しながら聞きとることが大切である。

なお，「主題」は「ある人物についての日常的な出来事」が多い傾向がある。ほかにも「アナウンス」，「社会的・文化的トピック」，「科学的（理系）トピック」などがある。

▶ポイント2　「時間表現」と「逆接表現」に注意しよう！

筆記試験の読解問題とリスニングの最大の違いは，リスニングでは文章を後戻りして確認できないことだ。したがって，一語一語を追うのではなく，要点を上手に把握することがリスニングのコツで，その助けになるのが「時間表現」と「接続表現」だ。時間表現（「〜年に」，「〜曜日に」など）の後にはカギとなる出来事が述べられることが多い。複数の時間表現が現れる英文では，それをもとに時間の流れに沿って内容を整理しよう。質問に時間表現が含まれることもある。

また，接続詞（句）・副詞（句）などの接続表現は，文の展開を論理的に把握するのに役立つ（so「だから」，as a result「結果として」，although「〜だけれども」など）。特に「逆接表現」はそれまでの方向性とは逆の新たな展開が続くことを示し，その内容が質問されることが多いので注意が必要だ。第2部では逆接表現にhoweverがよく使われる。

▶ポイント3　質問の疑問詞を注意して聞こう！

第1部も第2部も，質問は疑問詞（5W1H）を用いた疑問文になっており，第2部ではWhatとWhyとHowを用いた質問が頻出する傾向がある。質問の内容は，放送文全体の理解にかかわるものも細かい情報を問うものもあるので，どちらにも対応できるように注意して聞きとろう。

　donate 動 を寄付する　promise 動 （に）約束する　remain 動 のままである

【放送される英文】 22

Recently, Tom's old bicycle broke, so he needs a new one. He is looking for a large one because he is very tall. Tom went to three different stores last week. He found some that were big enough, but they were too expensive. Yesterday, his friend Jane told him about a used bicycle shop on the other side of town that has some large bicycles. He will try going there tomorrow.

Question: What did Tom's friend do?

【問題冊子に印刷された英文】

   1 She helped him fix his bicycle.
   2 She recommended a bicycle store.
   3 She lent him money for a bicycle.
   4 She let him use her bicycle.

解 説　冒頭にRecentlyとあり，トムの自転車が壊れたことが述べられている。そして「3軒の店へ行った」（last week），さらに「友人のジェーンが中古自転車屋について話した」（Yesterday）と，時間の経過とともに話が展開していることを把握しよう。また，英文の最後はwillを使った未来形になっている。この流れの中で，質問にある友人に関してはYesterdayで始まる文で述べられている。友人のジェーンは，トムが求めている大きな自転車を売っている中古自転車屋について話していて，この内容を**2**ではrecommend「～を勧める」という動詞を使って表現している。

解答：2

訳　このあいだ，トムの古い自転車が壊れたので，彼は新しい自転車を必要としている。彼はとても背が高いので，大きな自転車を探している。トムは先週3軒の店へ行った。彼は十分な大きさのものを何台か見つけたが，値段が高すぎた。昨日，友人のジェーンが，大きな自転車を売っている，町の反対側にある中古の自転車屋のことを彼に話した。彼は明日そこに行ってみるだろう。

質問：トムの友人は何をしたか。
   1 彼女は彼が自転車を修理するのを手伝った。
   2 彼女は1軒の自転車屋を勧めた。
   3 彼女は自転車を買うお金を彼に貸した。
   4 彼女は自分の自転車を彼に使わせてあげた。

次のページからは練習問題。ここで学んだことを使って問題を解いてみよう！

英文を聞き，その質問に対して最も適切なものを1，2，3，4の中から一つ選びなさい。

□□ **No. 1**　**1** Her company's game was unpopular.
　　　　　2 Her boss got very angry at her.
　　　　　3 She cannot tell her son about a game.
　　　　　4 She made the wrong announcement.

□□ **No. 2**　**1** They are killing too many birds.
　　　　　2 They are making rivers dirty.
　　　　　3 They are eating too many fish.
　　　　　4 They are scaring pigeons away.

□□ **No. 3**　**1** Buys lunch in the cafeteria.
　　　　　2 Sits apart from his colleagues.
　　　　　3 Saves money on food.
　　　　　4 Makes lunch for his colleagues.

□□ **No. 4**　**1** They are both put on many foods.
　　　　　2 They are both almost the same color.
　　　　　3 They both taste the same.
　　　　　4 They are both easy to make.

□□ **No. 5**　**1** They did not have enough players.
　　　　　2 They did not want to travel so far.
　　　　　3 They were not very good teams.
　　　　　4 They could not get a boat for the trip.

□□ **No. 6** **1** Amy writes books of fiction.

2 Some books are on sale at this store.

3 The bookstore sells only magazines.

4 Children cannot get books signed.

□□ **No. 7** **1** She bought the wrong ticket.

2 She left her wallet in the café.

3 She could not pay for her lunch.

4 She went to the wrong platform.

□□ **No. 8** **1** Spent three months at a Chinese language school.

2 Learned on his own for a while.

3 Discussed his plans with friends.

4 Became fluent in Chinese.

□□ **No. 9** **1** Listen to a new program.

2 Order a new music album.

3 Buy concert tickets.

4 Enter a dance contest.

□□ **No. 10** **1** He won a photo contest.

2 He took photos of a bridge.

3 He got some photography advice.

4 He won tickets to a photography museum.

🔊 23〜32

No. 1 解答 **3**

Last year, Maria's company made a hit video game called *Arachnomage*. Recently, her boss said the company will make *Arachnomage 2*. Her son is a big fan of the game, and he often asks if there will be another one. She feels bad because the new game is still a secret and she cannot tell him about it. She hopes the company will make a public announcement soon.

Question: Why does Maria feel bad?

> 去年，マリアの会社は「アラクノメッジ」というテレビゲームのヒット商品を作った。最近，彼女の上司は，会社は「アラクノメッジ2」を作ると言った。彼女の息子はこのゲームの大ファンで，次の作が出ないかよく尋ねている。新作のゲームはまだ秘密事項であり，息子にそのことを話せないので，彼女は気がとがめている。彼女は会社が早く公表することを願っている。
>
> 質問：マリアはなぜ気がとがめているのか。
> 　**1** 彼女の会社のゲームは評判が悪かったから。
> 　**2** 彼女の上司は彼女にとても腹を立てたから。
> 　**3** 彼女は息子にゲームについて話すことができないから。
> 　**4** 彼女は誤った発表をしたから。

解説 第1文と第2文は，「去年，ゲームのヒット商品を作った」→「最近，続編を作ると上司が言った」という時間的な流れになっていて，第3文以降は現在のことを述べている。マリアの気がとがめている理由は，She feels bad because に続く部分で述べられている。正解の**3**では，この部分にある she cannot tell him about it の him と it を，具体的な名詞で表している。

No. 2 解答 **3**

The wels catfish is a fish with an unusual ability. They can jump out of the river to grab birds called pigeons. Then they pull the pigeons into the water to eat them. Wels catfish have become a problem. Although the medium-sized ones usually eat pigeons, the larger ones eat huge amounts of fish. Scientists think they are causing some types of smaller fish in Europe to disappear.

Question: Why are wels catfish a problem?

> ヨーロッパナマズは特異な能力を持つ魚である。それは，ハトと呼ばれる鳥を捕らえるために川から跳んで出ることができる。それからハトを食べるために水中へ引き込む。ヨーロッパナマズは問題になっている。中くらいのサイズのものはたいていハトを食べるのだが，大きなものは莫大な量の魚を食べるのである。科学者は，ヨーロッパナマズはヨーロッパの小型の魚のいくつかの種類が絶滅する原因になっていると考えている。
>
> 質問：ヨーロッパナマズはなぜ問題なのか。
> 　**1** それはあまりにも多くの鳥を殺しているから。
> 　**2** それは川を汚しているから。
> 　**3** それはあまりにも多くの魚を食べているから。
> 　**4** それはハトを脅して追い払っているから。

解説 Wels catfish have become a problem. 以下の文で，この魚が問題である理由が述べられている。**3**が the larger ones eat huge amounts of fish の部分に相当するので正解。英文中の huge amounts of fish を，**3**では too many fish と言い換えていることに注意しよう。

No. 3 解答 3

Rick brings his lunch to work. Usually, it's just a sandwich, some fruit, and a cake. His colleagues buy their lunches in the company cafeteria. Sometimes, Rick feels uncomfortable because he is the only person who brings his own food. However, he also knows that he avoids spending 4 dollars a day by doing that.

Question: What does Rick do every day?

> リックは職場に昼食を持参する。たいていはサンドイッチ，果物，ケーキだけである。彼の同僚達は会社のカフェテリアで昼食を買う。自分の食事を持参するのが彼1人だけなので，時々リックは居心地が悪いと感じる。でも，そうすることで1日に4ドル節約していることも分かっている。
>
> 質問：リックは毎日何をするか。
> 1 カフェテリアで昼食を買う。
> 2 同僚から離れて座る。
> 3 食費を節約する。
> 4 同僚に昼食を作る。

解説 Howeverで始まる最後の文のhe also knows that he avoids spending 4 dollars a dayによって doing thatの部分から正解が導ける。（英文）avoids spending 4 dollars（＝具体的な金額）→（選択肢）Saves money（＝大まかな言い方）と言い換えられていることに注意しよう。

No. 4 解答 1

A long time ago in Rome, people often ate a clear, liquid sauce called garum. It was made from fish, and was added to a lot of different foods. In fact, people often compare it to modern ketchup because it was put on a wide variety of foods to improve the taste. Recently, some modern scientists and chefs have studied old recipes and begun making it again.

Question: Why is garum often compared to ketchup?

> はるか昔のローマでは，人々はガルムと呼ばれる透明な液体のソースをよく食した。それは魚から作られ，多くのさまざまな食べ物に加えられた。実際のところ，それは味をよくするために幅広い種類の食べ物にかけられたので，人々はそれをしばしば現在のケチャップにたとえる。最近，何人かの現代の科学者とシェフが古いレシピを研究し，それを再び作り始めている。
>
> 質問：ガルムはなぜしばしばケチャップにたとえられるのか。
> 1 両方とも多くの食べ物にかけられるから。
> 2 両方ともほとんど同じ色をしているから。
> 3 両方とも同じ味がするから。
> 4 両方とも容易に作れるから。

解説 people often compare it to modern ketchupに続くbecause以下の部分で，ガルムがケチャップにたとえられる理由が述べられている。すなわち，it was put on a wide variety of foods to improve the tasteとあり，このa wide variety of foodsをmany foodsとシンプルに言い換えている1が正解。becauseという語は次に理由を述べる合図になるので，理由をしっかりと聞きとるようにしよう。なお，この部分に含まれる名詞のtasteが3では動詞として出てくるが，3は内容的に英文に一致しないので注意。

□ sign up to *do*
　〜することに申し込む

□ in the end
　結局，最終的に

□ in all
　全体で，合計で

□ sign up for
　〜に申し込む，登録する

No. 5　解答　**2**

Soccer's first World Cup took place in Uruguay in 1930. Two months before the event, however, no teams from Europe had signed up to play. This was because no one wanted to make the long trip to South America by sea. In the end, countries including Romania, France, and Belgium agreed to compete, and there were 13 teams in all. Uruguay won the tournament.

Question: Why didn't European soccer teams sign up for the World Cup at first?

> サッカーの最初のワールドカップは1930年にウルグアイで開催された。しかし大会の2カ月前でも，参加登録したヨーロッパのチームはなかった。これは南アメリカまでの海路の長旅を誰もしたがらなかったからである。最終的にはルーマニア，フランス，およびベルギーを含む国々が競技参加を承諾し，合計13チームがそろった。ウルグアイがこの大会で優勝した。
> 質問：なぜヨーロッパのサッカーチームは当初ワールドカップに参加登録しなかったのか。
> 　**1** それらには十分な数の選手がいなかったから。
> 　**2** 彼らはそれほどまでの長旅をしたくなかったから。
> 　**3** それらはあまりよいチームではなかったから。
> 　**4** それらは旅のための船を調達できなかったから。

解説　最初の文から第1回サッカーワールドカップの話題だと分かる。第2文冒頭の時間表現（Two months before the event）と，それに続く逆接のhoweverが聞こえたら，重要な情報が述べられる合図なので，特に注意して続きを聞こう。This was becauseで始まり，前の文の理由を述べている第3文のno one wanted to make the long trip ... を，**2**ではThey did not want to travel so far. と言い換えている。

No. 6　解答　**2**

Welcome to Bookmark's annual book sale! Find reduced prices and fun activities all around the store. Children can enjoy story time with Amy in the children's section. Author Theresa Phelps will be signing books in the fiction section all day. And walk with Jack around the store to learn about the huge variety of books available! Jack will start in the magazine section at noon.

Question: What is one thing we learn from this announcement?

> ブックマークの毎年恒例のブックセールへようこそ！　店内のあらゆるところで，値下げ価格と楽しいイベントを見つけてください。お子様は児童書売り場でエイミーのお話の時間をお楽しみいただけます。作家のテレサ・フェルプスの本のサイン会は，フィクション書売り場で終日行われます。それから，ジャックと店じゅうを歩いて，ご購入できる膨大な種類の本のことを知りましょう！　ジャックは正午に雑誌売り場から出発します。
> 質問：このアナウンスから分かることの1つは何か。
> 　**1** エイミーはフィクションの本を書いている。
> 　**2** この店では一部の本がセール中である。
> 　**3** この書店は雑誌だけを売っている。
> 　**4** 子供は本にサインしてもらうことができない。

解説　冒頭の文から書店の店内放送だと分かる。続く文にあるFind reduced pricesから値下げしている本があると分かり，それをSome books are on saleと表現している**2**が正解。Children can enjoy以下では，子供向けのstory time，サイン会，店内ツアーが紹介されているが，これらについて正しく述べた選択肢はない。

　rise動 上昇する　　feed動 に食べ物[えさ]を与える　　point動 指し示す

No. 7 解答 2

Yesterday, Monica was planning to take a train to Boston. After buying her ticket, she had lunch at a station café. However, when she was leaving, she did not notice that she had left her wallet on the seat. When the train arrived, she realized she did not have her wallet. She ran back to the café to get it, but unfortunately, her train had left by the time she got back to the platform.

Question: What was Monica's problem?

> 昨日，モニカはボストンへ電車で行く予定だった。切符を買った後，駅のカフェで昼食を食べた。しかし，カフェを出るとき，座席に財布を置き忘れたことに気づかなかった。電車が到着したとき，彼女は財布を持っていないことに気がついた。彼女は財布をとってくるためにカフェへ走って引き返したが，残念なことに，ホームへ戻って来たときには電車は発車してしまっていた。
>
> 質問：モニカの問題は何だったか。
> 　**1** 彼女は違う切符を買った。
> 　**2** 彼女はカフェに財布を置き忘れた。
> 　**3** 彼女は昼食の代金を払えなかった。
> 　**4** 彼女は違うホームへ行った。

解説 英文では時間表現が多く使われている。After buying her ticket→when she was leaving→When the train arrived→by the time she got back to the platformという時間的な展開を把握しよう。Howeverという逆接表現の後では，しばしば重要な問題が述べられる。この英文ではHoweverで始まる文にshe did not notice that she had left her wallet on the seatとあり，**2**が正解だと分かる。

No. 8 解答 2

Jason wanted to master Chinese. He taught himself using textbooks for a year, and then planned to study for three months in a language school in Beijing. He was confident before he got there, but found it hard to communicate with local people. At the end of the course, he was not fluent but he had improved a lot.

Question: What did Jason do before going to China?

□ teach *oneself*
　独学する

> ジェイソンは中国語を習得したかった。彼は教科書を使って1年間独学し，その後3カ月間，北京の語学学校で勉強する計画を立てた。彼は現地に着くまでは自信があったのだが，地元の人達と意思疎通するのは難しいということに気づいた。コースが終わるころ，彼は流ちょうに話せるわけではなかったが，それでも大いに進歩していた。
>
> 質問：ジェイソンは中国へ行く前に何をしたか。
> 　**1** 中国語の語学学校で3カ月間過ごした。
> 　**2** しばらくの間，独学した。
> 　**3** 友達と自分の計画について話し合った。
> 　**4** 中国語が流ちょうになった。

□ on *one's* own
　1人で，独力で

解説 質問にあるbefore going to Chinaという時間表現が重要だ。第2文で「1年間独学した」ことと「その後北京で勉強する計画を立てた」ことが述べられているので，中国へ行く前にしたことは**2**だ。（英文）He taught himself using textbooks for a year→（選択肢）Learned on his own for a while.という言い換えに注意しよう。英文に出てくるthree monthsとlanguage schoolが**1**に含まれるが，**1**の内容は中国に行ってからしたことである。

11
日目

リスニング
2

---

condition 图 状態　　sense 图 感覚　　decision 图 決定

No. 9 解答 1

This is WJYX Radio. Do you want to hear conversations with pop music's biggest stars? Well then, listen to our new program called *Pop Talk*. You'll hear musicians like Todd Palmer discussing his latest album, *Heart Beats*, and Nia Diamond explaining how she became such an incredible dancer. It's broadcast every Thursday at 7 p.m. On our first show next week, we'll also be giving away a pair of tickets to the upcoming Coco Gold concert.

Question: What does the speaker ask people to do?

> こちらはWJYXラジオです。ポップミュージックの大物スター達との会話をお聞きになりたいですか。それなら，当ラジオの新番組『ポップトーク』をお聞きください。ミュージシャン達，例えばトッド・パーマーが最新アルバム『ハート・ビーツ』について語ったり，ニア・ダイアモンドがいかにしてあのような驚くべきダンサーになったかを明らかにしたりするのをお聞きいただけます。毎週木曜日の午後7時に放送されます。来週の第1回目の番組では，間もなく開催されるココ・ゴールドのコンサートのペアチケットのプレゼントも予定しています。
>
> 質問：話し手は人々に何をするように頼んでいるか。
>   1 新番組を聞く。
>   2 新しいミュージックアルバムを注文する。
>   3 コンサートのチケットを買う。
>   4 ダンスコンテストに参加する。

> 解説 全体を通して，具体的なミュージシャン名などを挙げながらラジオの新番組を紹介しており，放送時間や初回放送でのリスナープレゼントについて述べている。そこで，英文全体の主旨から，**1**が正解だと判断できる。第3文のlisten to our new programもヒントになるが，特定の文のみから正解を導くのではなく，英文全体の主旨にかかわるタイプの問題だ。

No. 10 解答 3

Last month, Sebastian entered a photo contest at his town's photography museum. He sent in photos of a train going over a bridge. Although he did not win the contest, he had some good luck. Last week, when he went to the museum to see the contest photos, he met one of the judges. She was a professional photographer, and she gave him some tips for improving his photos.

Question: What is one thing that happened to Sebastian last week?

> 先月，セバスチャンは地元の町の写真美術館で開催された写真コンテストに参加した。彼は橋を渡っている列車の写真を出品した。彼はコンテストで優勝しなかったが，運のよいことがあった。先週，コンテストの写真を見に美術館へ行ったとき，彼は審査員の1人に会ったのだ。彼女はプロの写真家で，彼の写真をよりよくするためのヒントをいくつか彼に教えてくれた。
>
> 質問：先週セバスチャンに起こったことの1つは何か。
>   1 彼は写真コンテストで優勝した。
>   2 彼は橋の写真を撮影した。
>   3 彼は写真に関するアドバイスをもらった。
>   4 彼は写真美術館のチケットを獲得した。

> 解説 英文はLast monthで始まり，まず先月のことが述べられている。そして中ほどにLast weekとあり，先週の話に展開する。質問は「先週」に関するものなので，Last week以降から正解を考える。**3**がshe gave him some tips for improving his photosの部分に相当するので正解。tips for improving his photosをphotography adviceと言い換えている点も重要。

文の内容一致選択問題を攻略！②

今日の目標

リスニング第1部と同様，リスニング第2部も英文と質問は1度しか放送されない。また，1問あたりの解答時間が10秒であるのも同じだ。英文と質問を聞く際のコツを身につけ，得点をさらに伸ばすようにしよう。

ポイント1 質問のパターンに慣れよう！

第2部の質問にはさまざまなものがあるが，比較的よく出るパターンが見られる。また，第1部と共通の質問パターンもあるので69ページの質問パターンとあわせてしっかり確認し，どのタイプの質問にも答えられるように準備しておこう。

① **What is one thing ～?　～の1つは何か。**

話題にされている物事や人について，英文の内容と一致する選択肢を選ぶ問題。この形の質問は頻繁に出題されるので，必ず慣れておくようにしたい。英文全体に合致するものではなく，述べられたいくつかの内容のうちの1つに合致する選択肢を選ぶので，質問にはone thingが使われている。

② **What is ～'s problem?　～の問題は何か。**

ある人物の困っていることや抱えている困難，その影響や考えられる解決法などが話題になり，話の全体からその人物にとっての問題が何なのかを問う問題。英文が3人称のストーリーのときによく出題されるパターン。

③ **How can customers get ～?　客はどうすれば～を手に入れられるか。**

店内放送などの英文で出されることがある質問。例えば「どうすればクーポンがもらえるか」や「どうすれば20パーセント割引してもらえるか」といったものである。店内放送でない場合は，customersのところに人を表すほかの名詞（句）が入る。

このパターンの質問では，英文に「AをするとBがもらえ，CをするとDがもらえる」のように2つの情報が含まれることが多い。そのうちのどちらかが問われるので，整理して聞きとる必要がある。

④ **Why is this announcement being made?　このアナウンスはなぜ行われているのか。**

アナウンスの目的を尋ねる問題。1つ1つの文を理解するだけでなく，英文全体が誰に何を伝えるためのものかを考える必要がある。逆に言えば，聞きとれなかった部分があっても，全体の趣旨を理解すれば正解できる問題となる。

⑤ **What does the speaker suggest ～ do?　話者は～に何をすることを勧めているか。**

Whatを使った頻出パターンの中には，要求や提案の内容を問うものがある。What does the speaker suggest ～ do?の質問の場合は，「誰が・誰に・何を」の3つの情報を的確に把握する必要がある。類似の質問にはWhat does the speaker ask ～ to do?がある。ほかに，求められている行動の内容を問うWhat is ～ asked to do?やWhat should ～ do next?といった質問も頻出である。

head 图 責任者　success 图 成功　opportunity 图 機会

ポイント2 地名などの固有名詞は聞きとれなくても気にしない！

　英文には耳慣れない固有名詞が含まれることがある（地名・商品名など）。しかし，その場合もあせる必要はない。固有名詞の音声を正確に聞きとらなければ正解できない質問はないからだ。その語のだいたいの音声を把握する程度でかまわない。耳慣れない語に注意を奪われると，英文の続きを集中して聞くことができなくなるので注意しよう。

　また，時には難しい専門用語が出てくることもある。ただし，そういった語には，続く英文で必ず説明がなされるので，専門用語の日本語訳を知っている必要はない。説明を聞きとることが重要なので，難しい語が出てきてもあわてないようにしよう。

 次のページからは練習問題。ここで学んだことを使って問題を解いてみよう！

movement图（政治的・社会的）運動　　clothing图（集合的に）衣類　　instance图 例

英文を聞き，その質問に対して最も適切なものを1，2，3，4の中から一つ選びなさい。

☐☐ **No. 1**　**1** Pay money for the bus trip.
　　　　　2 Volunteer as a driver.
　　　　　3 Help to plan the tournament.
　　　　　4 Tell the news to the other members.

☐☐ **No. 2**　**1** One of the performances has been canceled.
　　　　　2 A performance scheduled for today has been postponed.
　　　　　3 There will be performances by the same musician.
　　　　　4 The name of a performer has been corrected.

☐☐ **No. 3**　**1** Ask the children to start reading.
　　　　　2 Wait for the children.
　　　　　3 Find out the children's ages.
　　　　　4 Start searching for books.

☐☐ **No. 4**　**1** Let some students leave early.
　　　　　2 Come to the volleyball game.
　　　　　3 Give out tickets to the game.
　　　　　4 Take students to Parkdale High School.

☐☐ **No. 5**　**1** When their presentations will be done.
　　　　　2 When everyone will go to the library.
　　　　　3 The topics of the presentations.
　　　　　4 The groups for the presentation.

12
日目

リスニング2

concern图 関心事　　economy图 経済　　guest图 訪問客

☐☐ **No. 6** **1** The kindness of the staff.
         2 What to eat for lunch.
         3 The quality of the food.
         4 How to decorate his room.

☐☐ **No. 7** **1** She broke the camera.
         2 She erased all her photos.
         3 The photos' colors looked strange.
         4 The camera was too hard to use.

☐☐ **No. 8** **1** Redecorate his kitchen.
         2 Help some neighbors make things.
         3 Start his own business.
         4 Buy some new furniture.

☐☐ **No. 9** **1** He took her to her favorite restaurant.
         2 He helped Pamela join the party.
         3 He bought a plane ticket for her.
         4 He took her on a trip to California.

☐☐ **No. 10 1** By spending $30 on clothes.
         2 By paying with a credit card.
         3 By going to the furniture department.
         4 By applying for a credit card.

rest图 （the を付けて）残り   income图 収入   transportation图 輸送［交通］（機関）

NOTES

🔊))) 33～42

No. 1 解答 2

Everyone, as you know, our tennis club will be traveling to Brentwood College next month for a tournament. We could rent a bus, but it would save money if we drove. Therefore, we need three people with their own vehicles who could take the other members. Brentwood College is about 70 minutes away, and everyone could share the cost of gas. If you can do it, please talk to me after this practice.

Question: What does the speaker suggest the club members do?

□ vehicle　乗り物，車

□ gas　ガソリン

> 皆さん，ご存じのように，私達のテニスクラブは来月トーナメントに出場するためにブレントウッドカレッジへ遠征します。バスを借りることも可能ですが，自分達で車を運転すればお金の節約になるでしょう。そのため，車を持っていてほかのメンバーを乗せて行ってくれる人が3人必要です。ブレントウッドカレッジまではだいたい70分で，ガソリン代はみんなで分担してもいいですね。可能な人はこの練習の後に私に申し出てください。
>
> **質問：**話し手はクラブのメンバーに何をすることを勧めているか。
>   **1** バスでの移動のお金を払う。
>   **2** 運転手の役目を買って出る。
>   **3** トーナメントを企画するのを手伝う。
>   **4** 知らせをほかのメンバーに伝える。

□ volunteer
　　進んで引き受ける

解説 Therefore で始まる文で，we need ... who could take the other members「ほかのメンバーを乗せて行ってくれる人が必要だ」とある。この内容を全く別の語句を使って Volunteer as a driver. と表現している **2** が正解。このように，正解の選択肢では語句を大幅に言い換えて英文と同等の内容を表していることがある。また，英文に car という語は出てこないが，動詞 drove や名詞 vehicles から，車の運転が話題だと判断できる。

No. 2 解答 2

Welcome to the Strathroy Music Festival. We know that many of you were looking forward to the performance by Rebecca Sanders today. Unfortunately, however, it will be held tomorrow instead of today because she had a problem with her flight. Instead, you can enjoy the music of Franklin White on the Green Stage at 4 p.m. Also, please remember Katie Baldwin's show will begin in 10 minutes on the Main Stage.

Question: Why is this announcement being made?

> ストラスロイ音楽祭へようこそ。皆さんの多くは，今日のレベッカ・サンダースの公演を心待ちにしていたと承知しております。しかしながら，残念なことに，彼女が乗る飛行機の便に不具合があったため，公演は今日でなく明日行われます。その代わり，午後4時からグリーンステージでフランクリン・ホワイトの音楽をお楽しみいただけます。また，10分後にメインステージでケイティー・ボールドウィンのショーが始まることもどうぞお忘れなく。
>
> **質問：**このアナウンスはなぜ行われているか。
>   **1** 公演の1つがとりやめになったから。
>   **2** 本日予定されていた公演が延期されたから。
>   **3** 同じ音楽家による複数の公演があるから。
>   **4** 公演者の名前が訂正されたから。

解説 アナウンスの目的を問う問題。第2文の最後に the performance by Rebecca Sanders today とある。そして次の文は Unfortunately, however で始まり，公演が今日でなく明日行われると述べている。その内容を言い換えた **2** が正解。3人のミュージシャンについてそれぞれ何と言っているか区別して聞きとる必要があるが，細かなところまで聞きとれなくても要点を押さえるようにしよう。

12
日目

リスニング
2

No. 3 解答 4

OK, volunteers. The children will be here in about half an hour. Some of them may have brought their own book for the reading lesson, but you should also look for some before they arrive. Please find three or four books that you think an eight- or nine-year-old might enjoy. Be sure to choose some different topics because different children have very different tastes.

Question: What should the volunteers do next?

> それでは，ボランティアの皆さん。子供達は約30分後にここに来ます。中には読書レッスンのために自分の本を持ってくる子供もいるかもしれませんが，子供達が来る前に皆さんも何冊か探すといいでしょう。8歳児か9歳児が喜ぶと思われる本を3冊か4冊見つけてください。それぞれの子供は好みも実にさまざまなので，必ずいくつかの異なるテーマを選んでください。
> 質問：ボランティア達は次に何をするべきか。
> **1** 子供達に読書を始めるように言う。
> **2** 子供達を待つ。
> **3** 子供達の年齢を確かめる。
> **4** 本を探し始める。

解説 What should 〜 do next? の形で「次に何をするべきか」を問う質問。you should also look for some の部分から正解が分かる。この some は books のこと。正解の **4** では look for を類義の search for で言い換えている。**3** は英文に出てくる find という動詞を含んでおり，また英文の eight- or nine-year-old の部分は ages を連想させる。しかし **3** は英文の内容に一致しないので，語句だけで判断しないようにしよう。

No. 4 解答 1

Attention, teachers. Today, the girls' volleyball team is going to be playing in the city championships. If any of your students bought tickets to the game, they will be allowed to leave school at 12:15 p.m. Please make sure that they have a ticket before allowing them to leave. The game will be held at Parkdale High School on the other side of town, so the students will not be returning to classes.

Question: What are teachers asked to do?

> 教員にお知らせします。本日，女子のバレーボールチームは市の選手権大会に出場します。この試合のチケットを買った生徒がいれば，午後12時15分に学校を出ることが許可されます。生徒が下校するのを許可する前に，チケットを持っていることを確認してください。試合は町の反対側にあるパークデール高校で行われるので，生徒は授業に戻ってきません。
> 質問：教員は何をするよう求められているか。
> **1** 一部の生徒を早く下校させる。
> **2** バレーボールの試合に来る。
> **3** 試合のチケットを配る。
> **4** 生徒をパークデール高校へ連れていく。

□ give out 〜を配る

解説 第3文で，チケットを買った生徒は12時15分に学校を出られることが述べられている。そして Please make sure that they have a ticket before allowing them to leave. という文が続いている。これらの内容から **1** が正解。試合のチケットを持っている生徒，すなわち早く学校を出られる生徒のことを，**1** では some students「一部の生徒」と表現していることがポイント。また，英文で使われている〈allow + 人 + to do〉という構文を，**1** では同義の〈let + 人 + do〉の形で表している。

No. 5 解答 1

Students, we'll be starting our presentations on Monday. Your topics sound very interesting. Yesterday was our last day in the library, but if you need to do more research, the librarian can help you after school. We need to decide on the order of the presentations, so I'm going to walk around with a hat. Each group will take out one paper, and that will be the day and time of your presentation.

Question: What will be decided next?

> 生徒の皆さん，私達は月曜日にプレゼンテーションを始めます。皆さんのテーマはとても興味深く思われます。昨日が私達が図書館で過ごす最終日でしたが，もっと調べ物をする必要があれば，放課後に司書が皆さんを手伝うことができます。プレゼンテーションの順番を決めなければならないので，私が帽子を持って回ります。各グループが紙を1枚とり出し，それがプレゼンテーションの日付と時間になります。
>
> 質問：次に何が決められるか。
> **1** いつ彼らのプレゼンテーションがなされるか。
> **2** いつみんなが図書館へ行くか。
> **3** プレゼンテーションのテーマ。
> **4** プレゼンテーションのグループ。

解説 What will be decided next? の形で「次に何が決められるか」を問う質問。第4文に We need to decide on the order of the presentations と述べられている。そして最後の文の後半に that will be the day and time of your presentation「それがプレゼンテーションの日付と時間になる」とあることから，**1**が正解。the day and time を**1**では when で表している点に注意。

No. 6 解答 3

Last month, Nancy's grandfather moved into a retirement home. The staff is very kind, and his room has very nice decorations. However, he often complains about the quality of the meals. He told her that the food is often cooked too much. Last week, Nancy ate there, and she was surprised because everything tasted excellent. She hopes her grandfather will get used to the food soon.

Question: What did Nancy and her grandfather disagree about?

> 先月，ナンシーの祖父は老人ホームに入居した。職員はとても親切で，彼の部屋にはとても素敵な飾りつけがしてある。しかし，彼は食事の質のことでしょっちゅう不満を言っている。彼は彼女に，食事は火を通しすぎのことがよくあると言った。先週，ナンシーはそこで食事をして，どれも素晴らしい味だったので驚いた。彼女は，祖父が早くそこの食事に慣れることを願っている。
>
> 質問：ナンシーと祖父は何に関して意見が合わなかったか。
> **1** 職員の親切さ。
> **2** 昼食に何を食べるか。
> **3** 食べ物の質。
> **4** どのように彼の部屋を飾りつけるか。

解説 質問の disagree about「～に関して意見が合わない」の部分をしっかりと聞きとろう。However で始まる文で，祖父は the quality of the meals「食事の質」に不満があることが述べられている。一方，食事についてのナンシーの感想は，Last week で始まる文で everything tasted excellent と述べている。これらのことから，2人の意見が合わない点は**3**だと判断できる。

---

invention图 発明　　laptop图 ノートパソコン　　agency图 代理店

No. 7 解答 2

Last week, Wendy went to Hawaii. She borrowed her brother's expensive camera to take photos with. The camera was easier to use than she expected, and the colors of the photos were beautiful. The weather was wonderful and she took many pictures of sunsets on beaches and famous tourist attractions. However, on the last day, she accidentally deleted all the photos. Next time she goes on a trip, she will definitely be more careful.

Question: What was Wendy's problem?

> 先週，ウェンディーはハワイへ行った。彼女は写真を撮るために，兄の高価なカメラを借りた。そのカメラは思ったよりも使うのが簡単で，写真の色はきれいだった。天気は素晴らしく，浜辺での夕日や有名な観光名所の写真をたくさん撮った。ところが，最終日に，彼女はうっかりして写真をすべて削除してしまった。次に旅行へ行く際は，彼女は間違いなくもっと注意を払うだろう。
>
> 質問：ウェンディーの問題は何だったか。
> **1** 彼女はカメラを壊してしまった。
> **2** 彼女は写真をすべて消去してしまった。
> **3** 写真の色が奇妙に見えた。
> **4** カメラはあまりにも使いにくかった。

解説 What was ～'s problem?の形で「困っていることは何だったか」を問うタイプの質問。第3文以下で「カメラが使いやすい」，「写真の色がきれい」，「天気が素晴らしい」といった好ましい事柄が述べられている。それに続いてHoweverとあるので，次に好ましくない事柄が述べられると分かる。この部分にあるdeleted all the photosが**2**に相当する。逆接表現のHoweverがポイントとなる問題だ。delete→eraseという類義語による言い換えに注意。

No. 8 解答 3

Peter's hobby is making things out of wood. Many of his neighbors have seen the things that he made and asked him to make one for them. His chairs and tables are especially popular because of their beautiful designs. Recently, he has received so many orders that he does not have time for all of them. He has decided that he will quit his job next month and open a company that makes wooden furniture.

Question: What is one thing Peter is going to do next month?

> ピーターの趣味は木を使ったもの作りだ。近所の人達の多くが彼の作ったものを目にしたことがあり，自分にも作ってほしいと彼に頼んだ。彼が作るいすとテーブルはデザインが美しいので特に好評だ。このところ，彼はとても多くの注文を受けたので，それを全部作る時間がない。彼は来月仕事をやめて，木製家具を作る会社を始めることに決めた。
>
> 質問：ピーターが来月するつもりであることの1つは何か。
> **1** 台所を改装する。
> **2** 近所の人がものを作るのを手伝う。
> **3** 自分の会社を始める。
> **4** 新しい家具を買う。

解説 正解を得るための情報が，英文の最後の部分で述べられている問題。最後の文にhe will quit his job next month and open a company that makes wooden furnitureとあることから，**3**が正解だと分かる。英文中のopen a companyに相当する内容を，動詞も名詞も別の語に言い換えてStart his own business.と表現している点を見抜こう。

NOTES

□ delete　～を削除する

□ erase
　　～を消す，消去する

□ redecorate
　　～を改装する

No. 9 解答 **2**

Last week was Neil's grandmother's eightieth birthday. She and Neil live in California, and her sister, Pamela, lives in Hawaii. Neil invited his grandmother for a birthday party at a local restaurant. When his grandmother got there, Pamela was waiting for her in the restaurant. Neil had bought an airplane ticket for Pamela so that she could celebrate his grandmother's birthday with them. His grandmother said it was the best birthday surprise she had ever gotten.

Question: What is one thing Neil did for his grandmother?

> 先週はニールの祖母の80歳の誕生日だった。彼女とニールはカリフォルニアに住んでいて，祖母の妹のパメラはハワイに住んでいる。ニールは祖母を近所のレストランでの誕生日パーティーに招いた。祖母がレストランに着くと，そこではパメラが彼女を待っていた。パメラが祖母の誕生日を一緒にお祝いできるよう，ニールはパメラに航空券を買ってあげたのだった。祖母は今までで最高の誕生日のサプライズだと言った。
>
> **質問：** ニールが祖母のためにしたことの1つは何か。
>   **1** 彼は彼女のお気に入りのレストランへ彼女を連れていった。
>   **2** 彼はパメラがパーティーに参加するのに手を貸した。
>   **3** 彼は彼女に航空券を買ってあげた。
>   **4** 彼は彼女をカリフォルニア旅行へ連れていった。

解説 **3**のHe bought a plane ticket for her. は，Neil had bought an airplane ticket for Pamelaの部分に類似している。ただし，**3**にあるherは祖母を指すので内容は一致しない。引っ掛けの選択肢だ。一方，Neil had bought an airplane ticket for Pamela so that she could celebrate his grandmother's birthday with them. に相当する内容を，正解の**2**ではHe helped Pamela join the party. という大雑把な表現で言い換えている。このように，英文中の具体的な事柄を，正解の選択肢では大づかみの手短な表現に置き換えていることがあるので，注意が必要だ。

measure图（しばしばmeasuresで）措置　temperature图 温度　salary图 給料

95

□ fill out
～に（必要事項を）記入する

No. 10　解答　4

Welcome to Marshall's Department Store. Today, we're offering a $30 coupon that you can use on any item of clothing in the store. To get one, all you have to do is fill out an application for one of our store's credit cards. Just go to the East Entrance to sign up for this special offer. Also, don't forget that our 25 percent off sale in the furniture department will end today at 8 p.m.

Question: How can people get a coupon?

マーシャルズ百貨店へようこそお越しくださいました。本日は，店内のどの衣料品にも使える30ドルのクーポンをご提供しています。クーポンを手に入れるには，当店にあるいくつかのクレジットカードの1つについて，申込書に記入するだけで結構です。この特典に申し込むためには東エントランスへ行ってください。また，家具売り場の25パーセント引きセールは，本日の午後8時で終了することをお忘れなく。

質問：人々はどうすればクーポンを手に入れることができるか。
　　1　衣料品に30ドル使うことによって。
　　2　クレジットカードで支払うことによって。
　　3　家具売り場へ行くことによって。
　　4　クレジットカードを申し込むことによって。

解説　How can ～ get ...? の形で，あるものの入手方法を問う質問。第3文のTo get oneのoneはa couponのことで，fill out an application for one of our store's credit cardsの部分から正解は **4**。fill out an application for → apply for という言い換えがなされている。we're offering a $30 coupon that you can use on any item of clothing と述べられていることから，**1**に含まれる$30とclothesに目が行きがちだが，**1**はクーポンの入手方法ではない。

　creature 图 生き物　　direction 图 （通例 directions で）（行き方などの）指示　　crime 图 犯罪

応用編

13日目

▼

21日目

12日間で基礎固めができたら，後半は実戦的な実力を養成するさらにステップアップした問題にとり組みます。

最終日は本番と同じ分量・形式の模擬テストになっていますので，時間を計って挑戦しましょう。

短文の語句空所補充問題を攻略！④（単語）

今日の目標

接頭辞・接尾辞など単語の「パーツ」の意味を覚えると，単語の習得が容易になる。また，発音やスペリング・意味が似ていて紛らわしい語は，混同しないように覚えることが大切だ。似た意味を持つ類義語と，反対の意味を持つ反意語もまとめて覚えておきたい。

ポイント1　語の一部が共通する語に注意！

それぞれの「パーツ」の意味を知っていると単語の意味が覚えやすくなり，知らない単語が出てきても，文脈からある程度推測できることがある。

接頭辞が共通する語

□ **co-**「共同の，相互の」	coexist 共存する, combine ～を結合する, commercial 商業の，広告放送, commit [be committed で] 本気でとり組む, community 共同体
□ **en-**「～にする，～の中に入れる」	enable ～を可能にする, endure ～に耐える, enrich ～を豊富にする, enroll ～を入会させる
□ **ex-**「～から，～から外へ」 ※e-, es- となることもある	exclude ～を除外する, expand ～を拡大する, expense 支出，費用, export ～を輸出する，輸出, expose ～をさらす，露出する, express ～を表現する
□ **in-/im-**「中へ，内へ」	import ～を輸入する，輸入, improve ～を改善する, income 収入, influence 影響，～に影響を及ぼす, insert ～を差し込む
□ **in-/im-**「反対の，非～，不～」 ※in-/im-「中へ，内へ」とつづりが同じなので注意	inactive 活動的でない, individual 個人，個々の, ineffective 効果のない, invaluable 評価できないほど貴重な
□ **out-**「外へ（の），～より超えて」	outbreak 発生，勃発, outdoor 野外の, outgrow （衣類など）を着られなくなる, outnumber ～より数が多い, outstanding 傑出した
□ **over-**「越えて，渡って，上から」	overcome ～を克服する, overlook ～を見落とす, overseas 海外の，海外へ, overtake ～を追い抜く, overtime 時間外の [に]，時間外労働
□ **per-**「～を通して，完全に」	perfect 完璧な, permit ～を許可する, persuade ～を説得する
□ **pro-**「前へ，前の」	proceed 続行する，進行する, profit 利益, progress 前進，進歩, promise ～を約束する, promote ～を促進する，～を昇進させる, provide ～を供給する
□ **re-**「再び，後ろに，反対に」	recover 回復する, relief 救済, renewal 更新, resist ～に抵抗する, reveal （隠された物事）を明らかにする, reverse ～を逆にする, revise ～を変更する，修正する
□ **trans-**「越えて，横切って，別の状態に」	transaction とり引き, transform ～を変換する, translate ～を翻訳する, transport ～を輸送する

語根とは単語の基本的な意味を決定づける部分である。共通する語根を持つ単語はまとめて覚えておこう。

語根が共通する語	
☐ -form	inform ～に知らせる, perform ～を実行する, reform ～を改善する
☐ -lect	collect ～を集める, reflect ～を反射する, select ～を選ぶ
☐ -quire	acquire ～を獲得する, inquire ～を尋ねる, require ～を必要とする
☐ -stitute	constitute ～を構成する, institute ～を制定する, substitute ～を取り換える
☐ -volve	evolve 進化する, involve ～を含む, revolve 回転する

接尾辞で品詞を判断する

接尾辞は，基になる語の語尾につけて品詞を変えるものが大半である。

☐ 主に**名詞**を作る接尾辞　　-acy, -(s/t)ion, -ment, -nessなど
☐ 主に**形容詞**を作る接尾辞　-ive, -ial, -ous, -(t)icなど
☐ 主に**副詞**を作る接尾辞　　-lyなど

例えば，production（生産）という語を知らなかったとしても，動詞produce（～を生産する）の意味を知っていれば，この動詞に接尾辞の-tionがついた名詞だと推測でき，意味が理解できるだろう。

▶ポイント2 紛らわしい語に注意！

以下はそれぞれ発音，スペリング，意味などが似ていて紛らわしい語である。セットで覚えておき，混同しないようにしよう。

☐ **adapt** ～を適応させる
☐ **adopt** ～を採用する

☐ **affect** ～に影響する
☐ **effect** 影響, 結果

☐ **alternative** 代わりの, 選択肢
☐ **alternate** 交互の, 互い違いの

☐ **collect** ～を集める
☐ **correct** ～を訂正する

☐ **cooperation** 協力
☐ **corporation** 会社

☐ **council** 評議会, (地方)議会
☐ **counsel** 助言, 忠告

☐ **elect** (投票で)～を選ぶ
☐ **erect** ～を建設する, 立てる

☐ **except** ～を除いて, ～を除く, 除外する
☐ **expect** ～を予期する

☐ **expression** 表現
☐ **impression** 印象

☐ **flesh** (人・動物の)肉
☐ **fresh** 新鮮な

☐ **historic** 歴史的に有名な
☐ **historical** 歴史(上)の

☐ **industrious** 勤勉な
☐ **industrial** 産業の, 工業の

☐ **loyal** 忠実な
☐ **royal** 王の, 王室の

☐ **object** (感情・動作などの)対象, 物(体)
☐ **subject** 話題, 主題, 科目

☐ **personal** 個人の
☐ **personnel** 職員, 人事課

☐ **principle** (個人の)主義, 原理
☐ **principal** 校長, 主役, 最も重要な

☐ **respectable** 尊敬に値する, ちゃんとした
☐ **respective** それぞれの

☐ **shade** 陰, 日陰, 物陰(光の当たらない部分)
☐ **shadow** 影(人・物の影)

　反意語はセットで覚えよう。辞書で単語を調べる際，矢印などで反意語が示されていることがあるので，その場合は反意語にも注目しよう。

□ **absent**　不在の，欠席して
⇔ □ **present**　出席して，（ある場所に）いる

□ **active**　能動的な
⇔ □ **passive**　受動的な

□ **add**　～を加える，足す
⇔ □ **subtract**　～を減らす，差し引く

□ **approval**　賛成，是認
⇔ □ **objection**　反対，異議

□ **approximately**　およそ
⇔ □ **exactly**　正確に

□ **ancestor**　祖先，先祖
⇔ □ **descendant**　子孫

□ **arrive**　到着する，届く
⇔ □ **depart**　出発する

□ **ascend**　上がる，登る
⇔ □ **descend**　降りる，下る

□ **attack**　～を攻撃する
⇔ □ **defend**　～を守る，防御する

□ **construction**　建設
⇔ □ **destruction**　解体，破壊

□ **guilty**　有罪の
⇔ □ **innocent**　無実の

□ **former**　前の，前者の
⇔ □ **latter**　後者の，後半の

□ **horizontal**　水平の
⇔ □ **vertical**　垂直な

□ **increase**　増える，～を増やす，増加
⇔ □ **decrease**　減る，～を減らす，減少

□ **liquid**　液体（の）
⇔ □ **solid**　固体（の）

□ **narrow**　（幅の）狭い
⇔ □ **wide**　（幅の）広い

□ **negative**　消極的な，否定的な
⇔ □ **positive**　積極的な，肯定的な

□ **optimism**　楽観主義
⇔ □ **pessimism**　悲観主義

□ **partial**　部分的な
⇔ □ **total**　全体的な

□ **permanent**　永久の
⇔ □ **temporary**　一時的な

□ **physical**　身体の，肉体の
⇔ □ **mental**　心の，精神の

□ **predecessor**　前任者
⇔ □ **successor**　後継者

□ **private**　個人的な，私的な
⇔ □ **public**　公的な，公の

□ **quality**　質
⇔ □ **quantity**　量

□ **rough**　粗い
⇔ □ **smooth**　なめらかな

□ **rural**　田舎の
⇔ □ **urban**　都会の

□ **sharp**　鋭い
⇔ □ **blunt**　鈍い

□ **vice**　悪，悪徳
⇔ □ **virtue**　美徳

品詞によって異なる意味を持つ単語も多い。文全体から単語の品詞を判断して，どの意味で使われているかを見分けられるようにしよう。

☐ **book**
動詞の意味：〜を予約する
名詞の意味：本

☐ **mean**
動詞の意味：〜を意味する
形容詞の意味：意地悪な

☐ **desert**
動詞の意味[dɪzə́ːrt]：〜を見捨てる
名詞の意味[dézərt]：砂漠

☐ **object**
動詞の意味[əbdʒékt]：反対する，異議をとなえる
名詞の意味[á(ː)bdʒekt]：（感情・動作などの）対象，
物（体）

☐ **face**
動詞の意味：〜に直面する，〜の方を向く
名詞の意味：顔

☐ **order**
動詞の意味：〜を注文する，〜を命令する
名詞の意味：順番，秩序

☐ **figure**
動詞の意味：〜と考える
名詞の意味：図，数

☐ **patient**
形容詞の意味：我慢強い
名詞の意味：患者

☐ **fire**
動詞の意味：〜を解雇する
名詞の意味：火，火事

☐ **present**
動詞の意味[prɪzént]：〜を贈呈する，〜を提示する
名詞の意味[prézənt]：贈り物
形容詞の意味[prézənt]：出席して，現在の
名詞の意味[prézənt]：現在

☐ **free**
動詞の意味：〜を解放する
形容詞の意味：自由な，無料の

☐ **produce**
動詞の意味[prədjúːs]：〜を生産する
名詞の意味[próʊdjuːs]：（農）産物

☐ **head**
動詞の意味：〜の先頭に立つ，（〜に向かって）進む
名詞の意味：頭

☐ **train**
動詞の意味：〜を訓練する，トレーニングする
名詞の意味：列車

次のページからは練習問題。ここで学んだことを使って問題を解いてみよう！

harmful形 有害な　convenient形 都合のいい　global形 地球全体の

次の(1)から(21)までの（　　　　）に入れるのに最も適切なものを1，2，3，4の中から一つ選びなさい。

☐☐ **(1)** I didn't think that even the sumo wrestlers could finish such a large (　　　　) of food and so I was surprised to see them eat it all.

1 flavor **2** distance **3** quantity **4** quality

☐☐ **(2)** The discovery of the shellfish and fishbone fossils was (　　　　) that the area had once been under the sea.

1 evidence **2** instance **3** incident **4** evolution

☐☐ **(3)** Although the hotel was expensive, Heather decided to stay there. The only (　　　　) was a dirty-looking hotel far from the station, and it seemed terrible.

1 sculpture **2** alternative **3** definition **4** explosion

☐☐ **(4)** Hiroshi had trouble understanding classes when he entered a university in the United States, but his English skills have greatly (　　　　) over the last six months.

1 influenced **2** contributed **3** improved **4** survived

☐☐ **(5)** He (　　　　) the one-way traffic sign and received a warning from a police officer.

1 overlooked **2** overtook **3** underwent **4** noticed

☐☐ **(6)** William Shakespeare's works are widely known around the world, but not his private life. There is (　　　　) any records of how he lived and died.

1 hardly **2** nearly **3** narrowly **4** mostly

☐☐ **(7)** Even though the government says that the economy has been getting better, there are still many young people who do not have enough (　　　　) to pay rent and support a family.

1 income **2** outcome **3** majority **4** liquid

解答・解説

(1) 解答 **3**

たとえ相撲の力士でもそれほど大量の食べ物を食べきれるとは思わなかったので，彼らがそれをすべて食べたのを見て私は驚いた。

解説 「私が驚いた」のは，相撲の力士達でも食べきれると思わなかった「大量の食べ物」を，実際に彼らが食べたからだと推測できる。quantity「量」はquality「質」とセットで覚えたい。空所前のlarge, 空所後のof foodとのつながりもヒントになる。flavor「風味」, distance「距離」

□ sumo wrestler
力士，相撲取り

(2) 解答 **1**

貝と魚の骨の化石が発見されたことは，その地域がかつて海中にあったことの<u>証拠</u>だった。

解説 「貝と魚の骨の化石の発見」と「その地域がかつて海中にあった」という内容の関係を考えよう。前者は後者のevidence「証拠」だと判断できる。instance「実例」, incident「出来事，事件」, evolution「進化」

□ shellfish
貝，甲殻類の動物
□ fossil 化石

(3) 解答 **2**

そのホテルは料金が高かったが，ヘザーはそこに泊まることに決めた。唯一の<u>代替案</u>は駅から遠くにある汚らしいホテルで，それはひどいように思われたのだ。

解説 1文目で高いホテルに泊まることを述べ，2文目では汚らしいホテルに言及している。空所にはalternative「選択肢，代替物」が適切。動詞のalter「〜を変える，改める」と関連づけて覚えよう。sculpture「彫像」, definition「定義」, explosion「爆発」

(4) 解答 **3**

ヒロシはアメリカの大学に入学したときは授業を理解するのが困難だったが，これまでの6カ月間で彼の英語力は大いに<u>向上した</u>。

解説 カンマ以下の部分はbutで始まるので，前半部分と対比的な内容が述べられると分かる。したがって，空所にはプラスイメージを持つ語が入ると考えられ，この文脈ではimproved「改善した，向上した」がふさわしい。influence「〜に影響を与える」, contribute「寄与する」, survive「生き残る」

(5) 解答 **1**

彼は一方通行の標識を<u>見落として</u>，警察官に警告された。

解説 overlookは「〜を見落とす，見すごす」という意味。「標識を見落とした」というのは警官に警告された理由として適切だ。overtake「〜を追い抜く，追い越す」, undergo「（変化・不快なことなど）を経験する」, notice「〜に気づく，注目する」

(6) 解答 **1**

ウィリアム・シェイクスピアの作品は世界中に広く知られているが，彼の私生活についてはそうではない。彼がどのように生き，そして死んだのかの記録は<u>ほとんど存在しない</u>。

解説 hardlyは数量・程度を表して「ほとんど〜ない」の意味の準否定語。scarcelyもほぼ同じ意味。形容詞・副詞のhardと副詞hardlyとの違いを押さえておこう。nearly「ほとんど，もう少しで」, narrowly「かろうじて，やっと」, mostly「主として，大部分は」

(7) 解答 **1**

経済はよくなってきていると政府は言っているものの，家賃を払い家族を養えるだけの<u>収入</u>がない若者がまだ多くいる。

解説 文末にあるpay rent and support a familyの部分から，空所にはincome「収入」が適切だと判断できる。〈in + come〉「中に来る（もの）」→「収入」という成り立ちの語だ。outcomeは〈out + come〉「外に来る（もの）」→「結果」という意味。majority「大多数」, liquid「液体」

□□ **(8)** The new process of scanning the products with a special camera has (   ) the need for checking the products by hand.

1 enrolled   **2** engaged   **3** eliminated   **4** enlightened

□□ **(9)** As there is no Internet access or even telephones available in the village in the jungle, sending a letter by post is the only (   ) for Michelle to contact people in her home country.

1 survey   **2** vehicle   **3** agent   **4** means

□□ **(10)** River City had the heaviest snowfall in a decade this week. The weight of the snow on the roof caused some houses to (   ).

1 bankrupt   **2** collapse   **3** decay   **4** drift

□□ **(11)** The Marketing Department has often had problems with their employees working excessive overtime. Today, the employees were (   ) again by their boss to finish the work on time.

1 regretted   **2** retarded   **3** resigned   **4** required

□□ **(12)** The volunteers had a long (   ) about how to get people to attend the charity event.

1 instrument   **2** argument   **3** appointment   **4** armament

□□ **(13)** The photographer took a picture at the (   ) moment when the rocket exploded.

1 concise   **2** precise   **3** vague   **4** active

□□ **(14)** Jonathan has been feeling down since the death of his grandmother because she was his only living (   ). He is an only child and so were his parents.

1 institute   **2** physician   **3** relationship   **4** relative

frequent形 頻繁な   surprising形 驚くべき   regularly副 定期的に

(8) 解答 **3**

特別なカメラで製品をスキャンするという新しい工程のおかげで，手作業で製品を検査する必要がなくなった。

解説 eliminateは「～を除去する，削除する」の意味で，語頭のe-は「外へ」の意味を持つ接頭辞ex-の変形。enroll「(人)を入会させる」，engage「(人)を従事させる」，enlighten「(人)を啓発する」に含まれるen-および-enは，名詞・形容詞に付いて「～にする」という意味の動詞を作る。

(9) 解答 **4**

ジャングルにあるその村にはインターネット回線はおろか電話すらもないので，郵便で手紙を送ることが，ミッシェルが母国の人々と連絡をとる唯一の**手段**だ。

解説 meansは「手段」を表す単複同形の名詞。mean「～を意味する」の名詞形はmeaning「意味」なので注意。survey「調査」，vehicle「乗り物」，agent「代理人」

(10) 解答 **2**

今週，リバー市にこの10年で一番の大雪が降った。屋根の上の雪の重みで数軒の家が**倒壊した**。

解説 「屋根の上の雪の重み」と「数軒の家」との関係を考えると，collapse「(建物などが)倒壊する」が適切。bankrupt「(人・会社など)を破産させる」，decay「腐る」，drift「漂う」

(11) 解答 **4**

マーケティング部では，過度の残業をする従業員がしばしば問題になってきた。今日，従業員は上司から時間通りに仕事を終えるよう再度**求められ**た。

解説 be required to *do*で「～するよう要求される」の意味。regret「～を後悔する，遺憾に思う」，retard「～を遅らせる，妨げる」，resign「辞任する，～を辞職する」

(12) 解答 **2**

ボランティア達は，どうやって人々にその慈善イベントに参加してもらうかについて長時間**議論**した。

解説 空所後のabout以下の内容からargument「議論，論争」が適切。instrument「(精密な)器械，機器」，appointment「(日時・場所を決めて会う)約束，(医者などの)予約」，armament「軍備，武装」

(13) 解答 **2**

その写真家はロケットが爆発した**まさにその**瞬間をとらえた。

解説 空所後のmoment「瞬間」を修飾する形容詞はprecise「まさにその，正確な」が適切。語尾の形が共通のconcise「簡潔な，簡明な」と混同しないようにしたい。vague「(言葉・意味・考えなどが)あいまいな，漠然とした」，active「活動的な，積極的な」(⇔ passive「受動的な，不活発な」)

(14) 解答 **4**

祖母が生きている唯一の**肉親**だったので，彼女が死んでからというもの，ジョナサンはずっと気を落としている。彼は一人っ子で，また彼の両親もそうだったのだ。

解説 2文目の内容から，祖母が唯一のrelative「肉親，親類」だったと推測できる。relativeは〈動詞relate「～を関連づける」＋ -ive（形容詞を作る接尾辞）〉という成り立ちで，「比較上の，相対的な，関係のある」の意味の形容詞。そこから名詞として「親類」も表すようになった。**3**のrelationship「関係」は〈relate ＋ -ion（名詞を作る接尾辞）＋ -ship（抽象名詞を作る接尾辞）〉という成り立ちである。institute「協会，研究所」，physician「内科医」

lately圖 近ごろ　immediately圖 直ちに　furthermore圖 その上　　105

(15) Jasmine has been trying to (   ) her fear of public speaking. She has been volunteering to make some presentations at work, and this has helped her a lot.

1 expand   **2** overcome   **3** insert   **4** surround

(16) After being sick for more than a week, Peter is finally starting to (   ). He hopes he will be able to go back to work tomorrow.

1 recover   **2** promise   **3** evolve   **4** disagree

(17) *A:* Melanie, you heard that there's going to be a special meeting of the volleyball club tomorrow, right?

B: Actually, I didn't. Thanks so much for (   ) me.

1 inquiring   **2** requiring   **3** informing   **4** reforming

(18) Scott asked his parents for (   ) to use the car on Friday night. His father said that it was OK to use it, but that he had to pay for the gas he used.

1 admiration   **2** permission   **3** stimulation   **4** retirement

(19) At first, her boss had some (   ) to Emma's idea. However, after they had discussed it for about 30 minutes, he realized that there was no reason not to try it.

1 objections   **2** revolutions   **3** contributions   **4** exhibitions

(20) David comes from a very (   ) family. Everyone knows that he and his brothers and sisters are some of the most honest, hardworking people in town.

1 respective   **2** respectable   **3** electric   **4** electronic

(21) The northeast part of the city is mainly known as an (   ) area. There are quite a few factories there, and not many houses.

1 extensive   **2** extinct   **3** industrial   **4** industrious

unfortunately圖 不運にも   downtown圖 町の中心部へ[で]   despite圙 ～にもかかわらず

NOTES

13
日目

筆記
1

(15) 解答 2

ジャスミンは人前で話すことへの恐怖感を克服しようと努力を続けている。彼女は職場でプレゼンテーションをすることを自発的に申し出ていて，これは大いに彼女の役に立っている。

解説 目的語のher fearと結びつく動詞はovercome「～を克服する」。接頭辞over- が持つ「越えて，上から」のニュアンスを意識して覚えよう。expand「～を広げる」，insert「～を挿入する」，surround「～を取り囲む」

□ volunteer to do
　～しようと自発的に申し出る

(16) 解答 1

ピーターは1週間以上も病気だったが，ようやく回復し始めた。彼は明日仕事に復帰できることを望んでいる。

解説 After being sick ...との意味的なつながりから，recover「回復する」が適切。このre-は「再び」という意味を持つことを押さえておくと，recoverの意味を覚えやすい。promise「約束する」，evolve「進化する」，disagree「反対する」

(17) 解答 3

A: メラニー，明日バレーボール部の特別ミーティングがあることを聞いたよね？
B: 実は聞いていなかったわ。私に知らせてくれてどうもありがとう。

解説 Bは明日のミーティングのことを聞いていなかったので，空所にはinform「～に知らせる」がふさわしい。この文のように，informは目的語に「人」をとる。〈in（中に）＋ form（形作る）〉という構成の語だ。名詞形のinformation「情報」と関連づけて覚えよう。inquire「～を尋ねる」，require「～を必要とする」，reform「～を改善する」

(18) 解答 2

スコットは両親に，金曜日の夜に車を使わせてほしいと頼んだ。父親は，車を使うのはかまわないが，使ったガソリンの代金を払うようにと言った。

解説 空所にpermission「許可」を入れて，〈ask ＋ 人 ＋ for permission to do〉「人に～する許可を求める」という文にする。動詞形のpermit「～を許可する」とあわせて覚えておきたい。admiration「称賛」，stimulation「刺激」，retirement「退職」

(19) 解答 1

最初，エマの上司は彼女の案にいくらか反対だった。しかし，およそ30分間それについて話し合うと，彼はそれを試してみない理由は何もないと気づいた。

解説 objectionは「反対，異議」の意味で，objection toで「～に対する反対」を表す。動詞形のobjectもobject to「～に反対する」の形で使う。なお，**3**のcontribution「寄付（金），寄贈（品）」もcontribution to「～への寄付」の形で使われるが，この文の空所には不適。revolution「革命」，exhibition「展覧会，展示会」

(20) 解答 2

デイビッドはとても立派な家系の出だ。彼と彼の兄弟姉妹が町で最も誠実で勤勉な人に数えられることは，誰もが知るところだ。

解説 2文目の内容から，空所にはrespectable「尊敬に値する，立派な」が入る。respect「尊敬，～を尊敬する」に接尾辞の-able「～できる」がついた語だ。つづりが似ているrespective「それぞれの」と混同しやすいので，区別して覚えよう。electric「電気の」とelectronic「電子の，電子工学の」もセットで覚えておきたい。

(21) 解答 3

その市の北東部は主に工業地帯として知られている。そこにはかなり多くの工場があり，住宅はあまりない。

解説 2文目からその地域には多くの工場があると分かるので，空所の後のareaと適切に結びつくのはindustrial「産業の，工業の」。industry「産業，工業」の形容詞形だ。industryから派生した形容詞は，ほかにindustrious「勤勉な」がある。この2つの形容詞をしっかりと区別しよう。また，extensive「広大な」とextinct「絶滅した」なども混同しないように注意が必要。

□ quite a few
　かなり多数の

complain **動** 不平を言う　　decorate **動** を飾る　　preserve **動** を保存する

短文の語句空所補充問題を攻略！⑤（熟語）

今日の
目　標

ここでは頻出熟語をリストアップする。以下に挙げる以外の熟語についても，問題を解いたり英文を読んだりする中で目にしたものを，1つ1つ覚えるようにしよう。

▶ ポイント1 　句動詞とそのほかの熟語動詞を覚えよう！

句動詞

☐ **break down** 　故障する	☐ **put out** 　（火など）を消す
☐ **count on** 　〜を当てにする	☐ **set off** 　出発する
☐ **drop by** 　（〜に）立ち寄る	☐ **set up** 　〜を設立する
☐ **drop in** 　立ち寄る	☐ **show up** 　現れる
☐ **fall on** 　（光線・視線などが）〜に落ちる	☐ **stay up** 　寝ずに起きている
☐ **figure out** 　〜を理解する	☐ **turn up** 　（人が）現れる，不意に起こる
☐ **fill out** 　（書類）に記入する	☐ **work out** 　（問題など）を解決する，解く
☐ **go through** 　（苦難など）を経験する	☐ **catch up with** 　〜に追いつく
☐ **hand in** 　〜を提出する	☐ **come up with** 　〜を思いつく
☐ **hang on** 　電話を切らずに待つ，しがみつく	☐ **cut down on** 　（数量など）を減らす
☐ **hang up** 　電話を切る	☐ **keep up with** 　〜に（遅れずに）ついていく
☐ **put aside** 　〜を脇に置く，〜を蓄える	☐ **make up for** 　〜の埋め合わせをする

そのほかの熟語動詞

☐ **come true** 　実現する	☐ **lose** *one's* **temper** 　かんしゃくを起こす
☐ **do harm** 　害を与える	☐ **run short of** 　（物・金など）を切らす，〜が不足する
☐ **get rid of** 　〜を取り除く	☐ **take a nap** 　うたた寝する，昼寝する
☐ **keep an eye on** 　〜から目を離さない	☐ **take account of** 　〜を考慮する

ポイント2 ▶ 副詞の働きをする熟語を覚えよう！

□ after all　結局は

□ as usual　いつものように

□ at all costs　どんな犠牲を払っても，ぜひとも

□ at present　現在，目下

□ at random　無作為に

□ by and large　全般的に，大体において

□ by chance　偶然に

□ for good　永久に，いつまでも

□ in addition　さらに，その上

□ in advance　前もって，あらかじめ

□ in detail　詳細に

□ in general　一般に

□ in particular　特に

□ in person　直接，じかに

□ in the first place　第一に，まず初めに

□ in the long run　長い目で見れば，結局は

□ in turn　順番に，交替で

□ later on　後で

□ much less　なおさら～ない

□ on purpose　わざと，故意に

□ so far　今までのところ

□ to some extent　ある程度

ポイント3 ▶ 前置詞の働きをする熟語を覚えよう！

□ as to　～については

□ by [in] comparison with　～と比べると

□ by means of　～を用いて，～によって

□ by way of　～経由で

□ in charge of　～を担当 [管理] して

□ in honor of　～に敬意を表して

□ on behalf of　～を代表して，～に代わって

□ owing to　～のために (原因)

ポイント4 ▶ 〈be＋形容詞＋前置詞〉の形の熟語を覚えよう！

□ be acquainted with　～と知り合いである，～に精通している

□ be concerned about　～について心配している

□ be conscious of　～を意識している，～に気づいている

□ be engaged in　～に従事している

□ be equipped with　～を備えている

□ be equivalent to　～に等しい，～に相当する

□ be fed up with　～にうんざりしている

□ be fit for, be suitable for　～に適している，～にふさわしい

□ be ignorant of　～を知らない

□ be responsible for　～に責任がある

□ be subject to　～になりやすい，～を受けやすい

□ be used to, be accustomed to　～に慣れている (toの後は名詞または動名詞)

　なお，beでなく get [become] acquainted with 「～を知るようになる」，get [become] used to 「～に慣れる」のような形で使われることもある。

　次のページからは練習問題。ここで学んだことを使って問題を解いてみよう！

次の(1)から(21)までの (　　　) に入れるのに最も適切なものを1，2，3，4の中から一つ選びなさい。

☐☐ **(1)** Although some small points needed to be corrected, the report written by Linda was (　　　) very well done.

　1 in vain　　　**2** by and large　　**3** at random　　**4** for free

☐☐ **(2)** *A:* It's been raining day after day, hasn't it?

　B: Yes, I'm (　　　) up with it. I feel like I haven't seen the sun in a week.

　1 fed　　　　**2** tired　　　**3** bored　　　**4** sick

☐☐ **(3)** Dean hurt his leg just two days before the tournament. As a result, no one expected him to play in the tournament, much (　　　) get first place.

　1 more　　　　**2** greater　　**3** less　　　**4** fewer

☐☐ **(4)** Fiona's boss says she is the best worker in the section. In (　　　) with her co-workers, Fiona has shown that she is much more hardworking and intelligent.

　1 comparison　**2** corporation　**3** exception　**4** objection

☐☐ **(5)** Even though we made an appointment at six o'clock, Lisa did not (　　　) until seven. I had to wait for an hour in the cold winter air.

　1 show up　　　**2** stand by　　**3** take place　　**4** go about

☐☐ **(6)** Alex has to work very hard today to make (　　　) for the time he wasted. Yesterday, he fell asleep at his desk during his morning break and didn't wake up until lunchtime.

　1 up　　　　**2** out　　　**3** off　　　**4** away

☐☐ **(7)** Mariko did not take a direct flight to London but flew there (　　　) of Hong Kong. It took longer but the ticket was much cheaper.

　1 in turn　　　**2** by way　　**3** on account　　**4** with regard

---

estimate 動 を見積もる　　suppose 動 （be supposed to *do* で）～することになっている　　request 動 を頼む

(1) 　解答 2

いくつか小さな修正をすべき点はあったものの，リンダの書いたレポートは<u>全体としてとてもよくできていた。</u>

解説 by and large「全般的に」が適切。on the whole もほぼ同じ意味。in vain「無駄に，効果なく」，at random「無作為に」，for free「無料で」

(2) 　解答 1

A: 毎日毎日よく雨が降るね。
B: ええ，**うんざり**だわ。1週間も太陽を見ていないような気がするわ。

解説 be fed up with で「〜に飽き飽きしている，〜にうんざりしている」という意味。ほかの選択肢は be tired of，be bored with，be sick of で「〜にうんざりしている」を表し，空所後の up とつながらない。

(3) 　解答 3

ディーンはトーナメントのわずか2日前に脚をけがした。その結果，彼がトーナメントでプレーするとは誰も思っておらず，**まして**1位になるとは思いもよらな<u>かった。</u>

解説 much less は否定文に付け加えて「まして〜でない，なおさら〜でない」の意味を表す。この文では主語が no one という否定の内容の語句である。still less も much less と同じ意味。

(4) 　解答 1

フィオナの上司は，彼女は部署の中で最も優秀な従業員だと言っている。同僚達<u>と比べて</u>，フィオナは彼女がはるかに勤勉で知的だということを示してきた。

解説 空所の前後にある In および with と結びつくのは comparison「比較」。動詞 compare「〜を比較する」の名詞形だ。in comparison with で「〜と比べると」の意味になり，(as) compared with と同じ意味。corporation「株式会社，大企業」，exception「例外」，objection「反対」

(5) 　解答 1

6時に会う約束をしたにもかかわらず，リサは7時になるまで<u>姿を現さ</u>なかった。私は冷たい冬の空気の中で1時間待たなければならなかった。

解説 2文目の内容から，リサは約束の時間を過ぎても来なかったことが分かり，空所には show up「現れる」が適切。stand by「待機する，〜のそばに立つ」，take place「起こる」，go about「歩き回る，（うわさなどが）広まる」

(6) 　解答 1

アレックスは無駄にした時間<u>を取り戻す</u>ために，今日はかなりみっちり働かなければならない。昨日，午前の休憩時間に机で眠ってしまい，<u>昼休みまで目を覚ま</u>さなかったのだ。

解説 make up for で「（損失など）を埋め合わせる，補う」。compensate for もほぼ同じ意味。

(7) 　解答 2

マリコはロンドンまで直行便に乗らず，<u>香港経由で</u>行った。時間はよりかかったが，航空券ははるかに安かった。

解説 直行便（direct flight）に乗らなかったと言っているので，by way of「〜経由で」とするのが適切。**3**も空所後にある of と結びつくが，on account of は「〜のせいで」の意味なので文脈に合わない。in turn「順番に，交替で」，with regard to「〜に関して」

---

advertise 動 を宣伝[広告]する　　marry 動 と結婚する　　separate 動 を離す

□□ **(8)** We have discussed the business agreement many times on the phone and by email, but I need to visit Mr. Chapman to meet him in (　　　) and talk about the details.

1 charge　　　　**2** person　　　　**3** time　　　　**4** short

□□ **(9)** *A:* I heard you've started cycling to work, Mana.

　　　B: Yes, I think in the long (　　　) it should improve my physical strength. Besides, it's nice to get some fresh air and sunshine.

1 data　　　　**2** run　　　　**3** flight　　　　**4** mile

□□ **(10)** You have to get (　　　) of the habit of smoking if you really care about your health.

1 touch　　　　**2** hung　　　　**3** close　　　　**4** rid

□□ **(11)** Yutaka's older brother is very good at math. This week, he has been helping Yutaka to get (　　　) for an important math exam.

1 hit　　　　**2** prepared　　　　**3** hired　　　　**4** divorced

□□ **(12)** Although Sam ran as fast as he could, he could not (　　　) up with his big sister. He wished his legs were longer so that he could run as fast as she did.

1 make　　　　**2** speed　　　　**3** let　　　　**4** keep

□□ **(13)** *A:* Andrea, you've been very busy with the new projects lately. I think I can help you a little next week.

　　　B: Thank you for your kind offer. I'm counting (　　　) you.

1 on　　　　**2** for　　　　**3** at　　　　**4** in

□□ **(14)** Too much discipline will do more (　　　) than good to children. They could become passive in everything for fear of being scolded.

1 effect　　　　**2** illness　　　　**3** harm　　　　**4** result

search動 （場所などを）探す　　click動 （を）クリックする　　release動 を放つ

解答・解説

14
日目

筆記
1

(8) 解答 **2**

私達はそのビジネス契約について電話やEメールで何度も協議してきたが，チャップマン氏を訪ねて直接会い，その詳細を話し合う必要がある。

解説 電話やEメールでのやりとりを重ねたことが述べられ，次にbutがあることから，チャップマン氏と「直接」会うと展開するのが自然。in personは「直接会って，じかに」の意味。in charge「担当して」，in time「間に合って」，in short「要するに」

(9) 解答 **2**

A: 君は自転車通勤を始めたんだってね，マナ。

B: そうなの，長い目で見ればそれは体力の向上につながるに違いないと思ってるのよ。それに，新鮮な空気を吸って日の光を浴びるのは気持ちいいわ。

解説 in the long runで「長い目で見れば」の意味。ほかの選択肢はin the long ～の形では意味をなさない。

(10) 解答 **4**

健康のことを本気で考えるのなら，あなたは喫煙の習慣を絶たなければなりません。

解説 get rid ofで「（望ましくないもの）を取り除く，追い払う」の意味。

(11) 解答 **2**

ユタカの兄は数学が大の得意だ。今週，彼はユタカが大事な数学の試験の準備をするのをずっと手伝っている。

解説 空所の後にあるforがヒントになる。be prepared forで「～の準備ができている」の意味。この文ではbeの代わりにgetが使われていて，「～の準備をする」を表す。get hit「（車に）はねられる」，get hired「雇われる」，get divorced「離婚する」はfor以下の内容と適切に結びつかない。

(12) 解答 **4**

サムはできる限り速く走ったが，姉についていくことができなかった。彼は姉と同じ速さで走れるように脚がもっと長かったらいいのにと思った。

解説 keep up withで「～に（遅れずに）ついていく」の意味。make up with「～と仲直りする」。speed up「スピードを上げる，速度を増す」とlet up「（痛みや雨などが）弱まる，やむ」はwithと結びつかない。

(13) 解答 **1**

A: アンドレア，君はこのところ新しいプロジェクトでかなり忙しいよね。来週になったら少しは手伝えると思うよ。

B: 親切にありがとう。当てにしているわ。

解説 count on [upon]で「～に頼る，～を当てにする」の意味。count for「～の価値がある」，count in「～を勘定に入れる，（人）を仲間に加える」。atはcountと結びつかない。

(14) 解答 **3**

しつけが厳しすぎると，子供のためになるどころかかえってよくない。子供は叱られることを恐れて，何事にも消極的になる可能性がある。

□ discipline　しつけ

解説 do harmで「害をなす」の意味。do goodは「ためになる，役に立つ」を表す。do more harm than goodは「有害無益である」の意味の定型表現なので，丸ごと覚えておこう。effect「影響，効果」，illness「病気」，result「結果」はdoと結びつかない。

□□ **(15)** Paul wanted to ( ) a nap, but he was worried he would sleep for a long time, so he asked his wife to wake him up in about 30 minutes.

1 rest **2** make **3** take **4** throw

□□ **(16)** When Laura and Tom got to the movie theater, there were no tickets left. They realized they should have bought some ( ).

1 at random **2** so far **3** in general **4** in advance

□□ **(17)** Richard was sent to work in Thailand for six months. However, he liked it so much that he decided to stay there ( ). He has now lived there for 20 years.

1 for good **2** by chance **3** in particular **4** in detail

□□ **(18)** Last year, James bought the latest smartphone at the time. James was surprised when a friend of his said that the phone is already ( ) yesterday.

1 over the edge **2** all the way **3** out of date **4** at one time

□□ **(19)** At first, Sandra thought the food in Mexico was too spicy. However, now that she has lived there for a year, she has become ( ) to it.

1 accustomed **2** conscious **3** ordinary **4** attractive

□□ **(20)** *A:* Do you think we'll be able to go camping this weekend, honey?

B: I don't know. I'm getting ( ) about the weather. There's a 60 percent chance of rain on Saturday.

1 embarrassed **2** concerned **3** serious **4** positive

□□ **(21)** ( ) with your request, we have sent you the cost estimate along with the brochures of our products. Please let us know if you need anything else.

1 By means **2** By comparison
3 In charge **4** In accordance

recognize動 を見分ける   delay動 を遅らせる   transport動 を輸送する

(15) （解答） 3

ポールは昼寝をしたかったが，長い時間寝てしまうのではないかと心配だったので，30分ほどしたら起こしてくれるよう妻に頼んだ。

（解説） nap「昼寝，うたた寝」はtake a napで「昼寝をする」の意味になる。have a nap も同じ意味。

(16) （解答） 4

ローラとトムが映画館に着いたとき，チケットはもう残っていなかった。彼らはそれを前もって買っておくべきだったと気づいた。

（解説） there were no tickets left「チケットはもう残っていなかった」という状況から，空所には in advance「前もって，あらかじめ」が適切。at random「無作為に」，so far「今までのところ」，in general「一般に」

(17) （解答） 1

リチャードはタイで6カ月仕事をするために派遣された。しかし，彼はタイがとても気に入ったので，ずっとそこにとどまることに決めた。彼は今ではそこに住んで20年になる。

（解説） for six monthsや for 20 yearsという「期間」を表す語句があることから，空所にも「期間」に関する表現が入ると考えられる。for good「永久に，ずっと」が適切。by chance「偶然に，たまたま」，in particular「特に」，in detail「詳細に」

(18) （解答） 3

去年，ジェームズは当時最新のスマートフォンを買った。友人の1人が昨日，そのスマートフォンはもう時代遅れだと言ったので，ジェームズは驚いた。

（解説） 2文目の冒頭に James was surprisedとあるので，when以下では1文目の内容に反するような事柄が述べられていると考えられる。空所には1文目の the latest「最新の」と対を成す out of date「時代遅れで〔の〕」が適切。over the edge「気が変になって」，all the way「ずっと，はるばる」，at one time「かつて，以前は」

(19) （解答） 1

最初，サンドラはメキシコの食べ物は香辛料が利きすぎていると思った。しかし，今ではそこに住んで1年になるので，彼女はそれに慣れた。

（解説） 空所の後に toがあることに着目する。be accustomed toで「～に慣れている」を表し，become accustomed toで「～に慣れる」の意味になる。4の attractive「魅力的な」は attractive toで「～を引きつける，～の興味をそそる」の意味になるが，文意に合わない。consciousは be conscious of「～を意識している，～に気づいている」の形で使う。ordinary「普通の，通常の」

(20) （解答） 2

A: 私達，今度の週末キャンプに行けると思う，あなた？
B: 分からないな。天気のことが心配になってきたよ。土曜日は降水確率が60パーセントだ。

（解説） be concerned aboutで「～について心配している」。この文では getを使っていて，get concerned aboutで「～について心配になる」を意味する。embarrassed about「～に当惑して，～のことで恥ずかしい」，serious about「～に関して本気の」，positive about「～について確信のある」

(21) （解答） 4

ご依頼の通り，見積書と弊社製品のパンフレットをお送りしました。ほかに何かご入り用の場合はお知らせください。

（解説） in accordance withで「～に従って，～と一致して」の意味。2も空所後の withと結びついて熟語を成すが，by comparison with「～と比較すると」は文脈に合わない。ほかの選択肢は withと結びつかず，by means of「～を用いて，～によって」，in charge of「～を担当して」の形で使う。

respect動 を尊敬する　celebrate動 （を）祝う　connect動 をつなぐ

長文の語句空所補充問題を攻略！②

今日の
目 標

筆記2では，語彙力や文法力ではなく，文脈から空所に入る語句を判断する能力が問われる。ここでは，文脈を理解して空所に入れるべき語句を判断するための効果的な方法を身につけよう。

ポイント1　空所の前と後ろからアプローチ！

文脈を理解するには，文と文とのつながりを正確に把握することが必要だ。そのためには，空所を含む文は前文をどのように受けているのかという，文章の流れを把握するのが最初のチェックポイントになる。論理展開を表す接続表現がカギになることが多い。

また，文章展開の典型的なパターンの1つとして，まずトピックを示し，それをサポートする具体例を続けるという形がある。この展開の場合，空所に続いて具体例があった場合，その具体例の内容から空所の内容を判断できることが多い。

ポイント2　代名詞・言い換え表現からアプローチ！

文と文をつなぐ接続表現のほかに，前文に含まれる語句や前文の内容全体を受ける代名詞も重要だ。また，前文の内容を別の表現に言い換えることもあるので，言い換え表現にも注目しよう。

例 題

Daylighting

　　Recently, there has been an unfortunate trend on American streets. In 2021, almost 43,000 people died in car accidents, the highest number since 2005. On the streets of a city called Hoboken, New Jersey, however, (　　**1**　　). Car accidents have been greatly reduced, and not a single person has been killed in a crash over the past four years.

　　The secret to Hoboken's success in reducing traffic accidents is called "daylighting." According to research, about 88 percent of the city's crashes happened at intersections, or places where two roads meet. As a result, the city authorities realized that they needed to (　　**2**　　) in such areas. To do so, they removed things that blocked people's vision. Now, both drivers and people on foot are more aware of cars coming toward the intersection.

　　Another thing that the city has realized is that it is very important to give more protection to cyclists and people on foot. Therefore, more bicycle lanes have been added, and the timing of stoplights has been changed. Now in Hoboken, walk signals start a few seconds before cars get green lights. This gives people time to get across the street without worrying about cars that are turning. Of course, some drivers are unhappy about this trend. Many have complained that there are fewer parking spaces because the city has removed them to make all of these changes. (**3**), most people agree that Hoboken's changes are making the city a better place to live in because it has become so much safer.

(1)	**1** the problem is even worse	**2** few people knew about that	
	3 things are very different	**4** cars are not allowed	
(2)	**1** add more stoplights	**2** teach people to be careful	
	3 lower the speed limits	**4** make it easier to see	
(3)	**1** Therefore	**2** However	
	3 For instance	**4** Indeed	

解説 **(1)** 空所の前にhoweverがある点が重要。自動車事故に関して，空所を含む文の前の文では「増加している」ことが，後の文では「減少している」ことが述べられており，両者は対照を成している。したがって空所には**3**「事情はかなり違っている」が適切。**1**「問題はさらに深刻だ」，**2**「それについて知っている人はほとんどいなかった」，**4**「自動車は禁止されている」

(2) 空所を含む文を受けて，次の文はTo do so「そうするために」と展開し，「視界をさえぎるものを除去した」ことが述べられているので，空所には**4**「見通しをよくする」が入る。**1**「信号を増やす」，**2**「人々に注意するように教える」，**3**「制限速度を下げる」

(3) Of courseで始まる文では，some drivers「一部のドライバー」が不満を持っていることが述べられている。一方，空所の後ではmost people「大部分の人」は肯定的に考えていることが記されている。この両者は対比的なので，空所には逆接の**2**「しかしながら」が入ると判断できる。**1**「したがって」，**3**「例えば」，**4**「本当に」

解答：**(1) 3　(2) 4　(3) 2**

訳

デイライティング

　近年，アメリカの路上では先行きのよくない傾向が続いている。2021年には4万3千人近くが自動車事故で死亡し，これは2005年以降最も多い数だった。ところが，ニュージャージーのホーボーケンという市の路上では，事情はかなり違っている。自動車事故は大幅に減少し，この4年間，衝突事故で死亡した人は皆無なのである。

　ホーボーケンが交通事故の削減に成功した秘訣は「デイライティング」と呼ばれる。調査によると，この市での衝突事故のおよそ88パーセントが交差点，または2本の道路が合流する場所で起きていた。その結果，市当局は，このような場所の見通しをよくする必要があると認識した。そうするために，彼らは人の視界をさえぎるものを除去した。今ではドライバーも歩行者も，交差点に向かってくる自動車に気づきやすくなっている。

　市が認識したもう1つは，自転車に乗っている人と歩行者をもっと保護することが極めて重要だということだ。そこで，自転車専用レーンが増やされて，信号のタイミングが変更された。現在ホーボーケンでは，自動車に青信号が出る数秒前に歩行者に青信号が出る。これにより，角を曲がる自動車のことを気にせずに人が通りを横断する時間ができる。もちろん，一部のドライバーはこの趨勢に不満を持っている。市がこれらの変更をすべて行うために駐車スペースを撤去したので，多くが駐車スペースが少なくなったと不満を言っている。しかしながら，大部分の人は，今までよりもはるかに安全になったので，ホーボーケンの変化はこの市をより住みやすい場所にしていると認めている。

次のページからは練習問題。ここで学んだことを使って問題を解いてみよう！

次の英文[A], [B]を読み，その文意にそって(1)から(6)までの（　　　　　）に入れるのに最も適切なものを1, 2, 3, 4の中から一つ選びなさい。

[A]　City Planning

The population of many cities is growing as people find better employment opportunities in urban areas. Although more people are moving to the city, additional space is rarely available for the growing needs of the population. City planners are trying to design and use space to make cities better places to live.

One possible solution to (**1**) is to build a huge building that will contain an entire community. These oversized buildings will have apartments on the higher floors, businesses and offices on the middle floors, and stores and entertainment centers on the lower levels.

Architects and planners will include everything a person needs in his or her daily life. Gymnasiums, theaters, concert halls, and every imaginable store will be in the same building. Doctors' offices and city agencies will be readily available to those who live there. (**2**), people will live and work in the same building, and transportation will become less of a problem. It is possible that people will seldom need to leave the building. This kind of structure does not seem very strange when we think of some famous buildings in our cities today.

A more surprising idea that city planners have is to design communities on the surface of the ocean. Some people are even planning cities underneath the sea. These new ideas are needed because cities, as they are now, (**3**) in size or in services for people in the future.

□□ **(1)**   **1** the problem of limited space   **2** the lack of designers
             3 the conflicts among residents   **4** the air pollution issue

□□ **(2)**   **1** In contrast   **2** Unfortunately
             3 As a result   **4** At first

□□ **(3)**   **1** can be smaller   **2** will be sufficient
             3 can't be problematic   **4** will not be adequate

都市計画

都市部の方が雇用の機会に恵まれているので，多くの都市で人口が増加している。都会に移り住む人は増えているが，住民達の増大する需要に応えるだけのさらなる空間が確保できるのはまれなことだ。都市計画者達は，都市をもっと住みよい場所にするために空間を設計し活用しようと努めている。

<u>限られた空間の問題</u>に対する可能性のある解決策の1つは，地域社会を丸ごと収容するような巨大な建造物を建設することである。こういった特大の建造物の高層階にはアパート，中層階には企業や事務所，低層階には店舗や娯楽センターが入ることになるだろう。

建築家や都市計画者は，日常生活で人が必要とするすべてのものを収容するだろう。体育館や劇場，コンサートホールのほか，考えられるあらゆる店舗が同じ建物の中に入るだろう。診療所や市の機関も，そこに暮らす人達には容易に利用できるようになる。<u>その結果</u>，同じ建物の中で居住し仕事もするので，交通手段はさほど問題にならないだろう。人はその建物を離れる必要がほとんどなくなるかもしれない。今日の都市の名だたる建物をいくつか思い浮かべれば，このような建築物はそれほど奇異には思えない。

都市計画者が考えているさらに驚くべき構想は，地域社会を海上に設計するというものだ。さらには海中に都市を計画している人もいる。このような新しい構想が必要とされているのは，現状の都市は，将来の人々にとって大きさの点でもサービスの点でも<u>十分ではなくなる</u>からである。

□ architect
建築家

15
日目

筆記
2

(1) 　解答　1

解説　第1段落で，増え続ける都市部の人口に見合う十分な空間が確保できないという問題が提起されている。この内容をthe problem of limited space「限られた空間の問題」と表現している**1**が適切。
2「設計者の不足」　**3**「住民間の確執」　**4**「大気汚染の問題」

(2) 　解答　3

解説　空所の前にある2つの文で，あらゆる施設や店舗が住居と同じ建物内にあることが述べられている。また，空所以下では，「同じ建物の中で居住し仕事もする」と書かれている。この両者の関係を考えると，空所に入る接続表現はAs a result「結果として，その結果」が適切。
1「それとは対照的に」　**2**「残念なことに」　**4**「初めは」

(3) 　解答　4

解説　第4段落の第1文と第2文で，海上や海中に都市を計画する構想が紹介されている。空所を含む文は，その理由として都市が抱える将来的な問題を述べていると考えるのが自然。したがって，空所にはwill not be adequate「十分ではなくなる」が入る。
1「もっと小さくなる可能性がある」　**2**「十分だろう」　**3**「問題になる可能性はない」

[B]   **FOMO**

FOMO, or fear of missing out, is a problem that can be caused by social media. Experts say that looking at it too much can (**4**   ). For example, if we frequently see photos of friends going out and having fun on social media, we may start to think other people's lives are much more exciting than ours. In reality, however, since people only put up information when something special happens, we are not seeing the reality of their everyday lives, which are probably no more interesting than ours.

Social media and FOMO may be especially harmful to teenagers. It is well known that "peer pressure," or a feeling that one must do the same things as people around one, affects many young people. Research suggests social media can make this feeling stronger. For example, studies have found that 75 percent of teens felt pressure to drink alcohol or use drugs because they learned that friends were doing it online. (**5**   ), since teenagers' brains are still developing, they are more likely to do risky things without thinking about the problems they could cause.

Experts say there are various things we can do about FOMO. One is to spend less time on social media. However, another suggestion is to make an attempt to (**6**   ). Some people have found that keeping a diary privately is a good way to do this. They write down all the good things that happen to them. By focusing on these kinds of things that they have and do, they are less likely to experience FOMO.

□□ **(4)**   **1** make our eyes worse   **2** play tricks on our brains
              3 cause us to stay indoors   **4** waste a lot of time

□□ **(5)**   **1** For instance   **2** Nevertheless
              3 By contrast   **4** Moreover

□□ **(6)**   **1** feel more thankful   **2** avoid using the Internet
              3 meet friends in person   **4** learn more about technology

   region图 地域   facility图 施設   aim图 狙い

FOMO

　FOMO，すなわち機会を逃すことへの恐れは，ソーシャルメディアによって引き起こされることがある問題である。ソーシャルメディアを見すぎると<u>脳に錯覚を起こさせる</u>ことがあると専門家は言う。例えば，外出して楽しむ友人の写真をソーシャルメディアで頻繁に見ると，他人の生活の方がわれわれの生活よりもずっと楽しいものだと考え始めるかもしれない。しかし，実際のところ，人は何か特別なことがあったときにだけ情報を載せるので，われわれは彼らの日常生活の実体を見ているのではない。それはわれわれの日常生活が面白くないのと同様におそらく面白いものではないのである。

　ソーシャルメディアとFOMOはティーンエイジャーに特に有害だろう。「仲間からの同調圧力」，すなわち自分の周りの人と同じことをしなければならないという気持ちが，多くの若者に影響を与えることはよく知られている。調査は，ソーシャルメディアがこの気持ちを強めることがあると示している。例えば，ティーンエイジャーの75パーセントが，友人がアルコールを飲んだり薬物を使用したりしているのをオンラインで知ったため，自分もそうするように迫られたと感じたということを，調査が明らかにしている。<u>その上</u>，ティーンエイジャーの脳はまだ発達段階にあるので，彼らは自分が犯す危険がどのような問題をもたらしかねないかを考えずに危険なことをしてしまう傾向が強い。

　FOMOに関してわれわれにできるさまざまなことがあると専門家は言う。1つはソーシャルメディアに費やす時間を減らすことだ。しかし，もう1つの提言は，<u>感謝の気持ちを高める試み</u>をすることである。一部の人は，人に見せない日記をつけるのがこれをするための優れた方法だと気づいている。彼らは自分に起こったよいことすべてを書き留めている。彼らが持っていて行っているこの種の物事に関心を向けることにより，彼らはFOMOを経験する可能性が低くなるのである。

□ miss out
　（機会などを）逃す，逸する

---

(4) 　解答 **2**

解説　For example以下で，「ソーシャルメディアを通して見ると他人の生活の方がよく思えるかもしれないが，それは誤りである」ということが述べられている。これが空所を含む文の具体例なので，空所には **2**「脳に錯覚を起こさせる」が適切。
　1「目を悪くする」　**3**「われわれを家に閉じこめようとする」
　4「多くの時間を無駄にする」

(5) 　解答 **4**

解説　空所の前の部分では，ソーシャルメディアがティーンエイジャーにもたらす悪影響が述べられている。また，空所を含む文でも，「危険なことを行う傾向が強い」というマイナス評価の記述が続いている。したがって，空所には **4** Moreover「その上」が入る。
　1「例えば」　**2**「それにもかかわらず」　**3**「対照的に」

(6) 　解答 **1**

解説　空所の次の文で日記をつけることの有効性を述べ，続く2文でwrite down all the good things ...やfocusing on these kinds of things ...という具体的な手法を記している。空所に **1** を入れて(make an attempt to) feel more thankful「感謝の気持ちを高める（試みをする）」とするとこれらの内容につながる。ほかの選択肢はこの具体的な手法に合わない。
　2「インターネットの使用を避ける」　**3**「友人に直接会う」
　4「テクノロジーについてもっと学ぶ」

---

assignment 图 課題　　trail 图 （山中の）小道　　scene 图 現場

長文の内容一致選択問題を攻略！③

今日の目標　筆記3の［B］では，文化・社会・科学といったトピックが出題されることが多い。内容的に難しく，英文もかなり長い。ここではそういった長文の内容をより素早く正確に把握するための方法を学習しよう。これは［A］のEメールを読む際にも役に立つ方法だ。

▶ ポイント1 　接続表現に注目！

　論理展開を表す接続表現は，文章の流れを素早く正確に把握する上で極めて重要なので，特に注意が必要だ。以下に掲載した接続表現をチェックしておこう。論理展開にかかわる重要な副詞（句）・前置詞（句）も載せてあるので，あわせて確認しておきたい。

□ 順接	and そして
□ 逆接	but しかし, however しかしながら, nevertheless それにもかかわらず, conversely 逆に, still それでもなお, yet だが, though / although（後者は文頭のみ）〜だけれども ・It may rain this week. **Nevertheless**, they will go on their trip. 　今週は雨が降るかもしれない。それでも彼らは旅行に出掛けるつもりだ。
□ 対比	while 〜である一方で, on the other hand 他方では, on the contrary それどころか, 反対に ・He suffered a heavy loss, but **on the other hand**, he learned a great deal from the experience. 　彼は大きな損失をこうむったが，一方でその経験から学んだものも大きかった。
□ 理由	because / since / as 〜なので, for というのも〜だから, なぜなら
□ 結果・結論	after all 結局, as a result 結果として, consequently その結果（として）, accordingly したがって, therefore それゆえに, hence それゆえに，したがって, thus したがって, so だから ・She was asked to go, and **as a result** she left. 　彼女は行くように頼まれ，その結果出掛けた。 ・The cup can be used repeatedly and **therefore** is friendly to the environment. 　そのカップは繰り返し使えるので環境にやさしい。
□ 展開	furthermore / also / what is more / moreover / besides さらに，その上 ・This book is instructive. **Moreover**, it is cheap. 　この本はためになる。その上値段が安い。
□ 列挙・順番	first of all / first(ly) 第一に, second(ly) 第二に, then それから, next 次に, finally 最後に ・She has two main reasons for loving him. **First**, he is kind, and **second**, he is intelligent. 　彼女が彼のことを好きなのには2つの主な理由がある。第一に親切であり，第二に聡明だからである。

□ 例示	for example / for instance 例えば, such as ～のような, 例えば, as ～のように ・He is a man of talent. **For instance**, he can speak five foreign languages. 　彼は才能豊かな人物だ。例えば5つの外国語を話せる。 ・Mike has been to several countries in Asia, **such as** Thailand, South Korea and China. 　マイクはタイ, 韓国, 中国といったアジアの国々を何カ国か訪れたことがある。
□ 言い換え	that is すなわち, briefly / in brief / in short 手短に言えば, 要するに, in other words 言い換えれば ・Kenji does not eat meat or fish. **In other words**, he is a vegetarian. 　ケンジは肉や魚を食べない。言い換えると菜食主義者ということだ。
□ そのほか	as a matter of fact 実のところは, actually / in fact 実際（は）, in any case いずれにしても, とにかく, incidentally ところで, ついでながら, of course もちろん, on the whole 全体的に見て, 概して, instead その代わりに, otherwise そうでなければ, そのほかの点では ・He has a quick temper, but **otherwise** he is a man of character. 　彼は短気だが, ほかの点では立派な人物だ。

ポイント2　パラフレーズ（言い換え）を見破ろう！

　選択肢では, 本文と同じ内容を別の表現で表すことが多い。特に正解の選択肢では, 本文と同一の表現が使われることはほぼないと考えてよい。この言い換え表現を見破れるようになることが, 正解率アップの秘訣だ。

■ 小さなパラフレーズ（語句レベルでの言い換え）
・「賢い」
　（英文）**wise** → （選択肢）**clever**
・「この地域のことをよく知っている」
　（英文）**know** this area **very well** → （選択肢）**be familiar with** this area

■ 大きなパラフレーズ（異なる視点からの言い換え）
　能動態⇔受動態, 肯定⇔否定, 具体的な表現⇔抽象的な表現・包括的な表現などのパラフレーズがある。
　（英文）The company prohibits employees from wearing casual clothes in the office.
　　　　　「その会社は従業員にオフィスでカジュアルな服を着ることを禁止している」
　→ （選択肢）Staff members are required to be dressed formally.
　　　　　「スタッフはフォーマルな服装をしなければならない」

次のページからは練習問題。ここで学んだことを使って問題を解いてみよう！

skin图 肌　　fossil图 化石　　electric圏 電気の

次の英文[A]，[B]の内容に関して，(1)から(8)までの質問に対して最も適切なもの，または文を完成させるのに最も適切なものを1，2，3，4の中から一つ選びなさい。

[A]

From: Nancy Harris <nancy.harris@key1tech.net>
To: Samuel Paulson <samuelp@summittower.com>
Date: August 26
Subject: Re: Tenant Leases

- -

Dear Mr. Paulson,

Thank you for sending me the details of your office vacancies at Summit Tower. I must say the rates are a little high for some floors. However, I do admit you have excellent facilities. I especially like the fact the offices there look out over the city. They would impress customers that visit us. Ours have been redecorated, but they still don't look as nice as yours.

The space you offered on Floor 43 is quite reasonable. You offered 5-, 7- and 10-year terms. However, we don't want an agreement over so many years. We might want to change our location in the near future so we'd like something shorter. We would like to negotiate a lease that has a maximum of 2 to 3 years. We would be willing to move in immediately after closing a deal, if the lease has that wording.

We also may be willing to pay a somewhat higher monthly rate for a lease with such a reduced term. Please e-mail me back at your convenience with your thoughts on this. After that, we could speak about it in person.

Regards,
Nancy Harris
CEO
Key 1 Technologies

□□ **(1)**　Why does Summit Tower appeal to Nancy Harris?
　　1 It has low vacancy rates.
　　2 Her customers also have offices there.
　　3 She thinks it is in a good location.
　　4 Its service staff has a good reputation.

□□ **(2)**　What problem does Nancy Harris mention concerning the lease?
　　1 Its price is too high for her company.
　　2 The time commitments available are too long.
　　3 Its closing date is too far in the future.
　　4 The wording in the contract is a little unclear.

□□ **(3)**　What does Nancy Harris suggest to Mr. Paulson?
　　1 She may continue with her current lease.
　　2 She may discuss leases with a different company.
　　3 She may pay more for better lease conditions.
　　4 She may ask for yearly instead of monthly rates.

efficient形 能率的な　　personal形 個人の　　confident形 確信して

NOTES

□ rate　料金，価格

□ redecorate
　　〜を改装する

□ maximum　最大限

□ wording　文言，表現

□ at *one's* convenience
　　〜の都合のよいときに

□ in person　じかに，自ら

発信人：ナンシー・ハリス <nancy.harris@key1tech.net>
宛先：サミュエル・ポールソン <samuelp@summittower.com>
日付：8月26日
件名：Re:賃貸借契約

ポールソン様

サミットタワーの空き事務所についての詳細をお送りくださり，ありがとうございます。いくつかの階は家賃が少し高いと言わざるを得ません。しかし，素晴らしい施設をお持ちだということは全くその通りです。そこの事務所から街を見渡せるという点が，私は特に気に入りました。当社を来訪する顧客に感銘を与えることでしょう。当社の事務所は改装されましたが，それでもそちらの物件ほどには立派に見えません。

勧めていただいた43階のスペースはとても妥当な家賃です。御社は5年，7年，および10年の契約期間を提案なさいました。しかし，当社はそれだけ長期にわたる契約は望んでおりません。近い将来，移転することになるかもしれませんので，もっと短期のものを希望します。最長で2年から3年の賃借でとり決めたいと思います。賃貸借契約にその文言を入れていただけたら，契約締結後すぐに入居したいと思います。

また，そのような期間を短くしての賃借でしたら，毎月の家賃が多少高くなってもお支払いいたします。この件に関してのご意向を，ご都合のよろしいときにEメールでご返信ください。その後，直接お会いしてお話ししたいと思います。

敬具
ナンシー・ハリス
CEO
キー1テクノロジーズ

　past形 過去の　　solar形 太陽の　　official形 公式の

(1)　解答　**3**

サミットタワーはなぜナンシー・ハリスにとって魅力があるのか。
  1 そこは空室率が低いから。
  2 彼女の顧客の事務所もそこにあるから。
  3 それがよい立地にあると彼女は思っているから。
  4 そこのサービススタッフの評判がよいから。

解説 第1段落第3文で，物件についてナンシー・ハリスはyou have excellent facilities「素晴らしい施設をお持ちだ」と言い，続く文でI especially like the fact the offices there look out over the city.「そこの事務所から街を見渡せるという点が特に気に入った」と述べている。この内容が**3**に相当する。

(2)　解答　**2**

ナンシー・ハリスは賃貸借契約に関してどのような問題に言及しているか。
  1 彼女の会社には価格が高すぎる。
  2 利用できる契約期間が長すぎる。
  3 締結日があまりにも先すぎる。
  4 契約書の文言が少し不明瞭である。

解説 第1段落第2文にthe rates are a little high for some floors「いくつかの階は家賃が少し高い」とあるが，第2段落第1文でThe space you offered on Floor 43 is quite reasonable.「勧めていただいた43階のスペースはとても妥当な家賃だ」と述べているので，**1**を選ばないように注意。第2段落第2文～第3文で，提示されたような長期の契約は望まないことが，そして第4文～第5文で，もっと短期の契約にしたいことが述べられている。この内容に相当する**2**が正解。

(3)　解答　**3**

ナンシー・ハリスはポールソンさんに何を提案しているか。
  1 彼女は現在の賃貸借契約を継続するかもしれない。
  2 彼女は別の会社と賃貸借契約について話し合うかもしれない。
  3 彼女はより望ましい賃貸借の条件ならばより多くの金額を払うかもしれない。
  4 彼女は月ぎめの代わりに1年単位の賃貸借料を求めるかもしれない。

解説 第3段落第1文の内容が**3**と合致する。英文にあるa reduced term「短くした賃借期間」を指して，選択肢ではbetter lease conditions「より望ましい賃貸借条件」と言い換えている点に注意したい。conditionは「状態，体調，状況」などのほか，**3**のように「条件」という意味でも使われる。

□ **appeal to** （人）の興味を
そそる，（人）の気に入る

valuable彫 高価な　　casual彫 （衣服が）カジュアルな　　negative彫 好ましくない

[B] Bat Sonar

Just as ships use sonar, or sound waves, to "look" underwater, bats use sonar to "see" in the dark. There are many differences between bat and ship sonar, however. Bat sonar, technically known as echolocation, has a shorter range but may actually be more complex than ship sonar. That is because bat sonar precisely guides the animal's smallest motions in a way ship sonar cannot.

Sonar relies on "the Doppler Shift," which is the effect motion and distance have on sound waves. The Doppler Shift can be explained by imagining the sound of an ambulance's siren. When an ambulance passes by, the pitch of the siren increases as it gets closer and, correspondingly, the pitch decreases when it is moving further away.

Bats also use the Doppler Shift effectively. They send out a sound wave that hits objects or animals before returning. This returning wave gives the bat information about its position in relation to obstacles, animals, or insects. The bat's brain processes the information from this wave and the bat adjusts its flight to avoid the obstacles or move toward the insects. Microseconds after that, it sends out a second sound wave. The second wave will include the bat's new relative position—based on information from the first wave. The third wave will include information from the second, and so on. A flying bat will normally send out a huge number of sound waves separated only by microseconds. Each new wave includes information from previous waves. This keeps the bat flying on target because it adjusts its flight based on information from each returning wave.

The speed of this process is far beyond the ability of the bat to consciously manage. The bat does not "decide" to send out sound waves, receive returning waves, and adjust its flight accordingly. The bat's central nervous system—its unconscious brain—processes this. The unconscious part of the brain analyzes the information returning to the bat's body to guide its flight. No conscious thought is necessary. Therefore, sonar-guided flight is as natural for bats as vision-guided walking is for humans.

　major 形 主要な　　classic 形 （文学・芸術などが）最高水準の　　especially 副 特に

□□ **(4)** When comparing ship sonar and bat sonar, it can be seen that
    1 ship sonar provides better echolocation.
    2 ship sonar is a more complicated instrument.
    3 bat sonar has a somewhat longer range.
    4 bat sonar is a more accurate system.

□□ **(5)** According to the passage, the Doppler Shift
    1 allows an ambulance's siren to reach further.
    2 changes how you hear the siren of an ambulance.
    3 has little to do with pitch of animal sound.
    4 makes sound much stronger underwater.

□□ **(6)** What does the passage say about bats' sound waves?
    1 Each new one is more powerful than past ones.
    2 Each new one is processed quicker than past ones.
    3 Each new one includes data from past ones.
    4 Each new one goes in the same direction as past ones.

□□ **(7)** In what way are bat flight and human walking similar?
    1 Both occur without active thinking.
    2 Both require strong physical ability.
    3 Both use exactly the same part of the brain.
    4 Both can speed up or slow down as necessary.

□□ **(8)** Which of the following statements is true?
    1 The bat's brain carefully selects which sound wave to process.
    2 Bat sonar is a process that occurs naturally in the nervous system.
    3 Echolocation works better with the aid of eyes.
    4 Sound waves of an ambulance's siren become lower in pitch as it approaches toward us.

NOTES

□ sound wave
　音波

□ pitch　音の高さ
□ correspondingly
　それに対応して

□ in relation to
　～と比べて，～に応じて

□ obstacle　障害物

□ adjust　～を調節する

□ microsecond
　100万分の1秒

□ relative　相対的な

□ on target
　目標通りで，予定通りで

□ consciously　意識して

□ accordingly
　それに応じて

コウモリのソナー

　ちょうど船が水中で「見る」ためにソナー，すなわち音波を使用するように，コウモリは暗闇の中でも「見える」ようにソナーを使う。しかし，コウモリと船のソナーには多くの違いがある。専門的には反響定位と呼ばれるコウモリのソナーは範囲がより狭いが，実際は船のソナーよりも複雑かもしれないのだ。というのも，コウモリのソナーは船のソナーにはできないような方法で，この動物のどんな小さな動きも正確に誘導するからである。

　ソナーは「ドップラー偏移」，すなわち運動と距離が音波に与える効果に依拠している。ドップラー偏移は，救急車のサイレンの音を想像することで説明できる。救急車が通り過ぎるとき，救急車が近づくにつれてサイレンの音の高さは高くなっていき，またそれに対応して，救急車が遠ざかるにつれて音の高さは低くなっていく。

　コウモリもまた，効果的にドップラー偏移を利用している。コウモリは物体または動物に当たってから戻ってくる音波を送り出す。この戻ってくる音波は，障害物や動物や昆虫に対する自分の位置情報をコウモリに与える。コウモリの脳はこの音波から得た情報を処理し，コウモリは飛行を調節して，障害物を避けたり昆虫へと移動したりする。そして100万分の1秒単位の時間差で，コウモリは第2の音波を出す。第2の音波には，第1の音波から得た情報に基づいた，コウモリの新しい相対的位置が含まれている。第3の音波には第2の音波から得た情報が含まれている，というように続いていく。通常，飛行中のコウモリは，わずか100万分の1秒単位の間隔で膨大な数の音波を出す。それぞれの新しい音波は，それまでの音波から得た情報を含んでいる。このことにより，コウモリは戻ってくるそれぞれの音波から得た情報に基づいて飛行を調節するので，的確に飛び続けることができる。

　この処理の速度は，コウモリが意識的に行える能力をはるかに超えている。コウモリは音波を出し，戻ってくる音波を受け，それに従って飛行を調節することを「決定する」わけではない。コウモリの中枢神経系—無意識の脳—がこれを処理するのである。脳の無意識の部分は，飛行を誘導するためにコウモリの体に戻ってくる情報を分析する。意識的な思考は必要ない。したがって，ソナーに誘導されたコウモリの飛行は，視力に誘導された人間の歩行と同様に自然なものなのである。

(4) 解答 **4**

船のソナーとコウモリのソナーを比較すると分かるのは
1 船のソナーの方がより優れた反響定位をもたらす。
2 船のソナーの方がより複雑な機器である。
3 コウモリのソナーの方がいくらか遠距離に及ぶ。
4 コウモリのソナーの方がより正確なシステムである。

解説 第1段落の最後の文に bat sonar precisely guides ... in a way ship sonar cannot とある。**4**に含まれる accurate「正確な」は，precisely の形容詞形 precise の類義語。

(5) 解答 **2**

文章によれば，ドップラー変移は
1 救急車のサイレンがさらに遠くまで届くようにする。
2 救急車のサイレンの聞こえ方を変える。
3 動物が出す音の高低とはほとんど関係がない。
4 水中で音をさらに強くする。

解説 ドップラー変移については第2段落に記述がある。救急車のサイレンを例にとり，第3文で，救急車が近づいてくるときと離れていくときでは音の高さが違って聞こえることが述べられている。この説明を (the Doppler Shift) changes how you hear the siren of an ambulance と言い換えた**2**が正解。

(6) 解答 **3**

文章には，コウモリの音波について何と書いてあるか。
1 それぞれの新しい音波はそれまでのものより強力である。
2 それぞれの新しい音波はそれまでのものより速く処理される。
3 それぞれの新しい音波はそれまでのものから得たデータを含んでいる。
4 それぞれの新しい音波はそれまでのものと同じ方向に進む。

解説 第3段落にコウモリが次々と音波を出すことが述べられており，この段落の最後の方に Each new wave includes information from previous waves. とある。information from previous waves を**3**では data from past ones と言い換えている。

(7) 解答 **1**

コウモリの飛行と人間の歩行はどのような点で類似しているか。
1 両方とも能動的に考えることなく起こる。
2 両方とも強い身体能力を必要とする。
3 両方とも脳の全く同じ部分を使う。
4 両方とも必要に応じて加速したり減速したりできる。

解説 第4段落の最後の2文で，「意識的な思考は必要ない」ことと「コウモリの飛行は人間の歩行と同様に自然である」ことが述べられている。No conscious thought is necessary. に相当する内容を，**1**では occur without active thinking と表現している。

(8) 解答 **2**

以下の記述のうち正しいのはどれか。
1 コウモリの脳はどの音波を処理すべきか注意深く選択する。
2 コウモリのソナーは神経系において自然に起こる処理過程である。
3 反響定位は視覚の助けがあるとよりよく機能する。
4 救急車のサイレンの音波は，それが私達に近づくにつれ音の高さが低くなる。

解説 各選択肢の正誤のヒントが文章全体に散らばっている問題。第4段落から，コウモリのソナーは central nervous system が情報を処理し，これは無意識に行われることが分かる。この内容を a process that occurs naturally in the nervous system と表現している**2**が正解。

---

lead to ～　～につながる　　work on ～　～にとり組む　　suffer from ～　～に苦しむ

17日目

英文要約問題を攻略！②

今日の目標　7日目に学んだように，英文要約問題では英文の内容を過不足なく要約することが基本になる。それに加え，「論理の展開が明確である」「適切な言い換えがなされている」といった点も求められる。今日は質の高い要約文を書くためのコツを習得し，確実に高得点が取れるようにしよう。

ポイント1　論理の展開を表す接続表現に注目しよう！

英文要約問題では「情報の付加」と「対比」を表す接続表現に○を付けながら英文を読むと効率的だ。

■ 例を2つ挙げる場合，最初の例の後に **Also，In addition，Moreover，Furthermore** などを置いて**2つ目の例を付加**することが多い。要約文にはこれらの接続表現の前と後ろの両方の例を盛り込もう。
■ **On the other hand**「その一方で」や **In [By] contrast**「対照的に」は**対比**を表す表現である。要約文にも対比を示す語句を入れよう。逆接の **However** を使ってもよい。

ポイント2　積極的にパラフレーズ（言い換え）をしよう！

要約では英文の表現をそのまま使うことは避けたい。**別の表現に言い換えてまとめ直す**と高い評価につながるからだ。英文の具体的な内容を**総称**や**抽象的な語句**で言い換えると効果的である。

■ 総称を使ったパラフレーズ

例　doctors and nurses「医師と看護師」→ medical workers「医療従事者」
　　　chemistry, physics, and biology「化学，物理学，そして生物学」→ science「科学」

■ 抽象的な語句を使ったパラフレーズ

英文の内容	要約文で使う語句の例
プラス評価の事柄	advantage「利点」/ benefit「利点」/ profit「利益」 positive「有益な」/ convenient「便利な」/ available「入手[利用]できる」
マイナス評価の事柄	disadvantage「不利な点」/ problem「問題」/ trouble「困難」 negative「好ましくない」/ unavailable「入手[利用]できない」

例①　電子書籍を利用すると「紙の書籍より安い」「本の保管場所が不要」
　　　→プラス評価の語句でまとめる　Electronic books make reading more **convenient** because ...
　　　　　　　　　　　　　　　　「電子書籍は読書をより**便利**にする。というのも…」
例②　在宅勤務をすると「同僚とコミュニケーションが取りにくい」「運動不足になりやすい」
　　　→マイナス評価の語句でまとめる　Working from home causes some **problems** such as ...
　　　　　　　　　　　　　　　　「在宅勤務は…のようないくつかの**問題**をもたらす」

例題

● 以下の英文を読んで，その内容を英語で要約し，解答欄に記入しなさい。
● 語数の目安は45語～55語です。
● 解答欄の外に書かれたものは採点されません。
● 解答が英文の要約になっていないと判断された場合は，<u>0点と採点されることがあり</u>ます。英文をよく読んでから答えてください。

When people want to meet their friends, some go to a café or restaurant, where they drink coffee or eat lunch or dinner together. There is also another way. Some people like to have parties at home.

Why do people do this? Some people meet friends who they have not seen for a long time, so they want to talk about many things. This might be difficult in cafés or restaurants because of loud music or other customers making too much noise. Other people have parties at home so that they do not have to pay for expensive food and drinks in cafés and restaurants.

On the other hand, if people have parties at home, they have to prepare food and drink before the party and clean up after it. This takes a lot of time. Also, many people live in apartments that have only one or two rooms. As a result, they cannot invite many friends.

解答例 Some people prefer to have parties at home. By doing this, people can enjoy parties more because they can chat with friends easily and save money. However, having parties at home causes some problems for people because they have to spend time getting ready and cleaning afterwards and can sometimes only invite a few guests.

(55語)

訳　　友人に会いたいとき，カフェやレストランへ行く人もいて，一緒にコーヒーを飲んだり昼食や夕食を食べたりする。また別の方法もある。自宅でパーティーをするのを好む人もいる。

　なぜ人はそうするのだろうか。一部の人は長いこと会っていなかった友人に会うので，いろいろなことを話したいと思う。大音量の音楽がかかっていたり，ほかの客がうるさい音を立てたりするので，これはカフェやレストランではやりにくい可能性がある。カフェやレストランで高い飲食代を払わずに済ませるために自宅でパーティーをする人もいる。

　その一方で，自宅でパーティーをする場合，パーティーの前に食べ物や飲み物を用意しなければならず，またパーティーの後には片付けをしなければならない。これには多くの時間がかかる。また，多くの人は1部屋か2部屋だけのマンションに住んでいる。そのため，多くの友人を招くことができない。

解答例訳　自宅でパーティーをする方がいいと思う人もいる。そうすることにより友人と容易に話すことができ，またお金を節約できるので，パーティーをいっそう楽しむことができる。しかしながら，準備と後片付けに時間をかけなければならず，また時にほんの少しの客しか招くことができないので，自宅でパーティーをすることはいくつかの問題点がある。

解 説 ■英文の構成

第1段落：友人と会う方法　①カフェやレストランに行く　②自宅でパーティーをする

第2段落：自宅でパーティーをする理由（利点）

　　　　　①カフェやレストランではうるさくてゆっくり話せない

　　　　　②高い飲食代を払う必要がない

　　　　　※Some people に **Other** people が呼応しており，後者は**2つ目**の理由であること

　　　　　を示す。

第3段落：自宅でパーティーをする問題点

　　　　　※**On the other hand** で**対比的**な内容であることを示す。

　　　　　①準備と片付けに時間がかかる

　　　　　②家が狭いと多くの人を招けない

　　　　　※**Also** で**2つ目**の問題点であることを示す。

上記の内容から**全体のテーマ**は第1段落の最後にある②「自宅でパーティーをする」ことだと
判断できる。There is also another way. の次にテーマが書かれているという流れを押さえよう。

■解答例の構成

1文目：**第1段落から抽出した全体のテーマ** = 自宅でパーティーをする

2文目：**第2段落の要約** = 自宅でパーティーをする<u>利点とその2つの理由</u>

3文目：**第3段落の要約** = 自宅でパーティーをする<u>問題点とその2つの理由</u>

■解答例で使われているテクニック

2文目〈By doing this, people <u>can enjoy parties more</u> **because** (利点①) **and** (利点②).〉

(1)下線部：自宅でパーティーをする利点を**総括的**に述べている

(2)利点①：「カフェやレストランではうるさくてゆっくり話せない」

　　　　　→ can chat with friends easily 「(自宅でなら)友人と容易に話すことができる」

　　利点②：「高い飲食代を払う必要がない」

　　　　　→ can save money 「お金を節約できる」

　　※利点①②をそれぞれ**別の観点**から簡潔にパラフレーズしている。

3文目〈**However,** <u>having parties at home causes some problems for people</u> **because** (問
題点①) **and** (問題点②).〉

(1)However：On the other hand のパラフレーズ

(2)下線部：第3段落の要旨を problems を使って**総括的**に表現している

(3)問題点①：「準備と片付けに時間がかかる」

　　　　　　→ spend time getting ready and cleaning afterwards

　　問題点②：「家が狭いと多くの人を招けない」

　　　　　　→ can sometimes only invite a few guests

　　※prepare food and drink → getting ready などのパラフレーズをしているほか，問題点
　　②は否定文を肯定文に変換して元の英文と同等の内容を表している。

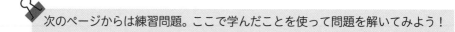
次のページからは練習問題。ここで学んだことを使って問題を解いてみよう！

　break down 故障する　　**by the end of ～** ～の終わりまでに　　**cut down (on) ～** ～を減らす

● 以下の英文を読んで，その内容を<u>英語で要約</u>し，解答欄に記入しなさい。

● 語数の目安は45語～55語です。

● 解答は，下の英文要約解答欄に書きなさい。なお，<u>解答欄の外に書かれたものは採点されません。</u>

● 解答が英文の要約になっていないと判断された場合は，<u>0点と採点されることがあります。</u>英文をよく読んでから答えてください。

　When people want to buy clothes, many go to stores that sell the latest fashions or order their favorite brands online. There is also another choice. Some people go to used-clothes stores to buy their clothes.

　People buy used clothes for different reasons. For example, some people like brand-name clothes but cannot buy them because they cost a lot of money. They can get such clothes for low prices at used-clothes stores. Also, some people like clothes with old designs that are no longer sold in other stores. They can often find the designs they like in used-clothes stores.

　Nevertheless, used clothes may have holes in them or have buttons missing. Also, it is difficult for people to find clothes that fit in used-clothes stores, since each item is usually only available in one size. As a result, people sometimes cannot get the clothes they want.

英文要約解答欄

5
10
15

end up *doing* 最後には～することになる　　find a way to *do* ～する方法を見つける　　for a while しばらくの間

解答例

Some people like to buy clothes at used-clothes stores. By doing this, they can get clothes they could not usually buy, such as expensive brands and clothes with old designs. However, people cannot always buy what they want because the clothes may be damaged or the wrong size.　　　（48語）

訳

　服を買いたいとき，多くの人は最新のファッションを売っている店に行ったり，お気に入りのブランドをオンラインで注文したりする。さらに別の選択肢もある。服を買いに古着屋に行く人もいる。

　古着を買うのにはさまざまな理由がある。例えば，ブランド物の服が好みだが高価なので買えない人もいる。古着屋ではそういう服を低価格で手に入れることができる。また，ほかの店ではもう売っていない古いデザインの服が好きな人もいる。古着屋では好みのデザインをしばしば見つけられる。

　しかし，古着は穴が開いていたりボタンがなくなっていたりすることがある。また，古着屋では人がサイズの合う服を見つけるのが難しい。というのは，通常1つの商品は1つのサイズしかないからだ。そのため，欲しい服を手に入れることができないときもある。

解答例訳

古着屋で服を買うのが好きな人もいる。そうすることで，高価なブランドや古いデザインの服など，普通なら買えないような服を手に入れることができる。しかしながら，服が傷んでいたりサイズが合わなかったりするかもしれないので，欲しいものがいつも買えるというわけではない。

解説

■英文の構成

　第1段落：服を買う方法　①店　②オンライン　③古着屋
　第2段落：古着を買う理由（利点）
　　　　　　①ブランド物が低価格で買える
　　　　　　②古いデザインの服が手に入る
　第3段落：古着を買う欠点
　　　　　　①古着は穴が開いていたりボタンが取れていたりすることがある
　　　　　　②サイズが合う古着は見つけにくい
　　　　　　その結果，欲しい服が手に入らないときもある

■要約文を書く前のプロセス

(1) 英文をざっと読んで大意を押さえたうえで，**全体のテーマ**を考える。上記の構成の内容からテーマは第1段落の③「古着屋（で古着を買うこと）」だと判断できる。第1段落は，**前置き**（①と②）→ **テーマに移るきっかけの文**（There is also another choice.）→ **テーマ**，という流れになっていることを把握しよう。

(2) **論理の展開**を表す語句に着目して，英文の流れを素早く理解しよう。
　　下線_第2段落_
　　・**For example** を使って利点①を**例示**している
　　・**Also** を使って利点②を**追加**している
　　下線_第3段落_
　　・**Nevertheless** で始まり，**対比的**な内容（＝古着の欠点）を述べることを明示している
　　・**Also** を使って欠点②を**追加**している
　　・**As a result** を使って欠点による**結果**を述べている

■解答例の構成
　3つの段落の要点をそれぞれ1文で書いている。
1文目：第1段落から抽出した全体のテーマ＝古着屋で古着を買う
2文目：第2段落の要約＝古着を買う<u>利点</u>とその<u>2つの例</u>
3文目：第3段落の要約＝古着を買う<u>欠点</u>とその<u>2つの例</u>

■解答例で使われているテクニック
<u>1文目</u>
(1) 第1段落で述べられているテーマをパラフレーズしている。
(2) 前置きはテーマに関係しないので要約文に入れていない。

<u>2文目</u> 〈**By doing this**,（第2段落の要旨），**such as**（例①）**and**（例②).〉
(1) 1文目を受けて By doing this「そうすることで」で始め，自然な展開にしている。
(2) 「ブランド物は高価で買えない」「古いデザインの服はほかの店では売っていない」に相当する内容を，could not usually buy「普通なら買えない」と**総括的**に述べている。具体例だけを述べるのでなく，このように段落の要旨をまとめると高得点につながる。
(3) 「高価なブランド」と「古いデザインの服」という2つの例を，**such as ～ and ...** という形で組み込んでいる。その際，brand-name clothes → expensive brands というパラフレーズをしている。

<u>3文目</u> 〈**However**,（第3段落の要旨）**because**（例①）**or**（例②).〉
(1) Nevertheless を **However** に置き換えている。In [By] contrast「対照的に」としてもよい。2文目と相反する内容を<u>述べる</u>ことを明示する語句を置くことが重要である。
(2) 第3段落の要旨を cannot always buy what they want とまとめている。ここでは部分否定を使って第3段落最終文と同等の内容を表している。
(3) 「穴が開いていたりボタンが取れていたりする」という具体的な内容を，damaged「傷んでいる」という**総括的**な語で簡潔にパラフレーズしている。パラフレーズでは，名詞を**総称**で言い表したり，具体的な表現を**抽象的な語句**に置き換えたりすることがカギになる。また，動詞 fit を名詞句 the wrong size に変えて（**品詞の変換**），英文の「サイズが合う古着は見つけにくい」に相当する内容を表している。

英作文問題を攻略！②

> 今日の目標
>
> 英作文問題では英文を論理的に展開する必要がある。主張が明確な英文を短時間で書くために，序論・本論・結論で利用できる表現を確認しよう。また，書く際に同じ表現を繰り返さずにパラフレーズする（別の表現に言い換える）ことも重要だ。そのためのテクニックを学び，高得点を得るコツを習得しよう。

▶ ポイント1　定型表現を使いこなそう！

　TOPICは通常2文から成り，2文目は**Do you agree with this opinion?**や**Do you think ～?**のことが多い。解答は「序論（立場の表明）」→「本論（2つの理由）」→「結論（立場の再表明）」という構成にする（⇒8日目）。適切な定型表現を利用して文章を組み立てよう。

■序論：次のような表現を使うのが典型的だ。
例①　**I agree [do not agree] that** children should learn more about computers in elementary school.
　「子供は小学校でコンピュータについてもっと学ぶべきだということに同意します［同意しません］」
例②　**I think [do not think] (that)** more people will work from home in the future.
　「将来もっと多くの人が在宅勤務をすると私は思います［思いません］」
　agreeやthinkを使わずに，In my opinion, ...「私の意見では，…」という表現も使える。

■本論：1つ目と2つ目の理由を述べる際は，**文頭に接続表現を置こう。**
例　**First,** good computer skills will be necessary when they work in the future. **Second,** computers are useful when children study various subjects.
　「第一に，将来彼らが仕事をするとき，優れたコンピュータ技能が必要です。第二に，子供がさまざまな科目を勉強するとき，コンピュータは役に立ちます」

　ほかに次のような表現が使える。いずれも直後にカンマを入れるようにしよう。
　1つ目の理由：Firstly / First of all / To begin with
　2つ目の理由：Secondly / In addition / Additionally / Moreover / Also
　なお，1つ目の理由の前にI have two reasons for this opinion.「この意見を支持する2つの理由があります」という文を入れることもできる。語数調整のためにこの1文を入れるのも1つの方法だ。

■結論：結論を述べることを明示するため，**文頭に接続表現を置こう。**
例　**Therefore,** I think more people will work from home in the future.
　「それゆえに，将来もっと多くの人が在宅勤務をすると私は思います」
　ほかにFor these (two) reasons「これらの（2つの）理由から」やIn conclusion「結論として」などが使える。

TOPICにある表現と全く同じ表現を繰り返し使うと，変化に欠ける英文になってしまう。引き締まった文章にするにはパラフレーズする（言い換える）ことが重要だ。
・序論ではTOPICの表現をそのまま利用しても問題ない。パラフレーズする場合も，語句レベルで少しだけ言い換える程度でよい。
・結論ではTOPICにある表現や序論で使った表現をパラフレーズしよう。

テクニック① 類義表現を使う

例 Children should learn more about computers in elementary school.

　　→ **Elementary school children** should **study** more about computers in school.

　children ... in elementary school → elementary school children，learn → studyと言い換えて，元の文と同等の内容を述べている。このような言い換えはほかに，many → a great number ofやuseful → helpfulなどが考えられるだろう。I think (that) ... を結論でI believe (that) ... と言い換えるのも有効な方法だ。

テクニック② 文の構造を変える

例 Children should learn more about computers in elementary school.

　　→ **It** is necessary **for** children **to** learn more about computers in elementary school.

　助動詞shouldに相当する内容を形容詞necessaryで表し，形式主語のitを使って〈It ... for 〜 to do.〉の形の文に変えている。

　　→ Computer skills should **be learned** more **by** children in elementary school.

　computers → computer skillsと言い換えたうえで，computer skillsを主語にした受動態の文に変えている。

例題

● 以下の**TOPIC**について，あなたの意見とその理由を2つ書きなさい。

● **POINTS**は理由を書く際の参考となる観点を示したものです。ただし，これら以外の観点から理由を書いてもかまいません。

● 語数の目安は80語〜100語です。

● 解答が**TOPIC**に示された問いの答えになっていない場合や，**TOPIC**からずれていると判断された場合は，0点と採点されることがあります。**TOPIC**の内容をよく読んでから答えてください。

TOPIC

Some people say that all high school students should do volunteer work.
Do you agree with this opinion?

POINTS
● *Skills*　　● *Community*　　● *Study*

解答例 I agree that all high school students should do volunteer work. First, high school students who do volunteer work can gain useful skills that are not taught in school. For example, working with other volunteers helps students to learn communication skills and teaches them how to cooperate with people. Second, high school students can improve the lives of people in their community by doing volunteer work. For example, they can help care for elderly people or clean up litter in their towns. Therefore, I think it is a good idea for students at high school to do volunteer work.

(99語)

訳 TOPIC すべての高校生はボランティア活動をするべきだと言う人もいます。あなたはこの意見に同意しますか。

POINTS ●技能 ●地域社会 ●学業

解答例訳 すべての高校生はボランティア活動をするべきだということに同意します。第一に，ボランティア活動をする高校生は，学校では教えられない役に立つ技能を習得することができます。例えば，ほかのボランティアと活動することは生徒がコミュニケーション技能を学ぶのに役立ち，また人々と協力する方法を彼らに教えてくれます。第二に，高校生はボランティア活動をすることで，自分の地域社会の人々の生活を向上させることができます。例えば，彼らはお年寄りのお世話をしたり，町のごみを清掃したりするのに役立つことができます。それゆえに，高校生がボランティア活動をすることはよい考えだと私は思います。

解説

ここでは「同意する」という立場から，POINTSの「技能」と「地域社会」の2つの観点を利用して理由を述べている。

■序論
　I agree thatで書き始め，自分の意見を述べることを明示している。続いて，TOPICにある all high school students should do volunteer workという表現をそのまま利用して，TOPICに「同意する」という立場を表明している。

■本論
　接続表現のFirstとSecondを使っている。
　1つ目の理由は *Skills* の観点から「学校では教えられない役に立つ技能を習得できる」と述べている。そして続く文をFor exampleで始め，「コミュニケーション技能」と「人と協力する方法」という2つの具体的な「技能」の例を添えている。
　2つ目の理由は *Community* の観点から「地域社会の人々の生活を向上させることができる」という利点を述べている。ここでも続く文の冒頭にFor exampleを置き，「高齢者の世話や町の清掃に役立つ」という具体例に言及して理由を補強している。

■結論
　Therefore, ... という形で結論を述べることを明示し，序論で述べた「同意する」という主張を繰り返している。その際，TOPICと序論にある all high school students should do volunteer work をパラフレーズしている点が重要だ。形式主語のitを使って文の構造を変え，さらにhigh school students → students at high school という言い換えがなされている。

次のページからは練習問題。ここで学んだことを使って問題を解いてみよう！

as if [though] ... まるで…のように　　at a time 一度に　　be about to *do* （今にも）～しようとしている

- 以下の **TOPIC** について，あなたの意見とその理由を2つ書きなさい。
- **POINTS** は理由を書く際の参考となる観点を示したものです。ただし，これら以外の観点から理由を書いてもかまいません。
- 語数の目安は80語〜100語です。
- 解答は，下の英作文解答欄に書きなさい。なお，解答欄の外に書かれたものは採点されません。
- 解答が **TOPIC** に示された問いの答えになっていない場合や，**TOPIC** からずれていると判断された場合は，0点と採点されることがあります。**TOPIC** の内容をよく読んでから答えてください。

TOPIC

These days, some young people continue living with their parents even after they become adults. Do you think that the number of such people will increase in the future?

POINTS
- *Career*　　● *Cost*　　● *Family*

英作文解答欄

NOTES

解答例

I think the number of such people will increase in the future. First, people who live with their parents can reduce their monthly spending. For example, they do not have to pay rent or worry about the cost of electricity, water, and gas. Second, people who live with their parents do not have to spend as much time doing housework. This allows them to focus on their work and their careers. For these reasons, I think the number of people who continue to live at home when they grow up will increase in the future. (95語)

訳

TOPIC
近ごろは，若い人の中には大人になってからも親と一緒に住み続ける人もいます。将来，そのような人の数は増えるとあなたは思いますか。

POINTS
● 仕事
● 費用
● 家族

解答例訳

将来，そのような人の数は増えると私は思います。第一に，親と一緒に住んでいる人は毎月の支出を減らすことができます。例えば，家賃を支払ったり電気や水道やガスの費用を心配したりする必要がありません。第二に，親と一緒に住んでいる人は，家事をするのにそれほど時間を費やす必要がありません。このことにより自分の作業や仕事に注力することができます。これらの理由から，大人になっても実家に住み続ける人の数は将来増えると私は思います。

解説

> 「大人になってからも親と同居する人の数は増えると思うか」という問いについて意見が求められている。解答例は「そう思う」という立場で書かれたもの。理由はPOINTSの「費用」と「仕事」の観点を利用して，親と同居することの利点を述べている。

■序論

TOPICの2文目のDo you think that ...?という疑問文に対応して，I think ... を用いて自分の意見を表明している。I thinkの後にはTOPICで使われているthe number of such people will increase in the futureという表現をそのまま使っている。TOPICにある表現をパラフレーズしてもよいが，序論ではこのようにそのまま使っても差し支えない。

■本論

1つ目の理由はPOINTSの*Cost*の観点から，「支出を減らせる」という利点を述べている。そしてFor exampleを続け，「家賃の支払いが不要である」ことと「水道光熱費の心配が不要である」ことを例示して，支出に関する利点を具体的に説明している。

2つ目の理由はPOINTSの*Career*の観点を利用して，「家事にあまり時間を取られない」ことを挙げている。そして続く文では「その結果，自分の作業や仕事に注力できる」という利点が述べられ，2つ目の理由を補強している。このThis allows them to focus on their work and their careers. という文に着目したい。Thisはその前の文で述べられている「家事をするのにそれほど時間を費やす必要がない」という内容を指している。また，〈allow＋人・物＋to *do*〉は「（人・物）が〜するのを可能にする」という意味である。直訳すれば「これは彼らが彼らの作業や仕事に注力するのを可能にする」で，すなわち「この

ことにより彼らが自分の作業や仕事に注力できる」という意味になる。理由を補強するために役立つ表現として，For exampleのほかに〈This allows ＋人・物＋ to *do*.〉という形の文も覚えておこう。

　解答例はFirst / Secondという接続表現を使って論理の展開を明確にさせ，さらに理由を述べた後にそれを補強する1文を加えることにより，説得力のある本論になっている。

　ほかに挙げられる理由としては，*Career*の観点からThey can get practical advice about their careers directly from their parents.「仕事に関する実際的なアドバイスを親から直接受けられる」，*Family*の観点からThey can help their family in an emergency such as an earthquake.「地震などの非常時に家族を助けられる」などが考えられるだろう。

■結論

　For these reasonsで書き始めて結論を述べることを明確にし，序論で述べた主張を繰り返して文章全体を締めくくっている。いくつかパラフレーズされていることに着目したい。

・（TOPICと序論）　the number of **such people**
　　→ the number of **people who continue to live at home when they grow up**
　　※such peopleを「大人になっても実家に住み続ける人」と具体的に記述している。
・（TOPIC）　continue living with their parents
　　→ continue to live at home
　　※*doing*と to *do*の言い換え，および類義表現による言い換えをしている。
・（TOPIC）　even after they **become adults**
　　→ when they **grow up**
　　※類義表現による言い換えをしている。

このように，結論ではTOPICや序論と全く同じ表現にならないように工夫しよう。

■「そう思わない」という立場ならば

　POINTSのうち*Career*の観点から，More and more employees are required to work in foreign countries because of recent economic globalization.「近年の経済のグローバル化により，ますます多くの従業員が外国で働くことを求められている」などの理由が考えられる。また，*Family*の観点を利用して，More young people will feel that they need to become independent of their family.「より多くの若者が，家族から自立する必要があると感じるだろう」といった理由を挙げることもできるだろう。

18
日目

筆記
5

会話の内容一致選択問題を攻略！③

今日の目標

ここではまず，リスニング第1部の対話の問題で用いられるパラフレーズ（言い換え）を扱う。放送文と，質問文・選択肢との間で異なる単語や表現を用いて同じ内容を表していることに注目したい。内容を本当に理解していなければ正解を選ぶことができない。また，第1部では会話に特有の表現を知っておくと大きな強みになる。会話表現をまとめてチェックしておこう。さらに，選択肢を素早く読むコツを押さえて，最短距離で正解にたどり着く方法を身につけよう。

▶ ポイント1 ▶ パラフレーズ（言い換え）に注意しよう！

　放送文の語句と質問文や選択肢の語句が同じ場合は，対応関係がはっきりしているので比較的解答しやすい。しかし，実際はほかの語句や表現にパラフレーズ（言い換え）されている場合が多いので，注意が必要だ。放送文の内容を正しく理解し，そのパラフレーズを見抜かなければならない。

　パラフレーズには大きく分けて以下の2つがある。

①　単語・熟語を類義語（句）に言い換える
②　1つの事柄を異なる視点からの表現で言い換える
　　（能動態⇔受動態，肯定⇔否定，具体的な表現⇔抽象的な表現など）

例①　単語・熟語のパラフレーズ
　（放送文）get the magazine「その雑誌を手に入れる」
　→（選択肢）buy the magazine「その雑誌を買う」
　（放送文）drink a glass of water「1杯の水を飲む」
　→（選択肢）have some water「水をいくらか飲む」
　（放送文）make dinner「夕食を作る」
　→（選択肢）prepare a meal「食事の用意をする」

例②　異なる視点からのパラフレーズ
　（放送文）I'm hungry.「おなかが空いた」
　→（選択肢）He wants something to eat.「彼は食べ物をほしがっている」
　（放送文）That was too difficult for me.「それは私には難しすぎた」
　→（選択肢）She could not solve the problem.「彼女はその問題を解決することができなかった」
　（放送文）That can't be true.「それが本当のはずはない」
　→（選択肢）He does not believe it at all.「彼はそれを全く信じていない」

第1部の対話でよく出る「依頼」「許可」「勧誘」の表現と，それに対する応答を覚えておこう。これらを知っていれば，放送文がより理解しやすくなる。

① 「依頼する」→「承諾」「断り」

Will you open the window? It's hot in here. — **Sure.**
窓を開けてくれる？　ここは暑いよ。— いいよ。

Can you give me your e-mail address? — **Why not?**
メールアドレスを教えてもらえますか。— もちろん。

Would you please carry this suitcase for me? — **Certainly.**
このスーツケースを運んでいただけますか。— かしこまりました。

Could you tell me the way to the station? — **Sorry**, I'm a stranger here.
駅へ行く道を教えていただけますか。— すみません，この辺りは不案内なんです。

② 「許可を求める」→「承諾」「断り」

Can I use your cell phone? — **No problem.**
携帯電話を借りてもいいですか。— いいですよ。

May I speak to Mr. Okada, please? — **I'm sorry, but** he's out right now.
オカダさんとお話しできますか。— 申し訳ありませんが，ただ今外出中です。

Could I leave a message? — **Just a moment, please.**
伝言を残してもよろしいですか。— 少々お待ちください。

Do you mind if I sit down here? — **No, I don't mind.**
ここに座ってもよろしいですか。— はい，かまいませんよ。

③ 「勧誘する」→「承諾」「断り」

Shall we go to a movie tonight? — **Sounds great!**
今晩映画を見に行きませんか。— いいですね！

How about getting together for lunch tomorrow? — **Sorry, but** I can't make it.
明日ランチを一緒にいかがですか。— 残念ですが，都合がつきません。

Would you like to come to the party? — **With pleasure.**
パーティーにいらっしゃいませんか。— 喜んで。

Why don't we go to see a baseball game on Sunday? — **I'd like to, but** I already have other plans.
日曜日に野球を見に行きませんか。— そうしたいのですが，すでにほかに予定があるんです。

ポイント3 　選択肢を素早く読もう！

　第1部も第2部も，わずか10秒の解答時間で正解を選ばなくてはならない。4つの選択肢をじっくり読む余裕はないので，選択肢をさっと読んで内容を理解するコツを身につける必要がある。そのために，次の2つの点に気を配りたい。

① 選択肢の要点だけを読みとる

　一語一語を丁寧に理解しようとせずに，重要な部分に注目して読むようにしよう。例えば次のような選択肢では，theやhisなどの語はあまり重要でない。太字の部分を理解するだけで，文全体の意味をほぼ正確に把握することができる。

1 Read the newspaper in the living room.	**1** **Read** the **newspaper** in the **living room**.
2 Go shopping with his daughter.	**2** **Go shopping** with his **daughter**.
3 Check e-mails in his room.	**3** **Check e-mails** in his **room**.
4 Have some tea with his wife.	**4** **Have** some **tea** with his **wife**.

　このように，重要な部分のみに着目しながら，時間をかけずに選択肢を読む練習をしよう。

② 共通する部分は飛ばして読む

　4つの選択肢が共通する語句を含む場合がある。特に主語が共通であることが多い。このような場合，何が共通しているかを把握したら，異なる部分だけに意識を集中させるようにしよう。例えば，次のような選択肢があったとしよう。

1 She will take photos of her dog.
2 She will fix her camera.
3 She will buy a new camera next month.
4 She will go to the photo gallery tomorrow.

　文の初めの語句が共通していると一見して分かる。したがって，選択肢**1**のShe willを読み主語と未来表現であることを頭に入れたら，選択肢**2**以降はこの部分を目に入れる必要はない。ここではwillの後にくる動詞以降の表現に着目する。共通の部分が正解を選ぶカギになることはないので，ほかの重要な部分を読むために1秒でも多く時間を充てるようにしよう。

 次のページからは練習問題。ここで学んだことを使って問題を解いてみよう！

対話を聞き，その質問に対して最も適切なものを1，2，3，4の中から一つ選びなさい。

□□ **No. 1**　**1** He will buy a new motorcycle.
　　　　　2 He will find another parking space.
　　　　　3 He will cover the damage costs.
　　　　　4 He will register for a new license.

□□ **No. 2**　**1** It is cheap to backpack in Europe.
　　　　　2 Europe is relatively safe to visit.
　　　　　3 Her friend will meet her in Europe.
　　　　　4 Europe is not popular with backpackers.

□□ **No. 3**　**1** Play the piano.
　　　　　2 Have a free lesson.
　　　　　3 Eat out at a restaurant.
　　　　　4 See an Italian person.

□□ **No. 4**　**1** Staying awake all night.
　　　　　2 How to collect their mail.
　　　　　3 Sending an important package.
　　　　　4 Working out a budget.

□□ **No. 5**　**1** He is still working on it.
　　　　　2 He needs the woman's help.
　　　　　3 He does not have enough data.
　　　　　4 He will ask the boss for more time.

☐☐ **No. 6** **1** He is too tired.

    2 He would rather go shopping.

    3 His legs hurt badly.

    4 It is going to rain.

☐☐ **No. 7** **1** The car may not be safe.

    2 The car seats are not comfortable.

    3 The car is difficult to drive.

    4 The car's price seems high.

☐☐ **No. 8** **1** Ken's behavioral problems.

    2 Ken's passive attitude in class.

    3 Ken's academic performance.

    4 Ken's frequent absences.

☐☐ **No. 9** **1** Bring back an item.

    2 Get another sweater.

    3 Receive a discount.

    4 Speak to the manager.

☐☐ **No. 10 1** He will take her to Regent Street.

    2 He will help her to repair her car.

    3 He will do some work for her.

    4 He will take her shopping.

   make A from B B（原料・材料）からA（製品）を作る   **on time** 時間通りに   **provide A with B** AにBを提供する

NOTES

🔊)) 43〜52

No. 1 解答 3

☆：Excuse me, do you own this white sports car?

★：I do. Why?

☆：Well, you just bumped into my motorcycle when you parked. It has a long scratch on the side now.

★：Oh, I'm sorry. Please give me your name and license number. I'll arrange to pay for any damage.

Question: What did the man say?

☆：すみません，この白いスポーツカーはあなたのですか。

★：そうです。どうしてですか。

☆：あのう，あなたが駐車するときに私のバイクにぶつけたんです。それで側面に長い擦り傷がつきました。

★：ああ，ごめんなさい。お名前と免許証の番号を教えてください。どんな損害でも私がお支払いするように手配します。

質問：男性は何と言ったか。

1 彼は新しいバイクを買う。

2 彼は別の駐車場所を見つける。

3 彼は損害費用を負担する。

4 彼は新しい免許の登録をする。

解説 放送が始まる前に可能な限り選択肢に目を通そう。ここではすべての選択肢がHe willで始まっているので，質問は男性についてだということが前もって分かる。**3**が男性の最後の発言の内容と一致する。（放送文）arrange to pay for any damage →（選択肢）cover the damage costsの言い換えに注意。

□ register for
　〜に登録する

19
日目

リスニング
1

No. 2 解答 2

☆：Dad, I'm thinking of going backpacking in Europe this summer.

★：I don't think that's a good idea, Jenny. It could be dangerous.

☆：Do you really think so? I heard that Europe's crime rate is far lower than America's.

★：Maybe ... but I'd still like you to think more about it. I'm not happy with the idea of a high school student backpacking alone.

Question: What does Jenny tell her father?

backpacking「バックパック旅行」とはリュックサックを背負ってする，あまりお金をかけない旅行のこと。

☆：お父さん，今年の夏にヨーロッパへバックパック旅行に行こうと思っているの。

★：それはいい考えではないね，ジェニー。危険かもしれないよ。

☆：本当にそう思っているの？　ヨーロッパの犯罪率はアメリカよりもずっと低いって聞いたわ。

★：そうかもしれないけれど……それでももっとよく考えてもらいたいんだ。高校生が1人でバックパック旅行をしようなんて，父さんはよく思わないよ。

質問：ジェニーは父親に何と言っているか。

1 ヨーロッパでのバックパック旅行は安い。

2 ヨーロッパは比較的安全な訪問先だ。

3 彼女の友達がヨーロッパで彼女に会う。

4 ヨーロッパはバックパック旅行者に人気がない。

解説 女性の2つ目の発言にあるEurope's crime rate is far lower than America'sを，**2**ではEurope is relatively safe to visit. と言い換えている。「犯罪率がずっと低い」→「比較的安全な訪問先」という，視点を変えた言い換えだ。

No. 3 解答 3

★：Are you doing anything next Friday, Jane?

☆：Well, I have a piano lesson till six. But I'm free after the lesson.

★：Then can I see you sometime afterwards? Let's go out for dinner together. If you like Italian food, I know a great place we could go to.

☆：I'd love to.

Question: What does the man suggest they do?

> ★：今度の金曜日に何か予定はある，ジェーン？
> ☆：ええと，6時までピアノのレッスンがあるわ。でもレッスンの後は空いているわよ。
> ★：それじゃ，その後何時かに会えるかな？ 一緒に夕食を食べに行こうよ。もしイタリア料理が好きなら，行けたらいいなと思っているいい店を知っているんだ。
> ☆：ぜひ行きたいわ。
> 質問：男性は彼らが何をすることを提案しているか。
> 　1 ピアノを弾く。
> 　2 無料のレッスンを受ける。
> 　3 レストランで外食する。
> 　4 イタリア人と会う。

解説 男性は2番目の発言でLet's go out for dinner together. と女性を誘っている。そしてI know a great place we could go toと言っていて，これらの内容が**3**に一致する。このplaceは「店，飲食店」を表し，**3**のrestaurantに相当する。女性の最初の発言および**2**の両方にfreeとlessonという語が含まれるが，引っ掛からないように注意しよう。

No. 4 解答 3

☆：Should we send the models and contracts by special delivery?

★：Yes, they need to get there as quickly as possible.

☆：In that case, overnight mail would be better, but it is more expensive.

★：Never mind the cost. They must get there tomorrow or our clients will cancel the order.

Question: What are they discussing?

> ☆：見本と契約書を速達で送った方がいいかしら。
> ★：うん，できるだけ早く先方に届く必要があるんだ。
> ☆：それなら翌日配達便の方がいいけれど，もっと高くなるわ。
> ★：費用は気にしなくていいよ。明日先方に届かなければならないんだ。でないと取り引き先が注文をキャンセルしてしまうよ。
> 質問：彼らは何について話しているか。
> 　1 徹夜すること。
> 　2 郵便物の収集方法。
> 　3 重要な小包を送ること。
> 　4 経費を計算すること。

解説 対話全体の内容を問う質問。「見本と契約書を速達で送る」「明日届かなければならない」「そうでないと取り引き先が注文をキャンセルする」といった内容から，**3**が正解だと分かる。the models and contractsという具体的な送付物を，**3**ではpackageと言い換えている。また，男性の2番目の発言から，それが重要な（important）ものだと判断できる。なお，**1**に含まれるall nightは対話に出てくるovernightを連想させるが，対話の内容とは無関係なので注意しよう。

No. 5 解答 1

☆：Greg, have you finished writing that report for the boss? It's due tomorrow.

★：Actually, I haven't finished it yet. I just got the data that I need for it this morning.

☆：Oh, that's right. If you need any help, just let me know.

★：Don't worry. I can get everything done if I work overtime tonight. I'll just stay for a couple of hours.

Question: What does the man say about the report?

☆：グレッグ，上司に出すあの報告書は書き終えた？　明日が締め切りよ。

★：実はまだ終えていないんだ。それに必要なデータを今朝手に入れたばかりだから。

☆：ああ，そうだったわね。手伝いが必要だったら教えてね。

★：大丈夫だよ。今晩残業すれば全部終えられるよ。2，3時間だけ残るつもりなんだ。

質問：男性は報告書について何と言っているか。

1 彼はまだそれに取り組んでいる。

2 彼は女性の手伝いを必要としている。

3 彼は十分なデータを持っていない。

4 彼は上司にもっと時間がほしいと頼む。

解説 報告書について男性はI haven't finished it yetと言っている。これと同等の内容を全く別の表現で述べている **1** のHe is still working on it. が正解。（放送文）「まだ終えていない」（＝否定文）→（選択肢）「まだ取り組んでいる」（＝肯定文）という言い換えがなされている点に注意しよう。

No. 6 解答 4

★：I'm really tired of all this rain.

☆：It's been forecast for the rest of the week, too.

★：Well, I guess I'll have to cancel playing golf tomorrow.

☆：That sounds like a smart idea. Actually, we are starting to run out of food and supplies, so going to the supermarket together is a good alternative.

Question: Why can't the man play golf tomorrow?

□ forecast
　〜を予想する，予報する

★：この雨には本当にうんざりだな。

☆：今週もずっと降り続くっていう予報よ。

★：じゃあ，明日ゴルフをするのは中止にしなくてはならないだろうね。

☆：それが賢明だと思うわ。実は，食材と生活必需品が切れかかっているの。だから代わりに，一緒にスーパーに行くのがいいと思うわ。

質問：なぜ男性は明日ゴルフができないのか。

1 疲れすぎているから。

2 むしろ買い物に行きたいから。

3 足がひどく痛むから。

4 雨が降るから。

解説 男性の最初の発言にあるtired ofは「〜にうんざりして」の意味。**1** にあるtired「疲れた」とは意味が異なる。対話に出てくる語句と同一の語句を含む選択肢は誤答のことがあるので，注意したい。女性の最初の発言，およびそれに対する男性の応答から，**4** が正解だと判断できる。

No. 7 解答 **4**

☆：I think we should get this car. I love all the features like the heated seats and the big touchscreen.

★：I don't know. It costs quite a bit more than the other cars we've been looking at.

☆：Well, that's true, but think about all the safety features.

★：Hmm. I did really enjoy the test drive. But let's think about it for a while before we decide.

Question: What does the man worry about?

> ☆：私はこの車を買うのがいいと思うわ。シートヒーターとか大きなタッチスクリーンとか，全部の特徴がすごく気に入ったのよ。
> ★：どうだろうなあ。今まで見てきたほかの車よりもかなり値段が高いよ。
> ☆：まあ，それはそうだけど，すべての安全機能のことを考えてみてよ。
> ★：うーん。確かに試乗はすごくよかったな。だけど決める前にしばらく考えようよ。
> 質問：男性は何を気にしているか。
> **1** その車は安全でないかもしれない。
> **2** その車の座席は快適でない。
> **3** その車は運転しにくい。
> **4** その車の値段は高く思われる。

解説 選択肢はすべてThe car('s)で始まるので，車に関する内容が問われると分かる。**4**のThe car's price seems high.が，男性の発言にあるIt costs quite a bit more than ...「…よりもかなり値段が高い」の部分に相当する。costという動詞を使った文の内容を，**4**では名詞priceや形容詞highを使って言い換えていることに注意。語句にとらわれすぎずに，意味を把握するようにしよう。

No. 8 解答 **3**

☆：Good morning, Ken. Can I chat with you for a while?

★：Sure, Ms. Smith. What would you like to talk about?

☆：Frankly, I'm worried about your slow progress in your studies. You may fail the course unless you study harder.

★：I've been really busy lately, but I promise I'll study harder.

Question: What worries Ms. Smith?

□ chat おしゃべりする

> ☆：おはよう，ケン。ちょっとお話できる？
> ★：はい，スミス先生。何についてのお話ですか。
> ☆：率直に言って，あなたの勉強が遅れているのが気掛かりなの。もっとしっかり勉強しないと，この課程に落第するかもしれないわ。
> ★：このところずっとすごく忙しかったんですが，もっとしっかり勉強すると約束します。
> 質問：スミス先生は何を心配しているか。
> **1** ケンの問題行動。
> **2** ケンの授業中の消極的な態度。
> **3** ケンの学業成績。
> **4** ケンの度重なる欠席。

解説 選択肢にはbehavioral problems「問題行動」，passive attitude「消極的な態度」，academic performance「学業成績」，frequent absences「度重なる欠席」が並ぶ。事前に選択肢に目を通せたら，ケンのどのような点が話題になっているのかに注意して聞きとろう。女性の2番目の発言I'm worried about ...から正解が分かる。この文にあるyour slow progress in your studies「勉強の遅れ」をacademic performanceと表現している**3**が正解。

No. 9 解答 1

★：I'd like to return this sweater and get my money back, please. It's too big.

☆：OK, do you have a receipt?

★：No, I lost it. But I bought it here yesterday—in fact, I bought it from you, at 10 percent off the regular price.

☆：I'm sorry, sir, but our store policy requires a receipt.

Question: What does the customer want to do?

> ★：このセーターをお返しするので，代金を返却してほしいのですが。大きすぎるんです。
> ☆：かしこまりました，レシートはございますか。
> ★：いいえ，失くしてしまいました。でも昨日ここで買ったんです。実はあなたから買って，定価の10パーセント引きでした。
> ☆：申し訳ございません，お客様，当店の決まりでレシートが必要なんです。
> 質問：客は何をしたいと思っているか。
> 1 商品を返却する。
> 2 別のセーターを買う。
> 3 値引きを受ける。
> 4 マネージャーと話す。

解説 男性の最初の発言にあるI'd like to return this sweaterから正解が分かる。1ではreturnをbring backという同義の表現に言い換えている。また，this sweaterという具体的な物を，概念の広いan item「商品」という語に言い換えている。

No. 10 解答 1

☆：Arthur, you live near Blake Street, right? I was wondering if I could ask you to do me a favor after work.

★：Certainly. What is it?

☆：My car is in the shop for repairs. It's at a mechanic's on Regent Street. Could you drop me off there so I can pick it up?

★：Oh, I know that place. Sure. You can meet me in the parking lot at 5:10.

Question: How will the man help the woman?

> I was wondering if I could *do*は「〜してもいいでしょうか」と許可を求める表現。

> □ drop off
> （途中で車などから）〜を降ろす

> ☆：アーサー，あなたはブレーク通りの近くに住んでいるのよね？　仕事の後，頼みごとをしてもいいかしら？
> ★：もちろんだよ。どんなこと？
> ☆：私の車は修理で店に出してあるの。リージェント通りの修理店にあるのよ。私がそれをとりに行けるよう，そこで私を降ろしてくれないかしら？
> ★：ああ，その店なら知っているよ。もちろんいいよ。5時10分に駐車場で会おう。
> 質問：男性はどのようにして女性を手助けするか。
> 1 彼は彼女をリージェント通りに連れていく。
> 2 彼は彼女が車を修理するのを手伝う。
> 3 彼は彼女のために仕事をする。
> 4 彼は彼女を買い物に連れていく。

解説 選択肢はすべてHe willで始まるので，この部分は飛ばして読み，男性の行動に集中して聞こう。女性の発言にMy car is in the shop for repairs.とあるが，repairを含む2とshoppingを含む4はいずれも誤りなので注意。女性はIt's at a mechanic's on Regent Street. Could you drop me off there ...?と言っていることから，1が正解だと判断できる。

be based on 〜 〜に基づいている　　figure out 〜 〜を理解する　　happen to *do* 偶然[たまたま]〜する

文の内容一致選択問題を攻略！③

今日の
目　標

ここでは，パラフレーズと重要な発音のパターンを扱う。第1部と同様，第2部でもパラフレーズは問題を解くときの重要なカギになる。また，リスニング力強化のために，音の「強弱」「連結」「同化」「脱落」を学習しよう。

▶ポイント1 ▶ パラフレーズ（言い換え）に注意しよう！

　第1部の対話と同様に，第2部の英文も放送文の語句が，質問文や選択肢ではほかの単語や表現に言い換えられることが多い。こうした問題では，英文の内容を正確に理解していなければ正しい選択肢を選べない。

　パラフレーズの種類は第1部と同じく次の2つに大きく分けられる。

① 単語・熟語を類義語（句）に言い換える
② 1つの事柄を異なる視点からの表現で言い換える
　（能動態⇔受動態，肯定⇔否定，具体的な表現⇔抽象的な表現など）

　第2部では，放送文と質問文・選択肢の間でパラフレーズが行われるだけでなく，放送文の中でもパラフレーズが出現し，選択肢でさらにパラフレーズされることもある。特に注意して聞きとり，パラフレーズを理解することが必要だ。

例① 単語・熟語のパラフレーズ
　（放送文）build → （選択肢）construct
　（放送文）boring → （選択肢）dull
　（放送文）have a lot of fun → （選択肢）have a great time
　（放送文）select → pick out → （選択肢）choose
　（放送文）build → make → （選択肢）set up

例② 異なる視点からのパラフレーズ
【能動態→受動態】
　（放送文）The first 100 customers will get nice shopping bags for free.
　　　　　「先着100名は素敵なショッピングバッグを無料でもらえる」
　→（選択肢）Shopping bags will be given away.「ショッピングバッグがプレゼントされる」
【具体的→抽象的・包括的】
　（放送文）math, history, P.E., and music「数学，歴史，体育，音楽」
　→（選択肢）subjects「科目」
　（放送文）Victoria went into the shop and bought an orange juice and two coffees.
　　　　　「ビクトリアはその店に入り，オレンジジュースを1つとコーヒーを2つ買った」
　→（選択肢）She got some drinks.「彼女は飲み物を買った」

① 強弱

英語の音声は強弱の差がはっきりしたリズムを持っている。一般に，単独で特定の意味を持つ語（動詞・名詞・形容詞・副詞・数詞・疑問詞・感嘆詞など）は強く発音されるのに対し，前置詞・冠詞・接続詞・助動詞・be動詞・人称代名詞・関係代名詞などは強く発音されない。

例えば，次の英文では通常，太字の部分が強く発音される。

- **Amy likes** a **cup** of **tea** with **lemon** in the **morning.**
  エイミーは朝，1杯のレモンティーを飲むのが好きだ。
- **Remember** to **lock** the **door** when you **leave** this **room.**
  この部屋を出るとき，忘れずにドアに鍵をかけなさい。
- Do you **know what time** he **wants** to **come over**?
  彼が何時に来たいと思っているか知っていますか。
- The **car** should have been **painted** a **different color.**
  この車は違う色に塗るべきだった。

② 連結

語の末尾が子音で，続く語の語頭が母音の場合，この2語を続けて読むと子音と母音がつながって1語のように発音される。この現象を「音の連結（linking）」という。

an apple [ən æpl] → [ənæpl]　　take it [teɪk ɪt] → [teɪkɪt]

put out [pʊt aʊt] → [pʊtaʊt]　　in an hour [ɪn ən aʊər] → [ɪnənaʊər]

③ 同化

隣接する2つの音が互いに影響して，両者に似た性質を持つ別の音に変化することがある。この現象を「音の同化（assimilation）」という。

/t/+/j/ → /tʃ/	next year [nekst jɪər] → [nekstʃɪər]	meet you [miːt ju] → [miːtʃu]
/d/+/j/ → /dʒ/	could you [kəd ju] → [kədʒu]	did you [dɪd ju] → [dɪdʒu]
/s/+/j/ → /ʃ/	this year [ðɪs jɪər] → [ðɪʃɪər]	miss you [mɪs ju] → [mɪʃu]
/z/+/j/ → /ʒ/	as yet [əz jet] → [əʒet]	as you know [əz ju noʊ] → [əʒunoʊ]

④ 脱落

発話のスピードが速いとき，特定の音が発音されないで抜け落ちる現象を「音の脱落（elision）」という。母音の中で脱落が最も著しいのは/ə/の音で，子音の中では/t/と/d/の音が脱落することが多い。

/ə/　camera [kæm(ə)rə]　　family [fæm(ə)li]　　history [hɪst(ə)ri]

/t/　exactly [ɪgzæk(t)li]　　postcard [poʊs(t)kɑːrd]

/d/　landscape [læn(d)skeɪp]　　windmill [wɪn(d)mɪl]

次のページからは練習問題。ここで学んだことを使って問題を解いてみよう！

20
日目

リスニング2

英文を聞き，その質問に対して最も適切なものを1，2，3，4の中から一つ選びなさい。

□□ **No. 1**　**1** He needs to find new work.
　　　　　2 He faces a difficult choice.
　　　　　3 He cannot find an apartment downtown.
　　　　　4 He cannot sell his car.

□□ **No. 2**　**1** She was praised by her boss.
　　　　　2 She finished her report.
　　　　　3 She got a promotion.
　　　　　4 She did not have to work late.

□□ **No. 3**　**1** To help his sister.
　　　　　2 To grow his own vegetables.
　　　　　3 To reduce his tension.
　　　　　4 To sell roses and sunflowers.

□□ **No. 4**　**1** There were a lot of mistakes in it.
　　　　　2 He had not practiced it enough.
　　　　　3 He became very nervous.
　　　　　4 The content was not interesting.

□□ **No. 5**　**1** It is often eaten by insects.
　　　　　2 It attracts water to dry areas.
　　　　　3 It only grows in hot places.
　　　　　4 It needs little water to live.

□□ **No. 6** **1** She became the best student in the class.
   2 She helped one of her classmates.
   3 Her course marks got better.
   4 Her health slowly improved.

□□ **No. 7** **1** He is happy being a dishwasher.
   2 He spends most of his time alone.
   3 He sometimes gets tips from customers.
   4 He is better paid than the servers.

□□ **No. 8** **1** Watch horses compete.
   2 Give food to the animals.
   3 Hear an expert's lecture.
   4 Win big prizes.

□□ **No. 9** **1** He invented a way of communicating.
   2 He was the father to many children.
   3 He could not hear very well.
   4 He taught his sisters to speak French.

□□ **No. 10** **1** To explain the details about a new product.
   2 To share a new format for memos.
   3 To inform about new rules about clothing.
   4 To introduce new employees.

🔊 53〜62

No. 1 解答 2

Frank is looking at new apartments, but is having some trouble. Some are large enough for him, but far away from town. He would have to drive his car a long way to work each day. Apartments downtown are smaller and conveniently close to almost everything, but are much more expensive. At the moment, he still doesn't know what he will do.

Question: Why is Frank having trouble?

> フランクは新しいアパートを下見しているのだが，いくつか問題がある。十分な広さがある物件はあるが，町から遠い。彼は毎日仕事へ行くのに長距離を運転しなければならないだろう。町の中心部のアパートはより狭く，ほとんど何でも近くにあって便利だが，ずっと高い。今のところ，彼はどうするかまだ分からない。
> 質問：なぜフランクは困っているのか。
> 1 新しい仕事を探す必要があるから。
> 2 難しい選択に直面しているから。
> 3 町の中心部にアパートを見つけることができないから。
> 4 自分の車を売ることができないから。

解説 最初の文の前半で「アパートを探している」という状況が分かる。後半のbut is having some troubleが聞こえたら，その具体的な説明が続くと予測できるので集中して聞きとろう。「広いアパートは町から遠い」，「町の中心部のアパートは便利だが高い」という内容が述べられており，どちらにするか決めかねている状況をfaces a difficult choiceと表現した**2**が正解。英文の具体的な内容を**2**では手短にまとめている。

No. 2 解答 1

Recently, Paula has been very busy at work. Last week, she had to work overtime every night to write a report. She was nervous about it because she had to rush to finish it. However, at today's meeting, her boss said that she had done an excellent job on it. She was glad to hear that, and she hopes that she can continue to impress him in order to get a promotion.

Question: Why was Paula happy today?

> このところ，ポーラは仕事がとても忙しかった。先週，彼女は報告書を書くため，毎晩残業しなければならなかった。急いでそれを仕上げなければならなかったので，彼女は不安だった。ところが，今日の会議で，彼女はその件で素晴らしい仕事をしたと上司が言った。彼女はそれを聞いてうれしく思い，昇進するために，彼に好印象を与え続けられることを願っている。
> 質問：ポーラは今日，なぜうれしかったのか。
> 1 彼女は上司に褒められたから。
> 2 彼女は報告書を仕上げたから。
> 3 彼女は昇進したから。
> 4 彼女は遅くまで仕事をする必要がなかったから。

解説 her boss said that she had done an excellent job on itの部分が，ポーラがうれしかった理由に当たる。この内容を，praise「〜を褒める」という動詞を使って簡潔に言い換えている**1**が正解。**1**では主語がSheなので，受動態になっている点にも注意しよう。

A enough to *do* 〜するほど十分A な　　along with 〜 〜と一緒に　　be aware of 〜 〜に気づいている

No. 3 解答 3

Brad was looking for a relaxing hobby to relieve his stress. His sister recommended gardening. She told him it was good outdoor exercise and very peaceful. At first, he wasn't sure, but he decided to try it. After a while, Brad had to admit that planting and caring for roses and sunflowers gave him a nice, calm feeling.

Question: Why did Brad take up gardening?

□ take up　～を始める

> ブラッドはストレスを和らげるためにリラックスできる趣味を探していた。彼の姉［妹］はガーデニングを勧めた。彼女は，ガーデニングは屋外でのよい運動で，とても心が安らぐと彼に言った。最初，彼は確信が持てなかったが，やってみることに決めた。しばらくすると，ブラッドは，バラやヒマワリを植えたり世話をしたりすると楽しく穏やかな気持ちになると認めざるを得なかった。
> **質問：**なぜブラッドはガーデニングを始めたのか。
> **1** 姉［妹］を手伝うため。
> **2** 自分の野菜を育てるため。
> **3** ストレスを軽減するため。
> **4** バラとヒマワリを売るため。

解説 第1文「ストレス軽減のための趣味を探していた」→第2文・第3文「姉［妹］がガーデニングを勧めた」→第4文「ガーデニングを始めた」という流れ。この内容から**3**が正解。類義語を使って，（放送文）relieve his stress →（選択肢）reduce his tension という言い換えがなされている。

No. 4 解答 3

Last week, Yuta gave a speech in an English speech contest. Before the contest, his English teacher kindly helped him to fix the mistakes, and he spent a lot of time practicing. However, when he saw all the people in the audience, his hands began to shake, and his heart started beating much faster than normal. Although the content of his speech was excellent, he came in seventh place, so he was disappointed.

Question: What was the problem with Yuta's speech?

□ come in
　（競技などで）～等になる

> 先週，ユウタは英語スピーチコンテストでスピーチをした。コンテストの前，彼の英語の先生は彼が間違いを直すのを親切に手伝ってくれて，彼は練習に多くの時間をかけた。ところが，居並ぶ聴衆の面々を目にすると，彼の手は震えだして，心臓はいつもよりずっと速くどきどきしだした。彼のスピーチの内容は素晴らしかったのだが，彼は7位になり，がっかりした。
> **質問：**ユウタのスピーチの問題は何だったか。
> **1** それには間違いがたくさん含まれていた。
> **2** 彼はそれを十分に練習しなかった。
> **3** 彼はとても緊張した。
> **4** 内容が面白くなかった。

解説 ユウタがスピーチをする際の様子は，his hands began to shake, and his heart started beating much faster than normal「彼の手は震えだして，心臓はいつもよりずっと速くどきどきしだした」と述べられている。この具体的な描写を，正解の**3**では形容詞nervous「緊張した」を用いて言い換えている。「放送文の具体的な内容を，包括的な短い語句で言い換える」という典型的な正解のパターンだ。

be concerned about ～　～を心配している　　be related to ～　～に関連している　　carry out ～　～を実行する　　159

No. 5 解答 4

Yarrow is a plant that grows all over the world. It is often planted in gardens because it attracts good insects and keeps bad ones away. Yarrow can survive without much water, so it is a favorite among people who have gardens in hot and dry places. The plant also has special chemicals in its leaves that can stop bleeding.

Question: What is one thing the speaker says about yarrow?

> ノコギリソウは世界中に生育する植物だ。それはよい昆虫を誘引し悪い昆虫を近づけないので，しばしば庭に植えられる。ノコギリソウは水の量が多くなくても枯れないので，暑くて乾燥した場所に庭がある人達に大人気である。この植物はまた，出血を止めることのできる特殊な化学物質を葉に含んでいる。
>
> 質問：ノコギリソウについて話者が言っていることの1つは何か。
>
> 　　**1** それはよく昆虫に食べられる。
> 　　**2** それは乾燥した地域に水を引き寄せる。
> 　　**3** それは暑い場所でのみ育つ。
> 　　**4** それは生育するのにほとんど水を必要としない。

解説 冒頭にyarrowという耳慣れない語があるが，それが何であるかの説明が続くので，あせらずにしっかり聞こう。**4**のIt needs little water to live. が，英文のYarrow can survive without much waterの部分に相当する。（放送文）survive →（選択肢）live，（放送文）without much water →（選択肢）needs little waterという言い換えによって，同じ内容を表していることに注意したい。

No. 6 解答 3

Richard was one of the best students in his class, and he spent a lot of time studying. One day, he noticed that one of his classmates, Jill, was not doing too well in the class. Although he was busy, he offered to help her. With his advice, Jill's grades slowly got better.

Question: What happened to Jill?

> リチャードはクラスで最も優秀な生徒の1人で，多くの時間を勉強に費やしていた。ある日，彼はクラスメートの1人のジルがクラスであまり成績がよくないことに気づいた。彼は忙しかったけれども，彼女を手伝おうと申し出た。彼の助言のおかげで，ジルの成績は少しずつよくなった。
>
> 質問：ジルに何が起こったか。
>
> 　　**1** 彼女はクラスで一番優秀な生徒になった。
> 　　**2** 彼女はクラスメートの1人を手伝った。
> 　　**3** 彼女の授業の成績がよくなった。
> 　　**4** 彼女の健康が少しずつ回復した。

解説 最後の文にあるJill's grades slowly got betterから正解が分かる。**3**ではこのgradesをcourse marksと言い換えている。**4**に含まれるslowly improvedはslowly got betterの同意表現だが，健康のことは述べられていないので**4**を選ばないように注意。また，**2**に含まれるhelpedは英文ではhelpの形で出ている。さらにone of her classmatesは英文にあるone of his classmatesに類似している。しかし同じ形で出てはいても，Jillは手伝ったのではなく手伝ってもらった方なので，**2**を選ばないようにしよう。

No. 7 解答 1

Jack works as a dishwasher at a restaurant every summer. He knows all the service staff and cooks. He also gets to know a lot of regular customers. The pay is low, and he doesn't get any tips. Even so, he likes the job a lot because he has made many friends there and hopes to keep them forever.

Question: What do we learn about Jack?

□ regular customer
常連客

> ジャックは毎年夏にレストランで皿洗いとして働いている。彼はサービス係とコックを全員知っている。彼はまた，たくさんの常連客とも知り合いになっている。給料は安く，チップは全く受けとっていない。それでもこの仕事が大好きなのは，そこで多くの友人ができ，彼らとずっと付き合っていきたいと望んでいるからである。
> 質問：ジャックについて何が分かるか。
> **1** 彼は皿洗いであることに満足している。
> **2** 彼はほとんどの時間を1人で過ごす。
> **3** 彼は時々客からチップをもらう。
> **4** 彼は給仕係より給料がよい。

解説 英文の最初の文と最後の文の両方が正解を得るカギになる問題。最初の文にある works as a dishwasher と，最後の文にある likes the job a lot という2つの内容から，**1**が正解だと分かる。the job は dishwasher の仕事を指している。動詞を使った likes the job a lot という表現を，選択肢**1**では形容詞を使って is happy being a dishwasher と言い換えていることに注意しよう。

No. 8 解答 2

Welcome to the Larson County Fair! Today at 10, listen to animal expert Jackie Shilling talk about cows. At noon, watch the horse jumping competition and win big prizes! Finally, don't miss the mini zoo area. Children will love touching the sheep, feeding the rabbits, and riding the ponies in this fantastic zone. There's something for everyone at the Larson County Fair!

Question: What is one thing people can do in the mini zoo area?

> ラーソン郡フェアへようこそ！　本日10時に，動物の専門家ジャッキー・シリングの，牛についての話をお聞きください。正午には，馬のジャンプ競争をご覧になり，豪華賞品を当ててください！　最後に，ミニ動物園エリアをお見逃しなく。子供達はこの素晴らしい場所でヒツジに触ったり，ウサギにえさをやったり，ポニーに乗ったりして大喜びするでしょう。ラーソン郡フェアには，皆様お1人お1人にお楽しみいただけるものがあります！
> 質問：ミニ動物園エリアでできることの1つは何か。
> **1** 馬が競争するのを見る。
> **2** 動物にえさをやる。
> **3** 専門家の講演を聞く。
> **4** 豪華な賞品を当てる。

解説 冒頭の文でフェアの案内放送であることを把握しよう。第2文以下で催し物の内容がいくつか述べられている。第4文でミニ動物園エリアに触れ，続く文でミニ動物園エリアでできることが紹介されている。feeding the rabbits を**2**では Give food to the animals. と言い換えていることに注意。feed と give food to は同じ意味。また，rabbits という特定の動物名は，animals という広い概念の語に言い換えられている。

No. 9 解答 **1**

In the mid-18th century, French priest Charles-Michel de l'Épée saw two sisters communicating with each other through hand movements because they could not hear. Seeing this, de l'Épée decided to create a sign language. He opened the world's first school for deaf people in the 1760s to teach his new language. Because of his efforts, de l'Épée became known as the "Father of the Deaf."

Question: What can be said about Charles-Michel de l'Épée?

> 18世紀中ごろ，フランス人聖職者のシャルル・ミシェル・ド・レペーは，2人の姉妹が，耳が聞こえないので手の動きでお互いに意思疎通をしているのを見た。これを見て，ド・レペーは手話を作り出すことを決心した。1760年代に彼は自分の新しい言語を教えるために世界初のろう学校を開いた。彼の尽力のため，ド・レペーは「ろう者の父」として知られるようになった。
>
> 質問：シャルル・ミシェル・ド・レペーについて言えることは何か。
> **1** 彼は意思疎通をする方法を作り出した。
> **2** 彼は多くの子供達の父親だった。
> **3** 彼は耳がよく聞こえなかった。
> **4** 彼は自分の姉妹にフランス語の話し方を教えた。

解説 第1文「耳が聞こえない姉妹が手の動きで意思疎通する（communicating）のを見た」，第2文「sign languageを作り出す決心をした」，第3文「自分の新しい言語（= sign language）を教えるためにろう学校を開いた」という全体の流れを理解することが必要な問題。**1**では，英文中のcreate a sign languageをinvented a way of communicatingと言い換えている。createとinventは類義語。a sign languageはa way of communicatingという抽象的な言い方になっている点に注意したい。

No. 10 解答 **3**

We would like to inform you of our summer dress code that will be introduced from this year. From June to September, all employees are not required to wear jackets or ties. This will allow everyone to work comfortably during the hot and humid season. We can also expect to save money on our electric bill. Please check the memo that will be sent out later today to find out what will not be allowed, for example, T-shirts and jeans.

Question: Why is this announcement being made?

> 今年から導入される夏期の服装規定についてお知らせします。6月から9月まで，全従業員はジャケットとネクタイを着用する必要はありません。このことにより，高温多湿の時季に全従業員が快適に勤務できるでしょう。また電気代を節約することも見込めます。本日，後ほど送られる社内連絡を確認して，例えばTシャツやジーンズなど何が許可されないかを確かめてください。
>
> 質問：このアナウンスはなぜ行われているのか。
> **1** 新製品の詳細を説明するため。
> **2** 社内連絡の新しい書式を伝えるため。
> **3** 新しい服装規定を告知するため。
> **4** 新入社員達を紹介するため。

解説 冒頭で「夏期の服装規定についてお知らせします」と述べられていて，これがこのアナウンスの目的だと考えられる。したがって**3**が正解。第2文以降では，服装規定の具体的な内容が述べられている。**3**にあるrules about clothingは，英文中のdress codeの言い換えであることを見抜けるかがポイント。**4**にあるintroduceが英文の第1文に受動態で出ているが，引っ掛からないようにしよう。

実力完成模擬テスト

1 次の(1)から(17)までの（　　　）に入れるのに最も適切なものを1，2，3，4の中から一つ選び，その番号を解答用紙の所定欄にマークしなさい。

□□ **(1)** *A:* Do you know how long Kelly will stay in Paris?

B: She said she would be there for about a year while she (　　　) in a French language program.

1 participates **2** persuades **3** conflicts **4** interrupts

□□ **(2)** The finance (　　　) had a difficult decision to make concerning the nation's budget for the coming year.

1 heritage **2** relationship **3** majority **4** minister

□□ **(3)** The writer gained a (　　　) for outstanding work after her latest book, *Fire in the Wind*, became a best-seller.

1 representative **2** reputation **3** display **4** favor

□□ **(4)** Jason was amazed by his first trip to an African village, and (　　　) much of his time there to studying the local culture.

1 regained **2** connected **3** devoted **4** translated

□□ **(5)** First, the professor gave a general outline of the main topic of her lecture. Then, she changed the (　　　) to look at the details.

1 illustration **2** approval **3** correction **4** focus

□□ **(6)** *A:* I didn't know the bat is not a kind of birds until recently.

B: Yeah, there is a clear (　　　) between them. Birds lay eggs and bats give birth.

1 distinction **2** foundation **3** construction **4** execution

□□ **(7)** At the job interview for the big company, Tom tried to (　　　) his new marketing ideas effectively to the interviewers.

1 refuse **2** communicate **3** cooperate **4** earn

□□ **(8)** When Steve saw the small fire at his office, he (   ) put it out. The fire department later said his quick reaction may have saved many lives.
1 relatively   **2** immediately   **3** increasingly   **4** unnaturally

□□ **(9)** At Jim's local community center, there are (   ) courses available, including flower arranging, painting, and foreign-language learning.
1 violent   **2** extreme   **3** various   **4** strict

□□ **(10)** The former manager of the sales department retired from the company, and Emma became the new manager. She was happy to be (   ) to such an important position.
1 assigned   **2** assumed   **3** commuted   **4** occupied

□□ **(11)** Although Susan wanted a pay raise, every time she saw the boss, she was too nervous to (   ) the subject.
1 break into   **2** bring up   **3** make up   **4** catch on

□□ **(12)** Visitors to any foreign country are (   ) its laws, and so they should be sure to obey them during their stay.
1 gained on   **2** fallen for   **3** based on   **4** subject to

□□ **(13)** *A:* I'm impressed Sandy manages to (   ) with her work despite so many difficulties.
B: She's such a hard worker. But maybe we should tell her to get some rest.
1 bring back   **2** carry on   **3** get over   **4** put off

□□ **(14)** The skater finished his performance and got third place (   ) the injury he received in the accident during practice.
1 according to   **2** opposite to   **3** instead of   **4** in spite of

□□ **(15)** Mike and Jerry worked all night repairing the engine ( ). This gave each of them a chance to rest.

1 by turns   **2** as follows   **3** for years   **4** in places

□□ **(16)** Since Jun joined as a striker, he has made a big ( ) to the school soccer team. Last year, they only won three times, but this year they have already won 10 times.

1 proposal   **2** knowledge   **3** patrol   **4** difference

□□ **(17)** Thomas was ( ) of the risks associated with smoking, but despite repeated advice from his doctor, he did not change his behavior.

1 angry   **2** short   **3** aware   **4** bad

[A]　　　　　　　　　　**Bionics**

Artificial arms or legs help physically challenged people move around. Most artificial limbs, however, (**18**). They do not have the flexibility or strength of real human arms or legs. So, some scientists have accepted the challenge of constructing more complex devices. These scientists work in the field of bionics. Creating bionic arms that can do what normal human arms can, or even more, is actually not an especially difficult challenge to achieve. Bionic eyes that can zoom in or out are also not difficult to create. However, linking these sorts of advanced machines to the human body is not easy.

One problem is that the nervous system—the cells that connect the brain to the rest of the body—is extremely complex. A true bionic arm would have to somehow connect to the millions of nerve cells at the shoulder. A bionic eye would also have to link to those in the eyeball. Scientists do not fully understand how to do this, (**19**) progress has been accordingly slow. The developing of bionic legs that would allow physically challenged people to walk or bionic eyes that would permit the visually challenged to see would take more time.

More breakthroughs have occurred, however, with bionics that can improve the strength of people who are not physically challenged. These bionics do not need to connect to human nerve cell endings. Instead, they are placed outside or on top of a healthy person. Some of these new "exoskeletons" worn on the human body enable wearers to lift large objects or work with industrial tools more precisely. Scientists continue to (**20**) to improve upon the natural state of the human body.

□□ **(18)** **1** are hardly perfect　　　　　　**2** tend to be expensive
　　　　3 are no longer made　　　　　　**4** are easy to maintain

□□ **(19)** **1** even though　　　　　　**2** even so
　　　　3 and so　　　　　　**4** as long as

□□ **(20)** **1** give out the tickets　　　　　　**2** come up with ways
　　　　3 have words with others　　　　　　**4** produce various kinds of food

[B]　　　　The Psychology of Fundraising

Fundraising, or asking people to donate money, is important so that charities can help those who are sick, poor, or need various kinds of help. These days, charities often use methods based on psychology to make their fundraising efforts more effective. One technique that has been shown to be helpful is to first (**21**   ). One study found that when charities ask someone to answer questions or participate in a volunteer activity rather than asking for financial gifts, people are likely to be in a generous mood later. Then, they will often provide a larger donation when asked for one.

It also seems that people want to be part of a winning team. Another study has shown that people are more likely to donate money when it seems that a goal is within reach. (**22**   ), if a charity can show that it is close to achieving its target, people are more likely to open up their wallets and donate money.

Furthermore, some researchers believe that it is a mistake to discuss (**23**   ). For instance, if a charity talks about millions of people suffering from a disease, it can make people worry that nothing can be done to make things better. If they become pessimistic, they are less likely to give. Instead, focusing on a single victim helps people to feel concern for that person, and makes them feel they can help him or her. Techniques like these are becoming increasingly popular and are helping to increase the amount of money that people donate.

□□ **(21)** **1** request a tiny donation　　　**2** give someone a compliment
　　　　　 3 request a person's time　　　**4** make someone feel embarrassed

□□ **(22)** **1** Nevertheless　　　　　　　　**2** Therefore
　　　　　 3 In contrast　　　　　　　　　**4** In return

□□ **(23)** **1** how the money will be used　　**2** the size of a problem
　　　　　 3 the group's past successes　　　**4** other similar charities

21
日目

模擬テスト

3

次の英文[A], [B]の内容に関して，(24)から(31)までの質問に対して最も適切なもの，または文を完成させるのに最も適切なものを1，2，3，4の中から一つ選び，その番号を解答用紙の所定欄にマークしなさい。

[A]

From: Tara Steigler <tara.steigler@blakewell.net>
To: Tom Winston <tom.winston@ace1manufacturing.com>
Date: April 25
Subject: Last Meeting

Dear Mr. Winston,

Thank you for agreeing to meet me yesterday on such short notice to hear my presentation. At that time, I could only give you a brief overview of what our company does. I've attached a more detailed digital brochure about us.

I know that when we spoke, you had some concerns about our prices. Specifically, you noted they are about 15% higher than most of our competitors. We do understand why this may seem too expensive. However, we normally charge more because our service is world-class. In the digital brochure, you will be able to read about other major clients who are very satisfied with everything we have done for them. We not only take care of all your accounting needs but also provide regular consulting on financial techniques and laws. Our wide range of services is included in any price quote we give you.

After taking a look at the attached materials, I hope we can meet again soon to discuss how our company can be of help to you.

Sincerely,
Tara Steigler
Senior Associate
Blakewell Accounting & Consulting

□□ **(24)** What did Ms. Steigler do yesterday?

    1 She gave Mr. Winston an introduction to her company's services.

    2 She asked Mr. Winston to join her digital accounting company.

    3 She told Mr. Winston about a new accounting position.

    4 She accepted Mr. Winston's offer to print product brochures.

□□ **(25)** What does Ms. Steigler say about her company?

    1 It offers some of the most reasonable prices.

    2 It fully supports all its clients' needs.

    3 It has branches in many different countries.

    4 It gives money back if the service is inadequate.

□□ **(26)** Ms. Steigler says that Mr. Winston should

    1 review the most recent accounting laws.

    2 sign and return the enclosed materials.

    3 meet with her again shortly.

    4 tell her more about his company.

21
日目

模擬テスト

[B]　　　　　　　　　Lateness

When someone makes a habit of being late, the people who have to wait for them often become very annoyed. People these days are extremely busy than in the past, and when someone regularly causes delays, it is easy for other people to think that they are the type of person who does not consider the needs or feelings of others. Psychology researchers, however, believe that the reason for lateness is complicated. Most people who frequently arrive late are organized people who do care about others.

One explanation for lateness could be differences in people's ability to estimate time. In one experiment, researcher Jeff Conte tested Type A people, who are ambitious and like to win, and Type B people, who are creative and more relaxed. When he asked them to judge how long one minute was without looking at a clock, Type A people thought it had ended after 58 seconds, whereas Type B people believed it took 77 seconds. The ability to estimate time well appears to be one of the important factors in avoiding lateness.

In addition, some experts have noticed that people who are unsure of themselves may feel a need to spend more time on their work, or try on many different outfits before going out, causing them to miss deadlines or arrive late. Therefore, it seems that lack of confidence may result in lateness. On the other hand, too much confidence can also cause trouble. People who think their ability is better than it really is may take on too many projects and be unable to complete them on time.

There are various ways that people can overcome their lateness habit. For example, when estimating how long something will take, it can be useful to think about how long each of the individual steps will take. This can help to give a more accurate idea of the length of the whole project or activity. Another good idea is to be less optimistic about time. Instead of believing that everything will happen on schedule, think about what could possibly go wrong and allow additional time for it.

(27) It is common to believe that when someone is often late,

    1 it shows that the person is unorganized.

    2 it is because the person is being selfish.

    3 the person should try to make themselves less busy.

    4 the person needs to explain why it happened.

(28) What does Jeff Conte's experiment show?

    1 Type A people often win against Type B people in contests with a time limit.

    2 Type A people seem to have a better sense of time than Type B people.

    3 Type B people are often slower than Type A people because they are more relaxed.

    4 Type B people do not care as much about others as Type A people do.

(29) What do some psychologists think about repeated lateness?

    1 It is just as serious in one's personal life as it is in a working situation.

    2 It is often caused because people do not know when a deadline is.

    3 It seems to be related to how much people believe in themselves.

    4 It comes from not understanding how much trouble lateness can cause.

(30) One way that people can be late less often might be

    1 to imagine problems that could make it harder to do things timely.

    2 to try to do fewer activities so you have more time for each one.

    3 to believe that you will be on time so that it can become a reality.

    4 to try to get help from individuals who are rarely late.

(31) Which of the following statements is true?

    1 The reasons for being late have become more complex in recent years.

    2 People with confidence perform and work better than those who lack confidence.

    3 Many projects actually take less time than people think they will.

    4 Some people who are often late are actually able to make plans efficiently.

4 ライティング（英文要約）

● 以下の英文を読んで、その内容を<u>英語で要約</u>し、解答欄に記入しなさい。

● 語数の目安は45語～55語です。

● 解答は、解答用紙の英文要約解答欄に書きなさい。<u>なお、解答欄の外に書かれたものは採点されません。</u>

● 解答が英文の要約になっていないと判断された場合は、<u>0点と採点されることがあります。</u>英文をよく読んでから答えてください。

In cities, some people use buses or trains to travel around, while others prefer to drive everywhere in cars. There is also another choice. Some people use bicycle-sharing services to hire bicycles for short amounts of time.

There are some reasons for using such services. For example, finding a place to park people's own bicycles may be difficult when going to work or school, but renters can use bicycle-sharing stations near train stations or in other convenient places. Also, bicycles sometimes get flat tires or stop working properly. People who use bicycle-sharing services do not have to fix such problems.

On the negative side, when people travel at busy times of day, all of the bicycles might be being used by other people. In addition, bicycle-sharing stations are not always near people's homes. Because of this, some people cannot easily get to the place where they want to go.

5 ライティング（英作文）

● 以下の**TOPIC**について，あなたの意見とその<u>理由を2つ</u>書きなさい。
● **POINTS**は理由を書く際の参考となる観点を示したものです。ただし，これら以外の観点から理由を書いてもかまいません。
● 語数の目安は80語〜100語です。
● 解答は，解答用紙の英作文解答欄に書きなさい。なお，<u>解答欄の外に書かれたものは採点されません</u>。
● 解答が**TOPIC**に示された問いの答えになっていない場合や，**TOPIC**からずれていると判断された場合は，<u>0点と採点されることがあります</u>。**TOPIC**の内容をよく読んでから答えてください。

TOPIC

In recent years, many cities have banned smoking on sidewalks and in other public places. Do you think all cities should do this?

POINTS
- *Safety*
- *Health*
- *Right*

第1部

🔊)) 63~78

□□ **No. 1** **1** The client will visit her.
2 There was a problem finding tickets.
3 The business meeting was canceled.
4 There will be a conference on the Internet.

□□ **No. 2** **1** He has put on weight.
2 He is doing too much exercise.
3 He is unable to find a gym.
4 He cannot get cakes or candies.

□□ **No. 3** **1** She is learning Spanish.
2 She is from Argentina.
3 She wants to travel to Mexico.
4 She is going to teach a language.

□□ **No. 4** **1** Buy a new house.
2 Change his home's interior.
3 Ask a decorator for advice.
4 Return to the shop with his wife.

□□ **No. 5** **1** To hire new staff.
2 To go to lunch.
3 To work late.
4 To finish his work quickly.

No. 6
1 Finish school next month.
2 Leave his current company.
3 Rewrite his résumé.
4 Apply to many companies.

No. 7
1 None are available.
2 She does not have enough money.
3 She has never used one before.
4 The park only rents rowboats.

No. 8
1 Buy a sports shirt for her husband.
2 Give a sports video game to her husband.
3 Get her husband some tickets for a game.
4 Take Adam to meet her husband.

No. 9
1 He will cancel a reservation.
2 He will go to pick up the food.
3 He will book the meeting place.
4 He will change the order.

No. 10
1 The deadline is this Friday.
2 The topic must be about the sky.
3 She is finished with hers already.
4 She will lend the man her supplies.

1 To change the monthly report deadline.

2 To ask her about the boss's meeting.

3 To pass on the boss's request.

4 To get her new e-mail address.

1 The sale has already ended.

2 They do not have any sugar in them.

3 People can only buy three boxes each.

4 They are not actually organic.

1 Buy Purple Rose perfume.

2 Look at a popular brand.

3 Shop for perfume elsewhere.

4 Ask the clerk for advice.

1 Their colleagues' marriage.

2 A colleague from Jamaica.

3 A problem with the marketing department.

4 An important meeting on June 27.

1 She is staying too far from Lyon.

2 She cannot find her baggage.

3 She is not in the right place.

4 She does not have the right ticket.

☐☐ **No. 16** **1** There is a weather emergency.

　　　　　　 2 The school will find photographers.

　　　　　　 3 A lecture on photography will be given.

　　　　　　 4 Some students are absent from class.

☐☐ **No. 17** **1** A long list of air pollution causes in London.

　　　　　　 2 Some solutions to the problem of air pollution.

　　　　　　 3 A lot of information on the effects of burning coal.

　　　　　　 4 A list of industries causing the smoky air.

☐☐ **No. 18** **1** He started taking a useful class.

　　　　　　 2 He asked his boss for a promotion.

　　　　　　 3 He had the highest sales in the company.

　　　　　　 4 He got a job at a computer company.

☐☐ **No. 19** **1** It shoots poison on its attackers.

　　　　　　 2 It moves at a fast speed.

　　　　　　 3 It shows a part of its body.

　　　　　　 4 It enters the mouths of its attackers.

☐☐ **No. 20** **1** The suit did not match his fashion style.

　　　　　　 2 The clothing store offered very low prices.

　　　　　　 3 One of the items was very expensive.

　　　　　　 4 His wife did not like the tie.

21
日目

模擬テスト

No. 21
1 They may not have been real.
2 They have been rebuilt in a secret area.
3 There are pictures of them in old documents.
4 There were many rare plants in their terraces.

No. 22
1 She wants to reduce her travel time.
2 She has asked for a salary increase.
3 She does not want the same job as Sabrina.
4 She still wants to be a flight attendant.

No. 23
1 By buying a ticket for *Chicago Sunset*.
2 By going to the snack counter.
3 By writing a movie review.
4 By going to another Silver Cinemas theater.

No. 24
1 He did a study on the lake near his house.
2 He saw a media report about a major problem.
3 He heard about it from his neighbors.
4 An environmentalist visited his home.

No. 25
1 Wait for him in the classroom.
2 Arrive at school at 9:30.
3 Go directly to the museum.
4 Meet him at the East Entrance.

□□ **No. 26** **1** She is afraid of flying.

2 She has to travel at low cost.

3 She wants to see the countryside.

4 She does not like riding on buses.

□□ **No. 27** **1** Get a new office job.

2 Begin a different career.

3 Buy some beautiful paintings.

4 Demand a higher salary.

□□ **No. 28** **1** She started sleeping longer hours.

2 She started buying more magazines.

3 She started doing a new job.

4 She started doing regular exercise.

□□ **No. 29** **1** It depends on physical contact.

2 Even young children can enjoy it.

3 It requires using all the muscles from head to toe.

4 It is an exciting sport.

□□ **No. 30** **1** The hairstyles available in her salon.

2 The kinds of products she uses.

3 The web address of her business.

4 The prices in her shop window.

実力完成模擬テスト 解答一覧

正解を赤で示しています。（実際の試験ではHBの黒鉛筆またはシャープペンシルを使用してください。）

筆記解答欄

問題番号		1	2	3	4
1	(1)	①	②	③	④
	(2)	①	②	③	④
	(3)	①	②	③	④
	(4)	①	②	③	④
	(5)	①	②	③	④
	(6)	①	②	③	④
	(7)	①	②	③	④
	(8)	①	②	③	④
	(9)	①	②	③	④
	(10)	①	②	③	④
	(11)	①	②	③	④
	(12)	①	②	③	④
	(13)	①	②	③	④
	(14)	①	②	③	④
	(15)	①	②	③	④
	(16)	①	②	③	④
	(17)	①	②	③	④

筆記解答欄

問題番号		1	2	3	4
2	(18)	①	②	③	④
	(19)	①	②	③	④
	(20)	①	②	③	④
	(21)	①	②	③	④
	(22)	①	②	③	④
	(23)	①	②	③	④
3	(24)	①	②	③	④
	(25)	①	②	③	④
	(26)	①	②	③	④
	(27)	①	②	③	④
	(28)	①	②	③	④
	(29)	①	②	③	④
	(30)	①	②	③	④
	(31)	①	②	③	④

リスニング解答欄

問題番号		1	2	3	4
第1部	No. 1	①	②	③	④
	No. 2	①	②	③	④
	No. 3	①	②	③	④
	No. 4	①	②	③	④
	No. 5	①	②	③	④
	No. 6	①	②	③	④
	No. 7	①	②	③	④
	No. 8	①	②	③	④
	No. 9	①	②	③	④
	No. 10	①	②	③	④
	No. 11	①	②	③	④
	No. 12	①	②	③	④
	No. 13	①	②	③	④
	No. 14	①	②	③	④
	No. 15	①	②	③	④
第2部	No. 16	①	②	③	④
	No. 17	①	②	③	④
	No. 18	①	②	③	④
	No. 19	①	②	③	④
	No. 20	①	②	③	④
	No. 21	①	②	③	④
	No. 22	①	②	③	④
	No. 23	①	②	③	④
	No. 24	①	②	③	④
	No. 25	①	②	③	④
	No. 26	①	②	③	④
	No. 27	①	②	③	④
	No. 28	①	②	③	④
	No. 29	①	②	③	④
	No. 30	①	②	③	④

※筆記4の解答例はp.190，筆記5の解答例はp.192を参照してください。

筆記1 問題p.163〜165

(1) 解答 **1**

A: ケリーがどのくらいパリに滞在するのか知っていますか。

B: フランス語の講座を**受講する**間，1年ほどそこにいるつもりだと彼女は言っていましたよ。

解説 空所後のinがヒントになる。participate (in)「（〜に）参加する」。persuade「〜を説得する」，conflict (with)「（〜と）対立する，相反する」，interrupt「〜の邪魔をする」

(2) 解答 **4**

来年度の国家予算に関して，財務**大臣**は難しい決断を迫られていた。

解説 finance ministerで「財務大臣」の意味。ほかにprime minister「首相」も覚えておこう。concerningは「〜に関して」。heritage「遺産」，relationship「関係」，majority「大多数」

> have a decision to make
> は「決断を迫られている」
> という意味。

(3) 解答 **2**

その作家は最新作『風の中の火』がベストセラーになってから，卓越した仕事ぶりで**名声**を得た。

解説 reputation「名声，評判」。gain a reputationで「名声を得る」の意味になる。representative「代表者」，display「展示，陳列」，favor「好意，親切な行為」

(4) 解答 **3**

ジェイソンはアフリカの村へ初めて旅行して驚嘆し，そこでの多くの時間**を**その土地の文化の研究に**費やした**。

解説 devote A to B「A（時間・努力など）をBにつぎ込む，ささげる」。devoteとtoが離れているが，両者の結びつきを読みとることがカギ。connectもtoと結びつき，connect A to Bで「AをBにつなぐ」を意味する。regain「〜をとり戻す」，translate「〜を翻訳する」

(5) 解答 **4**

まず，教授は講義の主題の概要について話した。それから，彼女は**話の焦点**を変えて詳細に目を向けた。

解説 general outline「概要」からdetails「詳細」へとfocus「焦点」を移す流れをつかもう。illustration「例証，挿絵」，approval「承認」，correction「修正」

(6) 解答 **1**

A: 私は最近までコウモリは鳥の一種ではないということを知らなかったんだ。

B: そうだね，コウモリと鳥の間には明確な**相違点**があるんだ。鳥は卵を産んで，コウモリは子を産むんだよ。

解説 distinction「相違（点），区別」。問題文のようにdistinction between「〜の間の相違[区別]」の形でよく使われる。foundation「基礎」，construction「建設」，execution「実行，処刑」

(7) 解答 **2**

その大手企業の面接試験で，トムは自分の新しいマーケティングのアイデア**を**面接官に効果的に**伝え**ようとした。

解説 communicate A to B「A（情報など）をB（人）に伝える」。〈動詞＋A＋to＋B〉の構文を見抜けるかどうかがポイントになる。refuse「〜を断る」，cooperate「協力する」，earn「〜を稼ぐ，得る」

21
日目

模擬テスト

(8) 解答 **2**

スティーブは自分の事務所のぼやを見つけて，**すぐに**それを消し止めた。消防署は後に，彼の素早い対応が多くの命を救ったと思われると語った。

解説 put out は「（火など）を消す」の意味。2文目にある his quick reaction から，スティーブが「すぐに」（immediately）火を消したと判断できる。relatively「比較的」，increasingly「ますます」，unnaturally「不自然に」

(9) 解答 **3**

ジムの地元のコミュニティセンターでは，生け花，絵画，外国語学習などさま**ざまな講座**が受講できる。

解説 including「～を含む」の後にいくつかの具体例が示されていることから，空所には various「さまざまな，いろいろな」がふさわしいと判断できる。various は variety「いろいろ，多様性」と語源的に関連がある語。violent「暴力的な」，extreme「極端な」，strict「厳しい」

(10) 解答 **1**

前任の営業部長が会社を退職し，エマが新しい部長になった。そのような重要な役職に**任命**されて，彼女は喜んでいた。

解説 assign は，assign A to B の形で「A（人）を B（役職など）に就かせる，任命する」の意味になる。空所を含む文はこれが受動態で使われており，be assigned to B「B（役職など）に任命される」という形になっている。assign はこの意味では受動態がよく使われる。assume「～と仮定する」，commute「通勤［通学］する」，occupy「～を占める」

(11) 解答 **2**

スーザンは昇給を望んでいたのだが，上司に会うといつも気弱になって話**を切り出せ**なかった。

解説 bring up「（話題など）を持ち出す」。〈bring「持ってくる」＋ up「表面へ，現れて」〉のイメージで覚えよう。break into「（建物など）へ押し入る」，make up「～を構成する」，catch on「理解する」

(12) 解答 **4**

いかなる外国でも訪問者はその国の法律**の支配下に置かれる**ので，滞在中は必ずそれに従わなければならない。

解説 カンマ以下にある should be sure to obey ...「～に必ず従わなければならない」という内容につなげるためには，空所には「従属している」を意味する subject が適切。be subject to で「（規則など）に従属している，（規則など）の支配下にある」という意味。gain on「～に近づく」，fall for「（うまい話など）に引っ掛かる，～を好きになる」，(be) based on「～に基づいている」

(13) 解答 **2**

A: とても多くの難題があるにもかかわらず，サンディが仕事を**どうにかして続ける**ことには感銘を受けるよ。
B: 彼女は本当に働き者だよね。でもちょっと休息をとるように言った方がいいのじゃないかな。

解説 carry on with「（仕事など）を続ける」。空所前の manage to do「何とか～する」も重要表現だ。bring back「（物）を返す」，get over「（困難など）を克服する」，put off「～を延期する」

(14) 解答 **4**

練習中の事故で負ったけが**をものともせず**，そのスケート選手は演技を終えて3位を獲得した。

解説 空所後には「けがを負った」という不利な状況が述べられている。したがって空所に in spite of「～にもかかわらず，～をものともせず」を入れると，空所前の内容と適切につながる。according to「～によれば」，opposite to「～と反対で」，instead of「～の代わりに」

(15) 解答 1

マイクとジェリーは一晩中**交替で**エンジン修理の作業をした。こうすることで，それぞれが休む機会を確保できた。

解説 2文目に「それぞれが休めた」ことが述べられているので，「交替で，代わる代わる」(by turns) 作業したと判断できる。turn には「順番」の意味がある。as follows「次の通り」，for years「何年もの間，長い間」，in places「ところどころに」

(16) 解答 4

ジュンがストライカーとして加わって以来，彼は学校のサッカーチームに大きな**変化**をもたらした。昨年，チームは3勝しかしなかったが，今年はすでに10勝している。

解説 make a difference で「違いを生じさせる，重要である」の意味。2文目に去年と今年のことが対照的に述べられていて，「大きな変化をもたらした」(made a big difference) とするのが適切。proposal「提案」，knowledge「知識」，patrol「巡回」

(17) 解答 3

トマスは喫煙に伴う危険性を**分かって**いたが，医師から繰り返しアドバイスを受けたにもかかわらず，行動を改めなかった。

解説 be aware of「～に気づいている，～を知っている」。空所後の of がヒントになる。short は short of の形で「～が足りない」を意味するが，文脈に合わない。angry「腹を立てた」は，怒りの対象が「物事」の場合は at / about / over が，「人」の場合は with / at が続く。bad「悪い」

21 日目

模擬テスト

□ **physically challenged**
　身体の不自由な
□ **artificial limb**
　義肢（義手と義足）
□ **flexibility**　柔軟性
□ **bionic**　生体工学の，(身体
　の一部に) 機械を組み込んだ

□ **nervous system**　神経系

□ **accordingly**
　それに応じて，したがって
□ **visually challenged**
　目の不自由な

□ **breakthrough**
　飛躍的進歩，発展

□ **improve upon**
　～をよりよいものにする

筆記 2A　　問題p.166

生体工学

　義手や義足は，身体が不自由な人が動き回るのに役立つ。しかし大部分の義肢は完璧なものとは言いがたい。それらは本物の人間の腕や脚の柔軟性や強さを備えていないのである。そこで一部の科学者達は，より複雑な器具を作るという難問に挑んでいる。これらの科学者は生体工学の分野で働いている。通常の人間の腕と同じ，あるいはそれ以上のことができる人工腕を作ることは，実は達成するのがとり立てて難しい課題ではない。ズームインやズームアウトすることができる人工眼を作ることも難しくはない。しかし，こうした先進的な機器を人体につなげるのは容易なことではない。

　問題の1つは，脳を体のほかの部分につなげる細胞である神経系が極めて複雑だということである。本物と呼べる人工腕は，肩のところで何百万もの神経細胞に何らかの形でつながっていなければならない。人工眼もまた，眼球にある神経細胞とつながっていなければならない。科学者達は，これを行う方法を完全には分かっておらず，したがって進歩の度合いもそれに応じて遅々としている。身体が不自由な人が歩くことを可能にする人工の脚や，目の不自由な人が物を見えるようにする人工眼の開発には，まだ時間がかかるだろう。

　しかし，身体が不自由でない人の力を増大させることができる生体工学技術においては，より多くの飛躍的進歩があった。これらの生体工学技術では，人間の神経細胞の末端につながっている必要はない。その代わり，それらは健常者の外部や体表に取りつけられる。人体に装着されるこれらの新しい「外骨格」のいくつかは，着用者が大きな物体を持ち上げたり，産業用工具を使った作業をより正確に行ったりすることを可能にする。科学者達は，人体の生まれながらの状態を向上させるための方法を考え出し続けているのである。

(18)　解答　**1**

解説　第1文「義手や義足は有用である」→第2文「しかし，大部分の義肢は（　　　　）」→第3文「本物の腕や脚に劣る」という流れから，空所にはare hardly perfect「完璧なものとは言いがたい」が適切。空所の前にhoweverがあるので，第1文のプラスイメージとは逆のマイナスイメージを持つ表現が空所に入ると判断できる。**2**と**3**もこれに該当するが，意味的に第3文につながらない。
　2「高価である傾向がある」
　3「もう作られていない」
　4「維持管理するのが容易である」

(19)　解答　**3**

解説　空所の前と後の記述の関係を考える。空所の前では「これを行う方法を完全には分かっていない」という否定的な内容が述べられている。そして空所の後では，「進歩の度合いもそれに応じて遅い」という，同じく否定的な内容が記されている。前者の内容が後者の内容の原因・理由となっているので，空所には順接の意味を持つ語句が入ると考えられ，and so「したがって，だから」が適切。accordingly「それに応じて」という語があることもヒントになる。
　1「～であるにもかかわらず」
　2「たとえそうでも」
　4「～である限り」

(20) 解答 2

解説 第3段落では，健常者が装着する機器の分野で生体工学技術が飛躍的に進歩していることが述べられている。空所を含む文の前文では，機器を着用すると「大きな物を持ち上げられる」，「産業用工具を使った作業をより正確に行える」という具体例を挙げている。それを受けた最終文の空所には，come up with ways「方法を考えつく，方法を考え出す」を入れるのが適切。空所後にあるimprove upon the natural state of the human body「人体の生まれながらの状態を向上させる」は，前文で挙げた具体例を包括的に表現したもの。

1「チケットを配る」
3「ほかの人達と口論する」
4「さまざまな種類の食べ物を製造する」

筆記 2B　問題p.167

募金活動の心理学

　募金活動，すなわち人々にお金を寄付してくれるように依頼することは，慈善団体が病気の人や貧しい人やさまざまな援助を必要としている人を支援するために重要である。近ごろは，募金活動のとり組みをより効果的にするため，慈善団体はしばしば心理学に基づいた手法を利用している。効果があると証明されている1つのテクニックは，まず人に時間の提供を求めることだ。ある研究が明らかにしたところでは，慈善団体が金銭的な寄贈を求めるのではなく，質問への回答やボランティア活動への参加を依頼すると，人々はその後寛大な気持ちになる可能性が高い。その結果，彼らは寄付を依頼されると，しばしばより多くの寄付金を供出するのである。

　また，人は勝ち組に加わることを望むと思われる。別の研究では，目標が実現可能だと思える場合の方が，人はお金を寄付する傾向が強いと証明されている。したがって，慈善団体がもう少しで目標を達成することを示せば，人が財布を開いてお金を寄付する可能性が高まるのである。

　さらに，一部の研究者は，問題の大きさについて論じるのは誤りだと考えている。例えば，慈善団体が病気で苦しんでいる何百万人もの人のことを話題にすれば，事態を改善するために何もできないのではないかと，人々を不安に思わせることになりかねない。悲観的になれば，寄付をする可能性は低くなる。そうではなく，ある1人の困窮者に焦点を当てると，人々がその人を気遣うことにつながり，その人を助けることができるという気持ちにさせる。このようなテクニックはますます一般的になってきており，人々が寄付するお金の額を増やす一助となっている。

---

(21) 解答 3

解説 空所を含む文の次の文にある when ..., people are likely to be in a generous mood laterの部分に注目。when以下に「質問への回答やボランティア活動への参加を依頼する」という具体的な記述があり，これに相当する **3**「人に時間の提供を求める」が正解。この文の最後にあるlater「その後」が，空所の直前にあるfirst「まず」に対応していることを読みとれれば，when以下が「まず行うこと」だと判断できる。

1「わずかな寄付を求める」
2「人に賛辞を言う」
4「人を当惑させる」

解答・解説

(22) 【解答】 **2**

【解説】 接続表現の問題なので，空所の前と後の関係を考える。空所の前の文では，「目標が実現可能だと思えると寄付をする傾向が強い」ことが述べられている。また，空所を含む文では，「もう少しで目標を達成することを示せれば，寄付の可能性が高まる」ことを記している。この両者の内容から，空所には順接の**2**「したがって」が入る。
- **1**「それにもかかわらず」
- **3**「対照的に」
- **4**「お返しに」

(23) 【解答】 **2**

【解説】 何について論じることが誤りなのかは，空所の次のFor instance「例えば」以降で具体例が示されている。すなわち「多数の困窮者を引き合いに出すと寄付は少なくなる」ことが述べられているので，空所には**2**「問題の大きさ」が適切。
- **1**「そのお金はどのように使われるか」
- **3**「その団体の過去の成功例」
- **4**「ほかの同様の慈善団体」

筆記 3A 問題p.168〜169

発信人：タラ・ステイグラー <tara.steigler@blakewell.net>
宛先：トム・ウィンストン <tom.winston@ace1manufacturing.com>
日付：4月25日
件名：前回の打ち合わせ

ウィンストン様
急なお願いにもかかわらず，昨日私と会ってプレゼンテーションをお聞きになることに同意してくださり，ありがとうございました。その際は，当社の業務について手短に概要をご説明することしかできませんでした。当社に関するより詳細なデジタル版パンフレットを添付いたします。
お話しした際，当社の価格について懸念をお持ちだったことは承知しております。具体的には，大半の競合他社より15パーセントほど割高であることをご指摘になりました。なぜこれが高額すぎるように思えるのかは当社でも確かに理解しております。しかし，当社が通常，他社より高額な料金を請求するのは，当社のサービスが世界一流のものだからです。デジタル版パンフレットでは，当社が行った業務のすべてに非常にご満足いただいている，ほかの主要取り引き先についてお読みいただけます。当社は貴社の経理上のニーズのすべてを処理するだけでなく，財務にかかわる技術と法律についての定期的なコンサルティングも行います。当社の広範にわたるサービスが，お渡しするどの価格見積りにも含まれております。
添付書類をご覧いただいてから，近々またお会いして，当社がどのようにして貴社のお役に立てるかについて話し合いができれば幸いです。

敬具
タラ・ステイグラー
シニア・アソシエイト
ブレークウェル・アカウンティング・アンド・コンサルティング

NOTES

☐ on short notice
急な話で，知らされてからすぐ

☐ overview　概略

☐ attach　〜を添付する

☐ brochure　パンフレット

☐ specifically　具体的には

☐ quote　見積り（書）

186

(24) 解答 1

ステイグラーさんは昨日何をしたか。
1 彼女の会社のサービスの概要をウィンストンさんに説明した。
2 彼女のデジタル会計会社に加わるようウィンストンさんに頼んだ。
3 新しい経理の職についてウィンストンさんに教えた。
4 製品パンフレットを印刷するというウィンストンさんの提案を承諾した。

解説 第1段落第1文で「昨日ウィンストンさんに会った」ことが，第2文で「手短に概要を説明することしかできなかった」ことが述べられている。したがって1が正解。（Eメール）give ... a brief overview of ～ → （選択肢）gave ... an introduction to ～，および（Eメール）what our company does → （選択肢）her company's services という2つの言い換えがなされている。

(25) 解答 2

ステイグラーさんは自分の会社について何と言っているか。
1 最も手ごろな価格のいくつかを提示する。
2 得意先のすべてのニーズを完全に支援する。
3 さまざまな国に支店がある。
4 サービスが不十分な場合は返金する。

解説 第2段落第6文に，「経理上のニーズのすべてを処理するだけでなく，財務にかかわる技術と法律についての定期的なコンサルティングも行う」ことが述べられている。この内容が2に一致する。Eメールにある take care of all your accounting needs と provide regular consulting on financial techniques and laws を合わせた内容を，2では fully supports all its clients' needs と表現している。

(26) 解答 3

ステイグラーさんがウィンストンさんにやるべきだと言っているのは
1 最新の会計関連法を再度調べる。
2 同封の資料に署名して返送する。
3 近々もう一度彼女に会う。
4 彼の会社についてもっと彼女に話す。

解説 第3段落にある I hope we can meet again soon ... の部分から，3が正解だと判断できる。（Eメール）soon → （選択肢）shortly の言い換えに注意。

□ enclose ～を同封する

解答・解説

□ make a habit of *doing*
　〜するのを常とする，いつも〜する

□ whereas
　（その）一方で，〜であるのに

□ outfit　衣装一そろい

□ take on
　（仕事など）を引き受ける

□ optimistic　楽天的な

□ allow　〜を充てる

遅れること

　誰かが常習的に遅れる場合，その人を待たなければならない人はしばしば非常にいらいらする。近ごろの人は以前に比べて極めて忙しく，誰かが頻繁に遅れると，そういう人は他人のニーズや気持ちを考慮しないタイプの人だと他人は考えがちだ。しかし，心理学の研究者は，遅れる理由というのは複雑だと考えている。頻繁に遅刻する人のほとんどは，まさしく他人に気を使う，てきぱきとした人なのである。

　遅れることに関して1つの説明となるのは，時間を見積もる能力が人によって異なることだろう。ある実験で，研究者のジェフ・コンテは，野心的で勝つことが好きなタイプAの人達と，創造力があってより落ち着いているタイプBの人達を調査した。時計を見ないで1分の長さを判断するよう依頼したところ，タイプAの人達は58秒で1分が過ぎたと思い，一方，タイプBの人達は1分過ぎるのに77秒かかると思った。時間を上手に見積もる能力は，遅れることを避けることにおける重要な要素の1つだと思われる。

　加えて，自分に自信がない人は，仕事により多くの時間をかけたり，外出する前にいろいろな服を試したりする必要を感じることがあり，その結果，締め切りに間に合わなかったり遅刻したりするということに一部の専門家は気づいている。したがって，自信の欠如が遅れにつながると思われる。その一方で，自信過剰もまた問題の原因となり得る。自分の才能が実際以上に優れていると考えている人は，プロジェクトをたくさん引き受けすぎて，それらを時間通りに仕上げることができないかもしれない。

　遅れる習慣を克服できる方法はいろいろある。例えば，ある物事がどの程度の時間を要するか見積もる際は，個々の段階がそれぞれどの程度の時間を要するか考えることが有効だろう。これは，プロジェクトや活動の全体の長さについてのより正確な認識をもたらすことに効果がある。もう1つの優れた考え方は，時間に関してあまり楽観的にならないことだ。すべてが予定通りに進むと考えるのではなく，うまくいかない可能性がある物事を考慮して，そのために余分の時間をとっておくべきである。

(27)　**解答**　2

一般的な考えでは，誰かが頻繁に遅刻する場合，
　1 それはその人がきちんとしていないことを示す。
　2 それはその人が利己的だからだ。
　3 その人は忙しさを減らすように努めるべきだ。
　4 その人はなぜそうなったのか説明する必要がある。

解説 問題文のIt is common to believe that when someone is often late, ... は，第1段落第2文にあるwhen someone regularly causes delays, it is easy for other people to think that ... とほぼ同じ意味。したがって，このthat以下にあるthey are the type of person who does not consider the needs or feelings of others「他人のニーズや気持ちを考慮しないタイプの人だ」に相当する選択肢が正解。**2** ではこの内容をselfish「利己的な」と表している。

(28) 解答 **2**

ジェフ・コンテの実験は何を明らかにしているか。
1 タイプAの人達は時間制限のある競技でタイプBの人達にしばしば勝利する。
2 タイプAの人達はタイプBの人達よりも時間の感覚が勝っていると思われる。
3 タイプBの人達はより落ち着いているので，タイプAの人達よりもしばしば動きが遅い。
4 タイプBの人達はタイプAの人達ほどにはほかの人を気にしない。

解説 1分の長さを判断する実験について，第2段落の第3文でType A people thought it had ended after 58 seconds, whereas Type B people believed it took 77 seconds と述べられている。すなわち Type A の方が正確だったことが分かり，これを have a better sense of time「時間の感覚が勝っている」と表現している**2**が正解。

(29) 解答 **3**

繰り返し遅れることについて，一部の心理学者はどのように考えているか。
1 それは仕事の場面においてと全く同様に，私生活においても深刻だ。
2 それはしばしば締め切りがいつなのか知らないために起こる。
3 それはどの程度自分を信じているかに関係していると思われる。
4 それは遅れることがいかに多くの問題につながるかを理解していないことが原因だ。

解説 第3段落の第1文と第2文から正解が分かる。第1文に people who are unsure of themselves「自分に自信がない人」，第2文に lack of confidence「自信の欠如」とあり，自信がない人が遅刻しやすいと思われることが述べられている。how much people believe in themselves「どの程度自分を信じているか」という表現を使って遅刻と自信の関係を述べている**3**が正解。

(30) 解答 **1**

遅れる回数を減らす方法の1つとして考えられるのは
1 物事を適切なタイミングで行うのを困難にするような問題を想像することだ。
2 個々の活動にもっと時間を充てるために，行う活動の数を減らすようにすることだ。
3 それが現実のこととなるように，自分は時間を守ると信じることだ。
4 めったに遅れない人に手助けしてもらうようにすることだ。

解説 第4段落には2つの方法が述べられている。最後の2文で2つ目が紹介されており，その中の think about what could possibly go wrong の部分が**1**に相当する。what could possibly go wrong「うまくいかない可能性がある物事」を，**1**では problems that could make it harder to do things timely「物事を適切なタイミングで行うのを困難にするような問題」と大幅に言い換えている。

(31) 解答 **4**

以下の記述のうちどれが正しいか。
1 遅刻する理由は近年ではより複雑化している。
2 自信のある人は自信のない人よりもよい業績を上げる。
3 多くのプロジェクトは人々が考えるよりも実際は時間がかからない。
4 頻繁に遅れる人の一部は，実際は効率的に計画を立てる能力がある。

解説 英文全体にかかわる問題。第1段落の最後にある Most people who frequently arrive late are organized people who do care about others. が**4**に相当する。キーワードは organized だ。organize は「～を準備［計画］する」「～を系統立てる，まとめる」の意味。この動詞の過去分詞からきている形容詞 organized は，人について用いると「効率的に予定を組める，系統立った考え方ができる，段取りのよい」といった意味合いを持つ。この内容を，**4**では able to make plans efficiently「効率的に計画を立てる能力がある」と表現している。

21
日目

模擬テスト

解答・解説

筆記 4 問題p.172

解答例

Some people use bicycle-sharing services to get around. Such services are more convenient than owning a bicycle, since people do not need to worry about parking or repairing their bicycles. However, some people cannot use such services easily because bicycles are unavailable at sharing stations or they cannot get bicycles near their homes.　　　　　　　　　　　　　　（53語）

訳

　都市部ではあちこち移動するのにバスや電車を利用する人がいる一方，どこへ行くにも車を運転するほうがいいという人もいる。さらに別の選択肢もある。短時間自転車を借りるために自転車シェアリングサービスを利用する人もいる。

　そのようなサービスを利用するのにはいくつかの理由がある。例えば，仕事や学校に行くときに自分の自転車を駐輪する場所を見つけるのが難しいことがあるが，利用者は駅の近くやそのほかの便利な場所の自転車シェアリングステーションを利用することができる。また，自転車は時にはパンクしたり正常に動かなくなったりすることがある。自転車シェアリングサービスを利用する人は，こういった問題を解決する必要はない。

　マイナス面として，一日のうちの混雑時間帯に移動するときは，自転車が全部ほかの人に使われているかもしれない。それに加え，自宅の近くに自転車シェアリングステーションがあるとも限らない。そのため，行きたい場所へ容易に行くことができない人もいる。

解答例訳

動き回るのに自転車シェアリングサービスを利用する人もいる。このようなサービスは自転車を所有するよりも便利である。というのは，自転車の駐輪や修理に気を使う必要がないからだ。しかしながら，自転車シェアリングステーションの自転車が利用できなかったり，自宅の近くで自転車を調達できなかったりするため，このようなサービスを容易に利用できない人もいる。

解説

■英文の構成
　第1段落：都市部での移動方法　①バスや電車　②車　③自転車シェアリングサービスの利用
　第2段落：自転車シェアリングサービスを利用する理由（利点）
　　　　　①駅の近くや便利な場所で自転車シェアリングステーションを利用できる
　　　　　　（**For example** で例示）
　　　　　②パンクや故障の修理をしなくてよい（**Also** で2つ目の例示）
　第3段落：自転車シェアリングサービスの欠点
　　　　　①自転車が全部借り出されているかもしれない
　　　　　　（**On the negative side** で対比）
　　　　　②自宅近くに自転車シェアリングステーションがないことがある
　　　　　　（**In addition** で2つ目の例示）
　　　　　このため目的地へ容易に行けない人もいる

　上記の内容から**全体のテーマ**は第1段落の③「自転車シェアリングサービスの利用」だと分かる。

■解答例の構成
　3つの段落の要点をそれぞれ1文で書いている。
1文目：**第1段落から抽出した全体のテーマ** = 自転車シェアリングサービスの利用
2文目：**第2段落の要約** = 自転車シェアリングサービスの<u>利点</u>とその<u>2つの例</u>
3文目：**第3段落の要約** = 自転車シェアリングサービスの<u>欠点</u>とその<u>2つの例</u>

1文目
・travel around を**類義表現**の get around にパラフレーズしている。

2文目　〈(第2段落の要旨), **since** people do not need to worry about（例①）**or**（例②).〉
・1文目を受けて **Such** services「このようなサービス」を主語にしている。such を使うことにより前の文と自然につながるので，2文目に such を使うのは有効な方法の1つだ。**By doing this,** …「こうすることにより，…」などの文にすることもできる。
・2つの利点を more convenient と**総括的**に述べ，その後に例を続けている。
・「駅の近くや便利な場所で自転車シェアリングステーションを利用できる」と「パンクや故障の修理をしなくてよい」に相当する内容を，**別の観点**から do not need to worry about ～「～に気を使う必要がない」とまとめている。

3文目　〈**However**,（第3段落の要旨）**because**（例①）**or**（例②).〉
・However は On the negative side のパラフレーズ。
・例①は all of the bicycles might be being used by other people → bicycles are **unavailable** とパラフレーズしている。unavailable「利用［入手］できない」という**総括的**で抽象的な語を使って簡潔にまとめている点に注目したい。
・例②は bicycle-sharing stations are not always near people's homes と同等の内容を they cannot get bicycles near their homes と表現している。get という平易な語を使ったパラフレーズである。

21
日目

模擬テスト

□ ban 〜を禁止する

□ tip 先端

□ cigarette たばこ

□ might 〜かもしれない

□ get burned やけどする

□ ash 灰

□ habit 習慣

□ illegal 違法の

□ sidewalk 歩道

筆記 5 問題p.173

解答例

In my opinion, smoking in public places should be banned in all cities. Firstly, doing this will make the streets safer for everyone. Smokers are not careful about the burning tip of their cigarettes when they walk around. Some people might get burned by a careless smoker. This will also make the streets cleaner, because there will be less ash and cigarettes on the ground. Smokers often carelessly drop their cigarettes after they finish smoking. It is a bad habit. For these reasons, all cities should make smoking in public places illegal to make the streets safer and cleaner. (99語)

訳

TOPIC
近年，多くの都市が歩道やそのほかの公共の場所での喫煙を禁じるようになっています。あなたはすべての都市がそうすべきだと思いますか。

POINTS
● 安全性
● 健康
● 権利

解答例訳

私の意見では，公共の場所での喫煙はすべての都市で禁じられるべきです。第一に，そうすることで街路が誰にとってもより安全になります。喫煙者は歩行中に燃えているたばこの先端に注意を払っていません。不注意な喫煙者のせいでやけどをする人がいるかもしれません。また，これにより街路をより清潔にすることができます。というのは，地面の灰や吸い殻が減るからです。喫煙者はたばこを吸い終わった後，しばしば不用意にたばこを捨てます。これは悪い習慣です。これらの理由から，街路をより安全にそしてより清潔にするため，すべての都市は公共の場所での喫煙を違法とするべきです。

解 説

> この問題では，「すべての都市における公共の場所での喫煙の禁止」について賛否を述べることが求められている。解答例では「賛成」の立場を表明し，POINTSの1つである「安全性」と，POINTSにない独自の観点である「清潔さ」という2つの観点から理由を述べている。

■序論

In my opinion「私の意見では」を冒頭に置いて，「公共の場所での喫煙はすべての都市で禁じられるべきだ」という**賛成の立場を明確に表現**している。TOPICではmany cities have banned smokingおよびall cities should do thisのように，能動態が用いられている。一方，解答例ではsmoking in public places should be banned in all citiesと受動態の文になっている。

■本論

Firstly「第一に」で文を始め，1つ目の理由を述べている。**1つ目の理由であることを示す**ために，このような語句を冒頭に置くようにしよう。ここではPOINTSにある「安全性」の観点を利用して，「そうすることで街路がより安全になる」と述べている。続く2つの文で「たばこの火でやけどをする可能性がある」ことを記し，「より安全になる」という内容を具体的に説明している。

2つ目の理由はThis will also ...で書き始めている。also「また，さらに」という語を使うことによって，**2つ目の理由を述べることを明確**にしている。そして「清潔さ」という観点を使って「街路をより清潔にすることができる」と述べ，「喫煙者が捨てる灰や吸い殻が減る」という具体的な説明を続けている。

このように，2つの理由はそれぞれ**「理由」→「理由を補足する具体的な記述」**という構成にするのが望ましい。

ほかの理由としては，POINTSにある「健康」の観点から，smoking is bad for health「喫煙は健康に悪い」ということや，lung cancer「肺がん」などの病気になりやすいと論じることができるだろう。また，Passive smoking is a serious problem because it may harm people around the smoker.「喫煙者の周りにいる人に害を及ぼすことがあるので，受動喫煙は深刻な問題である」といった内容も論拠になる。

□ lung cancer　肺がん
□ passive smoking
　受動喫煙
□ harm　〜を害する

■結論

For these reasons「これらの理由から」で文を始めている。結論を述べる文の冒頭にこのような語句を置くと，**この文で結論を述べるということが明確**になる。それに続き，2つの理由を要約したto make the streets safer and cleaner「街路をより安全にそしてより清潔にするため」という記述とともに，**序論で記した賛成の立場を改めて述べて文章を締めくくっている**。ここではall cities should make smoking in public places illegalという表現に注目したい。これはTOPICにあるmany cities have banned smoking on sidewalks and in other public placesとall cities should do thisと同様の内容を，別の文構造で表現したものである。すなわち，TOPICに含まれるban「〜を禁止する」という動詞が表す内容を，make 〜 illegal「〜を違法にする」という別の表現に置き換えている。このように，**結論ではTOPICの言い回しや序論ですでに使った表現を変えて**，文章に変化を持たせるように心掛けよう。これは高得点を得るカギの1つだ。

■「反対」の立場ならば

「権利」の観点を利用して，Everyone has the right to smoke outside.「誰しもが外で喫煙する権利がある」などの理由を述べることができる。また，Heavy taxes are imposed on cigarettes and all smokers pay the taxes.「たばこには重い税金がかかっており，すべての喫煙者はその税金を払っている」という視点も考えられるだろう。

□ impose　（税など）を課す

193

リスニング 第1部 ◀))) 63〜78   問題p.174〜176

No. 1 解答 **4**

★：Jenny, did you get your ticket for that business trip to London?
☆：Didn't I tell you? I don't need to anymore.
★：What happened? Did the client cancel the meeting?
☆：No, but they agreed to have a videoconference via the Internet.
Question: Why isn't Jenny going to London?

> ★：ジェニー，あのロンドン出張のチケットは手に入れたかい？
> ☆：言ってなかったかしら。もう必要ないのよ。
> ★：何があったの？ 顧客が会議を取り消したの？
> ☆：いいえ，先方がインターネットでテレビ会議をすることを了承したの。
> 質問：なぜジェニーはロンドンに行かないのか。
> 　1 顧客が彼女を訪問するから。
> 　2 チケットを見つけるのに問題があったから。
> 　3 商談が取り消されたから。
> 　4 インターネットで会議が行われるから。

解説 女性の2番目の発言「先方がインターネットでテレビ会議をすることを了承した」から正解が分かる。男性の「顧客が会議を取り消したのか」という質問に女性はNoと答えているので，**3**を選ばないようにしよう。

No. 2 解答 **1**

★：I really need to do something, Becky. I've gained 4 kilograms over the last few months.
☆：That's really unhealthy, Walter. Have you thought about exercising regularly?
★：Yeah, but I just have so much to do at work. I can't find any time to go to the gym or anything like that.
☆：Try to work out at least 45 minutes a day. If you cut down on cakes and candy, you'll feel a lot better, too.
Question: What is Walter's problem?

> ★：僕は本当に何かする必要があるんだよ，ベッキー。ここ2，3カ月で体重が4キロ増えたんだ。
> ☆：それは本当に不健康ね，ウォルター。定期的に運動しようと考えたことはある？
> ★：うん，でも職場でやらなくちゃいけないことがたくさんあってね。ジムに行くとかそういうことをする時間が全然ないんだ。
> ☆：1日に少なくとも45分は運動するようにしなさいよ。それに，ケーキとキャンディーを減らせば，ずっと調子もよくなるはずよ。
> 質問：ウォルターの問題は何か。
> 　1 彼は体重が増えた。
> 　2 彼は運動をしすぎている。
> 　3 彼はジムを見つけられない。
> 　4 彼はケーキやキャンディーを手に入れられない。

解説 男性は最初の発言で「体重が4キロ増えた」と言っていて，その後，減量についてのやりとりが続いている。したがって**1**が正解。対話中ではgained 4 kilogramsと具体的な数字が述べられているが，**1**ではput on weight「体重が増えた」という表現に言い換えている。

□ work out
　運動する，トレーニングする
□ cut down on
　〜の量を減らす

No. 3 解答 **4**

★：Hey, Melissa, is it true you speak Spanish?

☆：Yes, both my parents are from Argentina. Why do you ask, Nick?

★：Well, I'm hoping you can help me. I want to travel to Mexico this summer, but I'm really struggling in my Spanish class.

☆：I'd be glad to help you out. Let's meet and have a lesson tomorrow at lunchtime.

Question: What is one thing we learn about Melissa?

> ★：やあ，メリッサ，君はスペイン語を話せるって本当かい？
> ☆：ええ，両親がアルゼンチン出身なの。どうして聞くの，ニック？
> ★：あのさ，手伝ってもらえないかなと思って。今年の夏にメキシコを旅行したいんだけど，スペイン語の授業で本当に苦労しているんだ。
> ☆：喜んでお手伝いするよ。明日のランチタイムに会ってレッスンをしましょう。
> 質問：メリッサについて分かることの1つは何か。
> 　**1** 彼女はスペイン語を学んでいる。
> 　**2** 彼女はアルゼンチン出身である。
> 　**3** 彼女はメキシコに旅行したいと思っている。
> 　**4** 彼女はある言語を教えるつもりだ。

解説 対話全体の内容を把握する必要がある問題。Argentina という固有名詞が出てくるが，これが「アルゼンチン」だと分からなくても正解を導ける。メリッサについては「スペイン語を話せる」，「両親が Argentina の出身」，「ニックを手助けしようとしている」，「明日のお昼にニックに会ってレッスンをする」ということが分かる。これらの内容に相違しないのは **4** のみ。**4** では対話に出てこない teach a language「ある言語を教える」という表現が使われていることに注意したい。

No. 4 解答 **2**

☆：I saw you looking around the shop, sir. Could I be of assistance?

★：I'm going to paint the inside of my house this week, so I'm searching for brushes, rollers, and, of course, paint. Are you the owner here?

☆：No, just an assistant, but interior decorating is my specialty. Do you have a specific color in mind?

★：My wife prefers blue. I'd first like to see some samples of blue paints you have.

Question: What does the man plan to do this week?

> ☆：お客様，何かお探しのようにお見受けしました。お手伝いしましょうか。
> ★：今週，家の内部を塗装するつもりなので，ブラシとローラー，それにもちろん塗料も探しているんです。あなたはここのオーナーですか。
> ☆：いいえ，店員ですが，室内装飾は私の専門です。具体的な色は決めていらっしゃいますか。
> ★：妻は青が好きなんです。まずこのお店にある青の塗料の見本を見たいです。
> 質問：男性は今週，何をするつもりか。
> 　**1** 新しい家を購入する。
> 　**2** 自宅の室内を変える。
> 　**3** 室内装飾業者に助言を求める。
> 　**4** 妻と店にまた来る。

解説 男性は最初の発言で，今週やることを paint the inside of my house と述べている。これを Change his home's interior.「自宅の室内を変える」という抽象的な表現で言い換えた **2** が正解。対話は後半の方が記憶に残りがちだが，この問題のように最初の方に正解を選ぶカギがあることもあるので，対話全体の流れを把握しよう。**3** に含まれる decorator は，女性の発言にある decorating を連想させるが，引っ掛からないように注意。

21
日目

模擬テスト

No. 5 解答 2

☆ : Ralph, how about going out for lunch with me and some of the new staff? It'd be a great way to get to know them.

★ : I'd love to, Carrie, but I think I'll have to miss lunch today. I have to finish some work first.

☆ : Can you at least take a break? You'll feel refreshed if you do. It'll only take an hour.

★ : Maybe you're right. I'll go, as long as I'm back by two.

Question: What does Carrie want Ralph to do?

> ☆ : ラルフ，私や新しいスタッフの何人かと一緒にランチに行かない？　あの人達と知り合いになるとてもいい方法よ。
> ★ : すごく行きたいんだけど，キャリー，今日はランチを抜く必要があると思うんだ。先に仕事をいくらか終わらせなくてはいけないから。
> ☆ : 休憩するくらいはできない？ そうすれば気分転換になるわよ。ほんの1時間だけよ。
> ★ : たぶん君の言う通りだね。行くよ，僕は2時までには戻るけど。
> 質問：キャリーはラルフに何をしてほしいか。
>   **1** 新しいスタッフを雇う。
>   **2** ランチに行く。
>   **3** 遅くまで働く。
>   **4** 急いで仕事を終える。

解説 キャリーは最初の発言および2番目の発言で，ラルフをランチに誘っている。したがって**2**が正解。対話にある new staff が**1**に含まれ，また finish some work first は**4**の finish his work quickly に近い内容を表す。このように，語句だけで考えると誤答を選んでしまうので，発話の内容をしっかり把握するようにしよう。

No. 6 解答 4

☆ : Have you decided what you'll do after you finish school, Arnold?

★ : I haven't really thought about it much, Sandra. I've got plenty of time.

☆ : We're graduating in just eight months. Shouldn't you start planning your career?

★ : I don't think so. I'm just going to send out résumés to all sorts of companies, and work for whichever one finally takes me.

Question: What does Arnold plan to do?

> ☆ : 卒業したら何をするか決めたの，アーノルド？
> ★ : まだあまりよく考えていないんだ，サンドラ。時間はたっぷりあるからね。
> ☆ : あとたった8カ月で卒業よ。将来の職業計画を立て始めるべきじゃないの？
> ★ : そうは思わないよ。あらゆる業種の会社に履歴書を送って，最終的に採用してくれる会社ならどこでも勤めるつもりだよ。
> 質問：アーノルドは何をする予定か。
>   **1** 来月卒業する。
>   **2** 現在の会社をやめる。
>   **3** 履歴書を書き直す。
>   **4** 多くの会社に応募する。

解説 男性の2番目の発言にある send out résumés to all sorts of companies の部分が**4**に相当する。send out résumés to「～に履歴書を送る」と同等の内容を，全く別の語句を使った apply to「～に応募する」という表現で表していることを見抜こう。また，all sorts of companies「あらゆる業種の会社」はシンプルに many companies と言い換えている。

No. 7 解答 1

☆：Hi. How much is it per hour to rent a swan boat at this park?

★：It's 10 dollars an hour. But I'm sorry, our swan boats are all being used right now. Would you like a rowboat instead?

☆：Hmm, that might be good, too. We'll rent that. Do we pay now or later?

★：You'll pay when you're done.

Question: Why can't the woman rent a swan boat?

> ☆：こんにちは。この公園でスワンボートを借りるのは1時間いくらですか。
> ★：1時間10ドルです。でも申し訳ありませんが，ちょうど今，スワンボートはすべて使用中なんです。代わりに手漕ぎボートはいかがですか。
> ☆：うーん，それもいいかもしれないですね。それを借ります。料金は今払いますか，それとも後払いですか。
> ★：終わったときにお支払いください。
> 質問：なぜ女性はスワンボートを借りられないのか。
> **1** 利用できるものがないから。
> **2** 彼女は十分なお金を持っていないから。
> **3** 彼女はそれを使ったことがないから。
> **4** その公園では手漕ぎボートしか貸していないから。

解説 男性の最初の発言にあるour swan boats are all being used right nowから正解が分かる。**1**のavailableは「利用できる，入手できる」の意味。None are available. で「何も利用できない」を意味し，「スワンボートはすべて使用中だ」という発言の内容に相当する。対話中に出てこないnoneとavailableを使った大幅な言い換えである点に注意が必要だ。

No. 8 解答 3

☆：I need to buy my husband a birthday gift. What would you recommend, Adam? A new shirt?

★：That'd be useful, Wendy, but what about getting him sports game tickets?

☆：Wow. I would have never thought of that.

★：Sure! It'd be a one-of-a-kind present. If he likes sports, he'd be very appreciative. Just think about it.

Question: What is Wendy recommended to do?

□ one-of-a-kind
唯一の，特別な
□ appreciative
感謝している

> ☆：夫に誕生日プレゼントを買う必要があるの。何かお勧めはあるかしら，アダム？ 新しいシャツはどうかしら。
> ★：それは役に立つだろうね，ウェンディー，だけどスポーツの試合のチケットをあげるなんてどう？
> ☆：わあ。それは全く考えもしなかったわ。
> ★：それだよ！ ほかにないプレゼントになるよ。スポーツが好きならとても喜ぶだろうね。ちょっと検討してごらん。
> 質問：ウェンディーは何をするように勧められているか。
> **1** 夫にスポーツシャツを買う。
> **2** 夫にスポーツのテレビゲームをあげる。
> **3** 夫に試合のチケットを買ってあげる。
> **4** アダムを連れて行って夫に会わせる。

解説 質問がWhat is Wendy recommended to do?という受動態である点に注意。ウェンディーが勧められていること，すなわち男性が勧めていることを考える。男性はwhat about getting him sports game tickets?と提案していて，この内容が**3**に相当する。**2**にはsportsとgameが含まれるが，「スポーツのテレビゲーム」なので対話の内容と異なる。また，**1**も対話にあるsportsとshirtを含む。語句レベルで判断しないようにしよう。

No. 9　解答　4

★：Christine, did you hear that three more people are going to be attending the meeting today? That brings the total to 12.

☆：Uh oh. I only ordered enough food for nine.

★：Shall I call the restaurant and get more dishes delivered?

☆：Yes, and could you please do it immediately? Everyone will be here in less than an hour.

Question: What will the man do next?

> ★：クリスティーン，今日の会議に追加で3人出席するのを聞いた？　それで合計は12人になるよ。
> ☆：あらまあ。私は9人分しか食事を注文しなかったわ。
> ★：僕がレストランに電話して，料理をもっと多く配達してもらうようにしようか？
> ☆：ええ，すぐにそうしてもらえる？　あと1時間もしないでみんなここに来るから。
> 質問：男性は次に何をするか。
> **1** 予約をキャンセルする。
> **2** 食べ物をとりに行く。
> **3** 会議の場所を予約する。
> **4** 注文を変更する。

解説　会議の参加者が増えて，食事が足りなくなったという状況。男性はShall I call the restaurant and get more dishes delivered?と言っている。これは具体的には「女性が9人分注文してあったのを，12人分にする」ということ。この内容をchange the order「注文を変更する」と表現している**4**が正解。

No. 10　解答　1

□ project　研究課題

★：I haven't started my science project yet. Have you?

☆：Yeah, and you'd better, too. We have to submit it by this Friday. Have you chosen a topic already?

□ look over
　～を調べる，～にさっと目を通す

★：I think I'll explain why the sky is blue.

☆：Great. If you need someone to look it over when you're done, just let me know.

Question: What is one thing the woman says about the science project?

> ★：僕はまだ理科の課題に手をつけていないんだ。君はもう始めた？
> ☆：ええ，あなたも始めた方がいいわよ。今週の金曜日までに提出しなければならないんだから。もうテーマは決めたの？
> ★：僕は空はどうして青いのかを説明しようと思っているんだ。
> ☆：いいわね。終わってから誰かに目を通してもらう必要があれば，私に知らせてちょうだい。
> 質問：理科の課題について女性が言っていることの1つは何か。
> **1** 提出期限は今週の金曜日である。
> **2** テーマは空についてのものでなければならない。
> **3** 彼女は自分の課題をもう終わらせた。
> **4** 彼女は自分の資材を男性に貸すつもりだ。

□ be finished　終えている

解説　男性の冒頭の発言から，理科の課題について話しているという状況を把握しよう。女性の発言We have to submit it by this Friday.から**1**が正解。「今週の金曜日までに提出しなければならない」という内容を，**1**ではdeadline「締め切り」という名詞を使って表している。

No. 11　解答　3

☆：Hello.

★：Hi, Michelle, this is Dylan. I've been calling you all day.

☆：Sorry, I was in a meeting. What can I do for you?

★：Well, it's about the monthly business report you wrote. The boss wants some of it revised. I can e-mail you the parts she wants changed.

☆：OK, please do that. And I'll take a look at it.

Question: Why does Dylan call Michelle?

> ☆：もしもし。
>
> ★：もしもし，ミッシェル，ディランです。1日中君に電話をかけていたんだ。
>
> ☆：ごめんね，打ち合わせがあったのよ。どんな用件なの？
>
> ★：うん，君が書いた月次業務報告書についてなんだ。上司がいくつか修正してほしいって。彼女が修正してほしいと思っている部分を僕からEメールで送れるよ。
>
> ☆：分かった，そうしてちょうだい。見てみるわ。
>
> 質問：なぜディランはミッシェルに電話しているのか。
>
> 　1　月次報告書の締め切りを変更するため。
>
> 　2　上司の打ち合わせについて彼女に尋ねるため。
>
> 　3　上司の要求を伝えるため。
>
> 　4　彼女の新しいEメールアドレスを教えてもらうため。

解説　男性は2番目の発言で，「月次業務報告書を上司が修正してほしいと思っている」という用件を伝えている。この内容が**3**に該当する。The boss wants some of it revised. という文の内容を，**3**ではthe boss's request「上司の要求」という名詞句で表している点に注意しよう。pass on「～を伝える」という句動詞を理解できるかもポイントだ。

No. 12　解答　3

★：Excuse me. How much do these organic granola bars cost?

☆：They're on sale for just $4.99 per box until the end of tomorrow. They're not only delicious, but they're lower in sugar than most granola bars.

★：I know. My kids can't get enough of them. I think I'll take five boxes.

☆：Actually, I'm afraid there's a limit of three per customer.

Question: What is one thing the woman says about the granola bars?

> ★：すみません。このオーガニックグラノーラバーはいくらですか。
>
> ☆：それはセール中で，明日いっぱいまで1箱たったの4ドル99セントです。おいしいだけでなく，ほとんどのグラノーラバーよりも低糖なんですよ。
>
> ★：そうですね。うちの子供達はこれに目がないんです。5箱買おうと思います。
>
> ☆：実は，お1人様3箱までなんです。
>
> 質問：女性がグラノーラバーについて言っていることの1つは何か。
>
> 　1　セールはすでに終わっている。
>
> 　2　それには砂糖が全く入っていない。
>
> 　3　1人3箱しか買えない。
>
> 　4　それは実はオーガニックではない。

解説　granola barsという語句になじみがなくても，意味を正確に知っている必要はないのであわてないこと。女性の発言の最後にあるthere's a limit of three per customerの部分が，**3**のPeople can only buy three boxes each. に相当する。両者は文の構造が全く異なるが，同等の意味になっていることに注意。

□ granola
　グラノーラ（シリアルの一種）

□ can't get enough of
　～が好きでたまらない

No. 13 　解答　3

★：Ma'am, can I help you with anything?

☆：Do you have any of that Summer Wind perfume? That's my usual brand.

★：We're out of that right now, but we do have Purple Rose. It's very popular. Would you like to smell it?

☆：No, I'd prefer to buy something I already know well. I'll have a look somewhere else. Thanks.

Question: What will the woman do?

★：お客様，何かお探しでしょうか。

☆：あのサマー・ウインドの香水はありますか。いつも使っているブランドなんです。

★：ただいま在庫切れとなっておりますが，パープル・ローズでしたらございます。とても人気があります。香りをお試しになりますか。

☆：いいえ，よく知っているものを買う方がいいです。ほかで見てみます。ありがとうございます。

質問：女性は何をするか。

1　パープル・ローズの香水を買う。

2　人気ブランドを見てみる。

3　どこかほかで香水を買い求める。

4　店員に助言を求める。

□ shop for
　〜を買おうと探す

解説　冒頭の男性の発言から店員と客の会話だと分かる。男性がPurple Roseを勧めるのに対し，女性はNoと答え，I'll have a look somewhere else. と答えている。この文が**3**のShop for perfume elsewhere. に相当する。have a look → shop for「〜を買おうとして探す」という言い換えに注意。somewhere elseはelsewhereと同義。

No. 14 　解答　1

★：Have you heard about Shellie? She's getting married to Alfred from the marketing department.

☆：Wow, I never even knew they were going out together. When's the big day?

★：On June 27th. They are going to invite us. Then, they plan to honeymoon in Jamaica.

☆：I'm very happy for them, but unfortunately I already have plans for the 27th.

Question: What are these people talking about?

★：シェリーのこと，聞いたかい？　マーケティング部のアルフレッドと結婚するんだって。

☆：わあ，2人が付き合っていることさえ知らなかったわ。結婚式の日はいつなの？

★：6月27日だよ。僕達を招待してくれるんだ。それから，2人はジャマイカに新婚旅行に行く予定だよ。

☆：すごくうれしいんだけど，残念ながら27日はもう予定が入っているの。

質問：この人達は何について話しているか。

1　同僚の結婚。

2　ジャマイカ出身の同僚。

3　マーケティング部の問題。

4　6月27日の重要な会議。

解説　対話全体のテーマを問う質問。男性の発言にAlfred from the marketing departmentとあることから，ShellieとAlfredは話者達の会社の同僚だと推測できる。「シェリーはアルフレッドと結婚する」，「結婚式は6月27日」，「ジャマイカに新婚旅行に行く」などの内容から，**1**が正解。

No. 15 解答 **3**

☆：Excuse me, does this train go to Paris?

★：No, this one goes to Lyon.

☆：Oh no! I'm in the wrong place.

★：Don't panic. This is Track 6. You need Track 9. Turn left here and keep going until you get to the track you need.

Question: What is the woman's problem?

☆：すみません，この列車はパリに行きますか。

★：いいえ，これはリヨン行きです。

☆：あらまあ！場所を間違えちゃった。

★：あわてないで。ここは6番線です。9番線に行ってください。ここを左に曲がっ
てあなたが乗る列車のホームに着くまでそのまま進んでください。

質問：女性の問題は何か。

　1 彼女はリヨンからあまりに遠く離れた場所にいる。

　2 彼女は手荷物が見つからない。

　3 彼女は正しい場所にいない。

　4 彼女は正しい切符を持っていない。

解説 女性の2番目の発言にある I'm in the wrong place. を言い換えた **3** She is not in the right place. が正解。wrong の反対語である right を否定文で使って，同じ意味を表している。**4** にも right が含まれるが，対話の内容と一致しないので注意しよう。

No. 16　解答　1

Attention, students. Due to a severe snowstorm that is approaching the area quickly, we are ending classes early and sending everyone home. We understand that today is Picture Day and some classes have not had their pictures taken yet. We will change the date with the photographers and let you know when Picture Day will be continued.

Question: What is one thing the announcement says?

生徒の皆さんにお知らせします。この地域に急速に近づいている暴風雪のため，授業を早く終了し，皆さんを帰宅させます。本日は写真の日で，まだ写真を撮影していないクラスがあることは承知しています。写真業者と日程を変更して，写真の日の続きはいつになるかをお知らせします。

質問：このアナウンスが知らせていることの1つは何か。
1 気象に関する緊急事態がある。
2 学校は写真業者を見つける。
3 写真に関する講演が行われる。
4 何人かの生徒が欠席している。

解説 アナウンスで述べられている事柄のうち，「急速に近づいている暴風雪のため下校を早める」という内容が1に相当する。a severe snowstorm that is approaching the area quicklyを，1では全く別の語を使ってweather emergencyと簡潔に言い換えている点に注意。アナウンスにあるphotographersという語が2に含まれ，また3に含まれるphotographyも関連のある語だが，アナウンスの内容と一致しないので気をつけよう。

No. 17　解答　2

The first book written about air pollution was published in 1661. This book contained a list of scientific solutions to the air pollution problem. The author of the book warned against the smoky air over London, and also warned that it was caused by the burning of too much coal by industries rather than in homes.

Question: What did the first book on air pollution contain?

大気汚染について書かれた最初の書籍は1661年に出版された。この本には，大気汚染問題に対する科学的な解決策のリストが載っていた。その本の著者はロンドン上空の煙った空気に対する注意を呼び掛け，そしてまた，それが家庭よりも諸産業における過多の石炭の燃焼が原因であると警告した。

質問：大気汚染に関する最初の本には何が載っていたか。
1 ロンドンにおける大気汚染の原因の長大なリスト。
2 大気汚染問題に対するいくつかの解決策。
3 石炭燃焼の影響についての多くの情報。
4 煙った空気の原因となる業種のリスト。

解説 第2文にあるa list of scientific solutions to the air pollution problemが2に相当する。ほかの選択肢もpollution, burning, industries, smoky airなど英文に現れる語句を含むが，内容が一致しない。特に1のA long list ofと4のA list ofに引っ掛からないようにしよう。

No. 18 解答 1

Scott works as a salesperson for a large computer company. He thinks he could be an excellent salesperson, but his sales are just average. Last month, he signed up for a course on making presentations to companies. Recently, he has been giving a lot of presentations and selling more computers. He hopes that he will be able to get a promotion in the near future.

Question: What did Scott do last month?

> スコットは大手のコンピュータ会社で販売員をしている。彼は優秀な販売員になれると思っているのだが，売上はごく普通だ。先月，彼は企業を相手にしたプレゼンテーションについての講座に申し込んだ。このところ，彼はプレゼンテーションをたくさん行っていて，コンピュータの売上台数を増やしている。彼は近い将来昇進できることを望んでいる。
> **質問**：スコットは先月何をしたか。
>   **1** 彼は役に立つクラスを受け始めた。
>   **2** 彼は上司に昇進を求めた。
>   **3** 彼は社内で最高の売上をあげた。
>   **4** 彼はコンピュータ会社に職を得た。

解説 先月のことは，Last month, he signed up for a course on making presentations to companies. と述べられている。sign up for「（講座など）の受講届けを出す，～に参加する」という表現がポイント。これを start taking「～を受け始める」と言い換えている **1** が正解。course→class という類義語による言い換えもなされている。

No. 19 解答 3

The black mamba is a poisonous snake that lives in Africa. When the snake is in danger, it threatens its attacker by opening its mouth wide and showing the blackness inside. This color is where the name black mamba comes from. Another unique feature of the black mamba is that it can travel 11 kilometers per hour to escape danger.

Question: How does the black mamba threaten attackers?

> ブラックマンバはアフリカに生息する毒ヘビである。このヘビは危険に直面すると，口を大きく開けて黒い口の中を見せることで，攻撃してくる相手を脅す。この色がブラックマンバという名前の由来だ。ブラックマンバのもう1つのユニークな特徴は，危険から逃れるために時速11キロで移動できるということだ。
> **質問**：ブラックマンバはどのようにして敵を脅すか。
>   **1** それは敵に毒を噴射する。
>   **2** それは高速で移動する。
>   **3** それは体の一部を見せる。
>   **4** それは敵の口の中に入る。

解説 敵を脅すことについては，it threatens its attacker by opening its mouth wide and showing the blackness inside と述べられている。この「口を大きく開けて黒い口の中を見せる」という内容を，shows a part of its body「体の一部を見せる」と言い換えた **3** が正解。**2**は最後の文にある it can travel 11 kilometers per hour を指すが，これは「危険から逃れるため」にすることなので不正解。また，英文には poisonous「有毒な」という形容詞が出ていて，その名詞形 poison「毒」を含む **1** に注意を奪われがちなので気をつけよう。

No. 20 解答 3

Shawn's wife took him shopping to buy some fashionable clothes. She picked a nice suit and tie for him. Shawn noticed the price of the tie, and was a little shocked. It cost almost as much as the suit. However, his wife made him purchase it. She felt it was worth the cost.

Question: Why was Shawn shocked?

ショーンの妻はおしゃれな服を買うために彼を買い物に連れていった。彼女は彼のために素敵なスーツとネクタイを選んだ。ショーンはネクタイの値段に気づいて，少しばかりショックを受けた。それはスーツとほとんど同額だったのだ。しかし，妻は彼にそれを買わせた。彼女からすると，それは値段に見合う価値があったのだ。

質問：なぜショーンはショックを受けたか。
1 そのスーツは彼のファッションスタイルに合わなかったから。
2 洋服店はかなりの低価格を提示したから。
3 商品の1つはとても高価だったから。
4 彼の妻はそのネクタイが気に入らなかったから。

解説 ショックを受けた理由は，「ネクタイがスーツとほとんど同額だった」（It cost almost as much as the suit.）からである。正解の **3** では，the tie を one of the items「商品の1つ」という表現に言い換えている。また，cost almost as much as the suit に相当する内容を，was very expensive という簡明な言い方で表している。このような大きな言い換えに注意しよう。

No. 21 解答 1

The Hanging Gardens of Babylon was one of the seven wonders of the ancient world. They are said to have been beautiful gardens built on terraces raised above and hanging over each other. But in fact, today, there is no evidence of these gardens having existed, and nothing is written about them in ancient documents. Therefore, historians wonder if they truly existed.

Question: What do we learn about the Hanging Gardens of Babylon?

バビロンの空中庭園は古代世界の七不思議の1つだった。それは段々に積み重ねられたテラスに造られた美しい庭園だったと言われている。しかし実際のところ，今日ではこれらの庭園が実在したという証拠はなく，古代の文書にもそれらについて何も書かれていない。そのため，歴史家達はそれが本当に存在したのか疑問に思っている。

質問：バビロンの空中庭園について分かることは何か。
1 それは実在しなかったかもしれない。
2 それは秘密の場所に再建されている。
3 古い文書にそれの絵がある。
4 そのテラスには数多くの希少な植物があった。

解説 第3文の冒頭にある But in fact「しかし実際のところ」は，次に重要な情報を述べる合図になる。この文以下で，「今日では庭園が実在した証拠はない」，「古代文書にも記述がない」，「歴史家はその存在に疑問を抱いている」ということが述べられている。これらの内容が **1** に相当する。**1** では英文にある動詞 exist の代わりに形容詞 real を使っている点に注意が必要だ。**3** にある old documents は英文中の ancient documents の言い換えだが，**3** を選ばないようにしよう。

No. 22 解答 4

Betty is applying to be a flight attendant. She would like to travel the world, and flight attendants also receive good salaries. One of her friends, Sabrina, is already doing that. She told Betty the work is not easy. Attendants must stand for long hours, and be polite to all the passengers. However, the job still seems exciting to Betty.

Question: What do we learn about Betty?

> ベティは飛行機の客室乗務員を志望している。彼女は世界を旅行したいし，客室乗務員は給料もよい。友達の1人のサブリナはすでにその仕事をしている。彼女はベティに，この仕事は簡単ではないと言った。客室乗務員は長時間立っていなければならないし，すべての乗客に丁寧に接しなければならないのだ。しかし，それでもベティにはその仕事が刺激的に映る。
>
> 質問：ベティについて何が分かるか。
>
> **1** 彼女は旅行の所要時間を減らしたいと思っている。
> **2** 彼女は給料の増額を要求してきた。
> **3** 彼女はサブリナと同じ仕事をしたくない。
> **4** 彼女は今でも客室乗務員になりたいと思っている。

解説 冒頭の文から，ベティは客室乗務員を志望していることが分かる。第4文と第5文ではこの仕事の大変さが述べられているが，最後の文でthe job still seems exciting to Bettyと言っていることから，ベティの客室乗務員になりたい気持ちは変わっていないと判断できる。したがって**4**が正解。**2**に含まれるsalary increaseは，英文中のreceive good salariesと関連があるように思えるが，**2**は英文の内容に一致しない。

No. 23 解答 3

Welcome to Silver Cinemas. Our next film, *Chicago Sunset*, will start in 10 minutes, and we have a few tickets left at the box office. Also, remember that starting next week, you can get a free drink the next time you come by writing a review of one of our movies on our website. You'll receive a coupon you can bring to the snack counter. Thanks, and enjoy your visit to Silver Cinemas.

Question: How can people get a free drink coupon?

□ box office
　（劇場などの）チケット売り場

> シルバー・シネマズへようこそ。次の映画『シカゴ・サンセット』はあと10分で始まり，切符売り場にはチケットがまだ少しあります。また，来週から，当館のウェブサイトに当館上映の映画の1つのレビューを書いていただくと，次回お越しの際に無料のドリンクがもらえることをお忘れなく。軽食売り場にお持ちいただけるクーポンがもらえます。以上です。シルバー・シネマズでのひとときをお楽しみください。
>
> 質問：どうすれば無料のドリンククーポンがもらえるか。
>
> **1**『シカゴ・サンセット』のチケットを買うことによって。
> **2** 軽食売り場へ行くことによって。
> **3** 映画のレビューを書くことによって。
> **4** シルバー・シネマズの別の映画館へ行くことによって。

解説 アナウンスに出てくるthe snack counterという語句が**2**に含まれる。ただし，**2**はドリンククーポンをもらう方法ではないので，語句に惑わされないように注意。無料のドリンクについては，you can get a free drink ... by writing a review of one of our moviesと述べられており，by以下の内容が**3**に合致する。

21
日目

模擬テスト

No. 24　解答　**2**

Gerald goes fishing in the lake behind his house every weekend. But recently he has been catching fewer fish. Last week, he saw a TV news program. It said that in many lakes, fish were dying because of pollution. Gerald decided to get involved in a local environmental group, and encouraged his neighbors to do the same. He hopes the group's activities will help protect the lake.

Question: Why did Gerald decide to join an environmental group?

> ジェラルドは毎週末，家の裏手にある湖へ釣りに行く。しかし最近は釣れる魚が少なくなってきた。先週，彼はテレビのニュース番組を見た。それによると，多くの湖で汚染のために魚が死んでいるということだった。ジェラルドは地元の環境保護団体に参加することに決め，近所の人達にも参加を呼び掛けた。彼は団体の活動が湖を守るのに役立つことを望んでいる。
>
> 質問：なぜジェラルドは環境保護団体に参加することに決めたのか。
> **1** 彼は家の近くの湖に関する研究をしたから。
> **2** 彼は重大な問題についてのマスコミ報道を見たから。
> **3** 彼は近所の人達からそれについて聞いたから。
> **4** 環境保護主義者が彼の家を訪問したから。

解説 第3文で「テレビのニュース番組を見た」ことが，第4文で「それによると，多くの湖で汚染により魚が死んでいる」ことが述べられている。これに続く文で「環境保護団体に参加することに決めた」とあるので，第3文・第4文の内容が団体に参加するきっかけになったと判断できる。**2**ではTV news programをmedia report「マスコミ報道」と言い換えている。また，in many lakes, fish were dying because of pollutionという内容をa major problem「重大な問題」と簡潔に表現している点を見抜こう。

☐ environmentalist
　環境保護主義者

No. 25　解答　**4**

Students, don't forget our trip to the museum tomorrow. You'll arrive at school in the morning at the regular time, but be sure not to come to the classroom. I'll be waiting for you at the East Entrance at 9:15. Then, we'll walk together to Gilmore Street, where the bus will be waiting. It's going to leave at 9:30, so be sure not to be late.

Question: What does the speaker ask the students to do?

> 生徒の皆さん，明日私達は博物館へ行くということを忘れないでください。朝，ふだんと同じ時間に登校しますが，教室に来ないようにしてください。私は9時15分に東門で皆さんを待っています。それからギルモア通りまで一緒に歩くと，そこでバスが待っています。バスは9時30分に出発する予定なので，遅れないように気をつけてください。
>
> 質問：話者は生徒に何をするように頼んでいるか。
> **1** 教室で彼を待つ。
> **2** 9時30分に登校する。
> **3** 博物館へ直接行く。
> **4** 東門で彼と会う。

解説 I'll be waiting for you at the East Entrance at 9:15. から**4**が正解。wait for you「皆さんを待つ」と同等の内容を，**4**ではmeet「～に会う，～と待ち合わせる」を使って表していることがポイントだ。なお，英文には9:15と9:30という2つの時刻が出てくるので，それぞれが何の時刻なのか注意を払う必要がある。

No. 26 解答 **3**

Samantha used to travel across America by plane. Then, she began to regret that she had never seen the countryside. Now, when she has to travel from Chicago to LA, she goes by train. This is more costly and takes longer, but she has a chance to see a lot of beautiful scenery. She would also like to try traveling by bus in the future.

Question: Why does Samantha take the train?

> サマンサは以前はよく飛行機でアメリカじゅうを旅行した。その後，彼女は田園地帯を一度も見ていないことを残念に思い始めた。今では，シカゴからロサンゼルスへ移動する必要があるときは列車で行く。こうすると費用がより高く時間も長くかかるのだが，たくさんの美しい風景を見る機会がある。将来，彼女はバスでの旅行もしてみたいと思っている。
>
> 質問：なぜサマンサは列車に乗るのか。
>   **1** 彼女は飛行機に乗るのが怖いから。
>   **2** 彼女は安い費用で旅行しなければならないから。
>   **3** 彼女は田園地帯を見たいから。
>   **4** 彼女はバスに乗るのが好きではないから。

解説 英文のほぼ全体から正解を導く問題。「飛行機を利用していた」→「田園地帯を見ていないことが残念」→「今では列車を使う」→「列車だと美しい風景が見られる」という流れを把握しよう。列車を利用する理由は**3**だと分かる。列車は「費用が高くつく」（more costly）と述べられているので，**2**のat low costは逆の内容になっている。

No. 27 解答 **2**

Earl was getting tired of his boring office job. He really wanted to become a painter. At the beginning of the year, he suddenly quit his job and began to paint full-time. Although he earned no salary, he slowly began to sell some of his work for money. Earl was sure that eventually he could become a very successful painter.

Question: What did Earl decide to do?

□ eventually
　最終的に，ついに

> アールは退屈な事務仕事に飽き飽きし始めていた。彼は本当は画家になりたかった。その年の初め，彼は突然仕事をやめて1日中絵を描き始めた。彼は給料を稼いではいなかったけれども，お金のために少しずつ自分の作品のいくつかを売るようになった。アールは最終的に画家として大成功を収める自信があった。
>
> 質問：アールは何をしようと決めたか。
>   **1** 新しい事務仕事を得る。
>   **2** 違う仕事を始める。
>   **3** 美しい絵を買う。
>   **4** より高い給料を要求する。

解説 正解のカギとなるのは第3文と第4文。「仕事をやめて絵を描き始めた」，「お金のために作品を売るようになった」という内容が**2**に相当する。painterという具体的な職業名を使わず，different career「別の仕事」という抽象的な言い方をしている点に注意したい。**1**に含まれるoffice jobや**4**に含まれるsalaryが英文に出てくるが，引っ掛からないようにしよう。

21
日目

模擬テスト

No. 28 解答 **4**

Miranda often felt tired at work, despite sleeping eight hours a night. She read a health magazine that said exercising and eating fruits and vegetables can increase a person's energy levels. So Miranda began doing yoga daily and eating plenty of fruit. After only a short time, she rarely felt tired at her job.

Question: What change did Miranda make?

> ミランダは毎晩8時間の睡眠をとっていたにもかかわらず，仕事中によく疲れを感じた。彼女が読んだ健康雑誌には，運動をして果物と野菜を食べると体のエネルギー水準を高められると書いてあった。そこでミランダは毎日ヨガをして，たくさんの果物を食べ始めた。ほんの短期間で，彼女は仕事中にめったに疲れを感じなくなった。
>
> 質問：ミランダはどんな変更を行ったか。
> 　**1** 彼女はもっと長い睡眠時間をとり始めた。
> 　**2** 彼女はもっと多くの雑誌を買い始めた。
> 　**3** 彼女は新しい仕事をやり始めた。
> 　**4** 彼女は定期的な運動をし始めた。

解説 ミランダがやり始めたことは「毎日ヨガをする」，「たくさんの果物を食べる」の2つ。このうち前者が**4**に相当する。doing yoga daily という具体的な内容が，doing regular exercise「定期的な運動をする」と言い換えられている。選択肢はすべて She started で始まるので，この部分は飛ばして読み，その後の部分を読むのに少しでも多くの時間を充てたい。

No. 29 解答 **1**

One of the first sports a child likes to try is wrestling. Even very young children seem to enjoy it. In addition to being an exciting sport, wrestling is excellent exercise. It moves all the muscles from head to toe. Because wrestling depends on physical rather than visual contact, visually challenged people can also take part in it.

Question: What makes wrestling a good sport for visually challenged people?

> 子供が最初にやりたがるスポーツの1つがレスリングである。とても小さな子供でさえ，それが楽しいようである。レスリングは気分が高揚するスポーツだというだけでなく，優れた運動でもある。それは頭からつま先まであらゆる筋肉を使う。レスリングは視覚に基づく接触よりも身体的な接触に依拠するので，目が不自由な人も参加することができる。
>
> 質問：目が不自由な人にとって，レスリングはどのようなところが優れたスポーツなのか。
> 　**1** それは身体的な接触に依拠している。
> 　**2** 幼い子供でもそれを楽しめる。
> 　**3** それは頭からつま先まで全身の筋肉を使う必要がある。
> 　**4** それは気分が高揚するスポーツである。

解説 目が不自由な人に関しては最後の文で述べられている。Because wrestling depends on physical rather than visual contact の部分から，**1**が正解。ほかの選択肢の内容も英文で述べられているが，いずれも目が不自由な人に関してではない。質問を注意深く聞きとることが必要だ。

No. 30 解答 **2**

Connie owns a small hair salon. Recently, some customers began asking about the lotions and shampoos her shop uses. They wanted to know if they are all-natural. After learning more about natural products on the Internet, she decided to only use all-natural materials in her shop. She now advertises the fact in her shop window, and the number of customers has increased.

Question: What have customers been asking Connie about?

> コニーは小さな美容院を営んでいる。最近，何人かの客が店で使っているローションとシャンプーについて尋ね始めた。客達はそれらが完全に天然素材のものかどうか知りたがっていたのだ。彼女はインターネットで天然素材の製品についてさらに知識を得ると，自分の店では完全に天然素材のものだけを使うことに決めた。今では彼女はその事実を店のショーウインドウで公表していて，客の数が増えてきている。
>
> 質問：客は何についてコニーに尋ねているか。
>   **1** 彼女の美容院でできるヘアスタイル。
>   **2** 彼女が使う製品の種類。
>   **3** 彼女の店のウェブアドレス。
>   **4** 彼女の店のショーウインドウに出ている値段。

解説 第2文で「ローションとシャンプーについて尋ね始めた」，第3文で「完全に天然素材か知りたがっていた」と述べられている。正解の**2**では，the lotions and shampoos という具体的なものを，単にproducts「製品」としている。そして，if they are all-natural「それら（＝ローションとシャンプー）が完全に天然素材のものかどうか」という内容を，The kinds of products「製品の種類」と表現している。正解の選択肢では，このような大幅な言い換えがなされていることがあるので，注意しなければならない。ほかの選択肢は誤りであることが比較的分かりやすいので，消去法で**2**を残すのも1つの方法。

21
日目

模擬テスト

面接試験を攻略！

今日の目標 面接試験には一定の流れがある。それを知り，事前に自分なりのイメージを組み立てて本番の面接に臨もう。

面接はこんな試験！

① **入室とあいさつ**
係員の指示に従い，面接室に入る。あいさつをしてから，面接委員に面接カードを手渡し，指示に従って着席しよう。

↓

② **氏名と受験級の確認**
面接委員があなたの氏名と受験する級の確認をする。その後，簡単なあいさつをしてから試験が始まる。

↓

③ **問題カードの黙読**
パッセージとイラストが印刷された問題カードが手渡される。まず，パッセージを20秒間黙読するよう指示される。パッセージの分量は60語程度。

↓

④ **問題カードの音読**
問題カードのパッセージを音読するよう指示されるので，タイトルから読もう。時間制限はないので，意味のまとまりごとにポーズをとり，あせらずにゆっくりと読み進めよう。

↓

⑤ **4つの質問**
音読の後，面接委員の4つの質問に答える。No. 1・No. 2は問題カードのパッセージとイラストについての質問である。No. 3・No. 4は受験者自身の意見を問う質問である。No. 2の質問に答えた後，カードを裏返して置くように指示されるので，No. 3・No. 4は面接委員を見ながら話そう。

↓

⑥ **カード返却と退室**
試験が終了したら，問題カードを面接委員に返却し，あいさつをして退室しよう。

英検S-CBTについて
英検S-CBTはコンピュータを使って受験する実施方式。面接試験も対面式ではなく，パソコンなどを使用した録音式になる。入室・退室のあいさつや名前と受験級の確認はないが，出題される問題の形式と進行は共通である。

ポイント0 面接試験のイメージ作り

面接のシミュレーションをしよう

　ほかの級の面接を受けたことがある人は，詳細なイメージ作りは必要ないと思うかもしれない。しかし，本番であわてないためにも，2級の面接の「一連の流れ」を押さえることが不可欠だ。シミュレーションをして慣れておくようにしよう。

ポイント1 パッセージ黙読時の攻略法

あらすじを理解しよう

　パッセージの中で，知らない単語に出くわす可能性もある。20秒間の黙読の際に，そうした単語がないかどうか確認するようにしよう。もしあった場合には，その後の音読に備えて，読み方を予測しておく必要がある。音読のときに詰まってしまって無言の時間が生じると，評価の上で大きなマイナス要因になるからである。

　タイトルもヒントにして，パッセージの内容（あらすじ）を理解するようにしよう。短い文章の中にも因果関係などが隠れている。In this wayやBy doing soなどの表現には特に注意。thisやsoがどういう行為や物事を指しているのか，しっかりと把握しておくようにしよう。このような指示語を使った言い換えがなされている箇所が，質問No. 1で問われることが多い。

ポイント2 パッセージ音読時の攻略法

意味のまとまりを意識しよう

　音読をする際は，単語のアクセントや文のイントネーションを意識することも大切だが，個々の箇所を意識しすぎて音読が途切れ途切れになると全体的ななめらかさを欠き，評価が下がってしまう。かと言って，速く読めばよいというものでもない。意味のまとまりごとに区切って，明瞭に音読するように心がけよう。また，知らない単語があっても，あせらずにつづりから発音を予測して自信を持って読むようにしよう。

複数形などの語尾をはっきりと読む意識を持とう

　音読の際のもう1つのポイントとして，語尾の発音がある。名詞の複数形や3単現のsなどは，大げさに発音する必要はないが，無視をしてよいものでもない。音読の際には「それぞれの語を正確に認識している」という姿勢を示す意味でも，単語の語尾をはっきりと読むようにしよう。面接委員はこうした点も評価する。

ポイント3 質問No. 1の攻略法

質問に出てくる疑問詞と動詞を聞き逃さない

　No. 1はwhyまたはhowを使った疑問文で理由や方法を尋ねられることが多い。まずは疑問詞と動詞を押さえてパッセージの該当箇所を把握し，その前後から因果関係や方法・手段をまとめることが必要だ。該当箇所の英文にはthisやsoのような指示語が含まれることが多いので，解答の際にはこれらの語句を前後にある具体的な表現に置き換える必要がある。whyに対してはBecause ～，howに対してはBy ～ingなどの表現を用いて，質問に適した形で答えるようにしよう。

ポイント4　質問No.2の攻略法

吹き出しと矢印に書いてある語句を利用しよう

　No. 2では，3コマのイラストを，1コマにつきそれぞれ2文程度で説明する。与えられた英文から始め，過去形や過去進行形で説明する点がポイント。そして，吹き出しでセリフや心理描写が示されている場合は，それらを必ず含めるようにする。また，次のコマに移る際は，矢印に書いてある時間の経過や場所を表す語句をそのまま読み上げ，それから次のコマの説明に移るようにしよう。心理描写という意味では，イラストの中の登場人物の表情なども大きなヒントになる。吹き出しがない場合は，こうした観点から説明を加えるようにしよう。大切なことは，決して多くのことを説明する必要はなく，イラストの中にある英文はそのまま使ってかまわないということだ。

ポイント5　質問No.3・No.4のポイント

何よりも，明快に意思表示をすることが大切

　No. 3では，「あなたはどう思いますか」のような形で，受験者自身の考えや立場が問われる。まずは自分の立場を明確にした上で，それに続けてなぜそう考えるのかという理由を説明するようにしよう。単に「賛成・同意する」か「反対・同意しない」かを述べるだけでは不十分である。

　一方，No. 4はYes/No Questionの形で質問される。こちらは，まず質問に対してYes.またはNo.で答える。いきなり具体的な意見を述べないようにしよう。 Yes/Noの意思表示をすると，それを受けて面接委員がWhy?またはWhy not?と質問してくるので，それに答える形で具体的な意見や判断の根拠を述べる。

　No. 3とNo. 4はカードを見ないで質問に答えるため，落ち着いて自分の知っている単語や表現を用いて答えることが大切。まずは自分の立場や意見を明示し，その後に根拠を続けることがポイントになる。

MEMO

Helping Scientists

These days, ordinary people volunteer to help scientists. For example, natural scientists sometimes ask many people to go out on the same day to count the numbers of certain kinds of birds in the area. The volunteers report such numbers, and by doing so they provide useful information for the scientists. This helps scientists to easily collect large amounts of data.

Your story should begin with this sentence: **One day, Mrs. Suzuki showed her son, Ryo, a poster.**

▍Questions

No. 1 According to the passage, how can the volunteers provide useful information for the scientists?

No. 2 Now, please look at the picture and describe the situation. You have 20 seconds to prepare. Your story should begin with the sentence on the card.
<20 seconds>
Please begin.

Now, Mr./Ms. —, please turn over the card and put it down.

No. 3 Some people say that children today should spend more time in nature. What do you think about that?

No. 4 These days, many people have smartphones that can take very nice pictures. Do you think that fewer people will buy cameras in the future?
Yes. → Why?
No. → Why not?

解答例・解説

科学者達を手伝う

最近では，一般の人々が科学者達を手伝うためにボランティアをする。例えば，自然科学者達は時々，その地域にいる特定の種類の鳥の数を数えるために，多くの人に同一の日に外出するよう依頼する。ボランティア達はその数を報告し，このようにして彼らは科学者達に有益な情報を提供する。このことは，科学者達が大量のデータを容易に収集することに役立つ。

No. 1 パッセージによると，ボランティア達はどのようにして科学者達に有益な情報を提供できますか。

No. 2 では，絵を見てその状況を説明してください。20秒間，準備する時間があります。話はカードにある文で始めてください。
〈20秒後〉始めてください。
では，〜さん（受験者の名前），カードを裏返して置いてください。

No. 3 現代の子供達は自然の中でもっと時間を過ごすべきだと言う人もいます。あなたはそのことについてどう思いますか。

No. 4 最近は，多くの人はとてもきれいな写真が撮れるスマートフォンを持っています。将来，カメラを買う人は減るとあなたは思いますか。
はい。→ なぜですか。 いいえ。→ なぜですか。

(音読のアドバイス) まず，タイトルから読み始めること。ピリオドとカンマの部分でポーズをとるほか，それ以外の部分も意味のまとまりごとに区切って読むのがコツだ。例えば，第2文は語数が多いが，For exampleの後でポーズ，to go outの前でポーズ，to countの前でポーズ，というふうに，意味のかたまりを意識して区切るようにする。下の英文で区切り方の一例を/で示しているので参考にしよう。また，アクセントが置かれる部分をしっかりと強く発音し，強弱のリズムをつけるようにしよう。第1文に動詞として，第3文に名詞として出てくるvolunteerは，いずれの場合も -teerの部分にアクセントがある。

Helping Scientists

These days, / ordinary people volunteer to help scientists. / For example, / natural scientists sometimes ask many people / to go out on the same day / to count the numbers of certain kinds of birds / in the area. / The volunteers report such numbers, / and by doing so / they provide useful information for the scientists. / This helps scientists / to easily collect large amounts of data.

No. 1

解答例

By reporting the numbers of certain kinds of birds in the area.

その地域にいる特定の種類の鳥の数を報告することによってです。

解説 疑問詞howをしっかりと聞きとろう。方法・手段を尋ねられているので，By 〜ing の形で答えるのが典型的。質問にある provide useful information for the scientists と同じ表現が第3文の by doing so 以下にあり，この doing so は report such numbers を指している。ただし，①By reporting such numbers. では不十分で，such numbers が示す内容を具体的に述べる必要がある。such numbers は第2文にある②the numbers of certain kinds of birds in the area を指している。したがって，①と②を組み合わせた文で解答するようにしよう。

No. 2

解答例

One day, Mrs. Suzuki showed her son, Ryo, a poster. She said to him, "You can collect insects for a science project in the park." Two days later, Ryo was looking for insects. Mrs. Suzuki was writing some notes. A few hours later, Ryo was giving a bottle to a man. Mrs. Suzuki was thinking that Ryo should take a shower when they got home.

ある日，スズキさんは息子のリョウにポスターを見せました。彼女は息子に「あなたは科学プロジェクトのために公園で虫を集めることができるよ」と言いました。2日後，リョウは虫を探していました。スズキさんはメモをとっていました。数時間後，リョウは瓶を男性に渡していました。スズキさんは，家に帰ったらリョウはシャワーを浴びた方がいいと考えていました。

解説 1コマ目：問題カードに書かれている文で始める。吹き出しにあるセリフをそのまま使い，A said to B, "〜." という直接話法で述べよう。2コマ目：矢印に書いてある Two days later で始める。リョウとスズキさんがしていることを，それぞれ過去進行形を使って述べよう。3コマ目：矢印に書いてある A few hours later で始めてリョウがしていることを述べ，続いて吹き出しの内容（＝スズキさんが考えていること）を描写する。ここでも過去進行形を用いよう。全体を通して，あまり詳細な描写をする必要はなく，それぞれのコマについて2文程度で述べるとよい。

No. 3

解答例① (同意する場合)

I agree. Children need fresh air and sunshine. Also, it's important for them to learn that we should protect plants and animals.

私もそう思います。子供達には新鮮な空気と日光が必要です。また，植物や動物を保護しなければならないと学ぶことは彼らにとって重要です。

解答例② (同意しない場合)

I disagree. Most children these days spend enough time playing in parks. The park near my house is always crowded with kids.

私はそうは思いません。今日，ほとんどの子供達は十分な時間を公園で遊んで過ごしています。私の家の近くの公園は，いつも子供達でにぎわっています。

解説 まず I agree. や I disagree. などと述べて，自分の立場を明確にしよう。解答例①では2つの根拠を述べている。2つ目は冒頭に Also を置いていることがポイント。解答例②では Most children で始まる文で根拠を述べ，続く文では具体例を挙げて根拠の補足説明をしている。このように，「2つの根拠を挙げる」「1つの根拠を挙げ，補足説明を加える」という両方のパターンに慣れておこう。

No. 4

解答例 ①（Yes.と答えた場合）

Yes. → Why?

It costs a lot of money to buy a camera. Also, it's not convenient to carry a camera around with you everywhere.

> カメラを買うにはたくさんのお金がかかります。また，どこにでもカメラを持ち歩くのは不便です。

解答例 ②（No.と答えた場合）

No. → Why not?

Cameras take much better pictures than smartphones. You can use special lenses to get really nice photos.

> カメラではスマートフォンよりもずっとよい写真が撮れます。特殊なレンズを使用して，本当に素晴らしい写真を撮ることができます。

解説 Yes.の解答例は，「高価であること」と「持ち歩く不便さ」という2つの理由を挙げている。2文目はAlsoという接続表現で始めていて，2つ目の根拠を述べることを明確にしている点が重要。No.の解答例は，理由として「カメラの方がよい写真が撮れる」ことを挙げ，それを2文目の「特殊なレンズの使用」という具体例で補強している。Yes.の場合もNo.の場合も，解答例のように2文でまとめるとよい。

MEMO

MEMO

MEMO

MEMO

旺文社の英検®書

2級 実力完成模擬テスト 解答用紙

筆記解答欄

問題番号		1 2 3 4
1	(1)	① ② ③ ④
	(2)	① ② ③ ④
	(3)	① ② ③ ④
	(4)	① ② ③ ④
	(5)	① ② ③ ④
	(6)	① ② ③ ④
	(7)	① ② ③ ④
	(8)	① ② ③ ④
	(9)	① ② ③ ④
	(10)	① ② ③ ④
	(11)	① ② ③ ④
	(12)	① ② ③ ④
	(13)	① ② ③ ④
	(14)	① ② ③ ④
	(15)	① ② ③ ④
	(16)	① ② ③ ④
	(17)	① ② ③ ④

筆記解答欄

問題番号		1 2 3 4
2	(18)	① ② ③ ④
	(19)	① ② ③ ④
	(20)	① ② ③ ④
	(21)	① ② ③ ④
	(22)	① ② ③ ④
	(23)	① ② ③ ④
3	(24)	① ② ③ ④
	(25)	① ② ③ ④
	(26)	① ② ③ ④
	(27)	① ② ③ ④
	(28)	① ② ③ ④
	(29)	① ② ③ ④
	(30)	① ② ③ ④
	(31)	① ② ③ ④

※筆記4・筆記5の解答欄は2枚目にあります。

リスニング解答欄

問題番号		1 2 3 4
第1部	No. 1	① ② ③ ④
	No. 2	① ② ③ ④
	No. 3	① ② ③ ④
	No. 4	① ② ③ ④
	No. 5	① ② ③ ④
	No. 6	① ② ③ ④
	No. 7	① ② ③ ④
	No. 8	① ② ③ ④
	No. 9	① ② ③ ④
	No. 10	① ② ③ ④
	No. 11	① ② ③ ④
	No. 12	① ② ③ ④
	No. 13	① ② ③ ④
	No. 14	① ② ③ ④
	No. 15	① ② ③ ④
第2部	No. 16	① ② ③ ④
	No. 17	① ② ③ ④
	No. 18	① ② ③ ④
	No. 19	① ② ③ ④
	No. 20	① ② ③ ④
	No. 21	① ② ③ ④
	No. 22	① ② ③ ④
	No. 23	① ② ③ ④
	No. 24	① ② ③ ④
	No. 25	① ② ③ ④
	No. 26	① ② ③ ④
	No. 27	① ② ③ ④
	No. 28	① ② ③ ④
	No. 29	① ② ③ ④
	No. 30	① ② ③ ④

※実際の解答用紙に似せていますが，デザイン・サイズは異なります。

- 太枠に囲まれた部分のみが採点の対象です。
- 指示事項を守り，文字は，はっきりと分かりやすく，濃く，書いてください。
- 数字の1と小文字のl（エル），数字の2とZ（ゼット）など似ている文字は，判別できるよう書いてください。
- 消しゴムで消す場合は，消しくず，消し残しがないようしっかりと消してください。
- 解答が英語以外の言語を用いている，質問と関係がない，テストの趣旨に反すると判断された場合，0点と採点される可能性があります。

4 英文要約解答欄

語数の目安は45〜55語です。

| |
| |
| |
| |
| | 5 |
| |
| |
| |
| |
| | 10 |
| |
| |
| |
| | 15 |
| |
| |

※筆記5の解答欄は裏面にあります。

5 英作文解答欄

語数の目安は80〜100語です。

5
10
15